JN205199

現代ベルギー政治

連邦化後の20年

津田由美子／松尾秀哉／正躰朝香／日野愛郎

[編著]

ミネルヴァ書房

は し が き

　複数の言語を抱えながら国の統一を維持するため，複雑な連邦制度を導入したベルギーの政治は，現在どうなっているのだろうか。本書は，歴史を踏まえながらベルギーの政治力学と個別政策の展開を明らかにしている。タイトルは「ベルギー政治」だが，政治学者のみならず社会学や国際関係を専門にする執筆者，他の国を専門にする執筆者も加わり，色々な角度からこの複雑な国の様相を描いている。多言語国家ということもあり，政党名など固有名詞の煩雑なところもあるが，全体の文体を平易にして，また，それぞれの章の冒頭には「この章で学ぶこと」が簡潔にまとめられており，無理なく概要が把握できるように工夫している。

　『現代ドイツ政治』の編著者である近藤正基氏が，本書の企画をミネルヴァ書房に紹介してくれたのは2014年の秋である。ベルギーでは，2010年から続いた，「分裂危機」「政治危機」と呼ばれる長い新政権不在の時期，さらにその後の大連立政権の時期が終わり，ちょうどシャルル・ミシェル現政権（執筆時点）が成立するかしないかの時期だったと記憶している。分離主義を掲げる政党を含む連立政権が成立し，ユーロ危機を背景に社会保障の大幅削減を打ち出した政権の登場に，「これからベルギーはどうなるのか」との懸念を抱いていた時期だった。

　編著者の初会合は2015年の5月，そして「2016年の日本・ベルギー修好150周年記念に向けて」と議論を進めていたところで起きたのが，2015年11月のパリ同時多発テロ事件と翌年2016年3月のブリュッセル連続テロ事件だった。悲しいかな，ベルギーが「テロの温床」として注目される中での企画・執筆となった。

　周知のように，同時期，西欧の政治と社会は大きく動揺していく。「福祉と人権の大陸」と呼ばれた西欧は，移民排斥主義や自国中心主義を掲げる勢力に席巻されていった。ベルギーの話を授業や講演会などで取り上げると「ヨー

ロッパの縮図のようですね」というコメントが返ってくることもある。もちろんヨーロッパの全体像はさらに複雑だが，欧州連合の本部を抱えるブリュッセルを首都とする多言語国家の政治を知ることは，ヨーロッパ政治を知る意義深い一歩となるはずだ。また多民族国家が直面する課題を考える際にも，ベルギーの政治は良い意味でも悪い意味でも示唆的である。

　本書の執筆者の多くは，日本政治学会，日本比較政治学会，日本国際政治学会や日本ベルギー学会，関西ベルギー研究会，そして2016年12月に東京で開催された「日白修好150周年記念シンポジウム」などを通じて知り合い，互いに研鑽しつつ，ここに集うことになった。それぞれの学会やシンポジウムでコメントをいただいた研究仲間，運営を担われた方々に謝意を表したい。出会いとコメントひとつ１つが本書の血肉となっている。

　ミネルヴァ書房の堀川健太郎さんには，最初から最後までお世話になった。ここに無事出版することができたのも，堀川さんが粘り強く編集作業に取り組んでくださったおかげである。原稿提出が遅れたり，校正が遅れたり，わがままでご心労をおかけしたことをおわびするとともに，改めてここでお礼を申し上げたい。

　本書を通じて，多くの方があまり目立たない国ベルギーの政治に関心を持つと同時に，政治学や国際関係学へも関心をもち，一層理解を深められることを願っている。

　2017年10月

編著者一同

現代ベルギー政治
——連邦化後の20年——

目　次

第Ⅱ部　ベルギーの主要政策

序　章

何のために現代ベルギー政治を学ぶのか

正躰朝香・津田由美子・日野愛郎・松尾秀哉

1　本書の目的

ベルギーという国

　2016年3月22日，ベルギーで連続テロ事件が発生した。さらに遡ること約4カ月，フランスのパリで起こった同時多発テロの主犯格が，ベルギーの首都ブリュッセルの一角，モレンベーク地区を拠点としていたことも明らかになった。テロの原因究明が進むなかで，日本にとっては長らく「のどかで美しい中世の国」であったベルギーは一転，「テロの温床」（ロイター）であるブリュッセルを中心とした警戒すべき国になった。このイメージの容易な反転は，日本においてベルギーが断片的な情報でしか捉えられていなかった結果でもある。それでは，あらためてブリュッセルとはどのような街なのか，そしてベルギーとはどのような国なのだろうか。

　ベルギーは面積約3万平方キロメートル，日本の関東地方程度の面積で，人口わずか1,100万人ほどの西欧の小国である。しかし，首都ブリュッセルには欧州連合（EU）や北大西洋条約機構（NATO）の本部機関が設置されており，政治的には重要な機能が集中している。2009年12月に発効したリスボン条約によって設置された——かつて「EU 大統領」と呼ばれたこともある——初代欧州理事会常任議長を輩出しており，国際的なプレゼンスは高い。

　経済的にも高い生産性を誇る，極めて豊かな先進国である。1人当たりの名目 GDP は，OECD 加盟国中上位を保っている。2015年度には40,529ドルとドイツに続く高い生産性を誇り，G7 のフランス・イタリア・日本を上回ってい

る（IMF 2016）。

　歴史的にもヨーロッパの交易ルートにあたり，古くから都市が形成され，19世紀には大陸内で最初の産業革命を可能にした。他方で，好条件の立地ゆえに，周辺の強国からの侵入を招いた。とくに，ドイツとフランスの間の緩衝地帯として，戦略上の重要な軍事拠点としての役割を期待された。ベルギー王国の独立が認められたのは，独立戦争の翌年の1831年であるが，当時の国際政治における勢力均衡の要請が，ベルギー国家の領域確定に大きく影響したとみられている。

　このように，平和に見えながらも「テロの温床」と言われ，小国でありながらも国際的なプレゼンスが高く，経済的に豊かでありながらも大国に翻弄されてきたベルギーは，そのギャップの大きさを含めて一筋縄では理解しにくい国かもしれない。本書は，独立後のベルギーが，どのような政治体として歴史的に発展してきたのかを踏まえて，現代のベルギーが民主主義国家としてどのような特徴を持つのかを，多様な角度から解き明かそうとするものである。

2つの目的

　本書の目的は2つある。第1に，西欧の小国であるベルギー王国の政治の全体像を学ぶこと，第2に，ベルギー政治という事例を通じて，「政治学」の様々な概念を具体的に理解し，さらに深く考えることである。

　第1の点について本書が重視するのは，複数の対立要素（政治学では亀裂と呼ぶ）を抱え危機を迎えながらも，それを克服もしくは回避してリスクを最小化しようとしてきたベルギー政治の特徴である。

　本書が主に扱う，第2次世界大戦後に最重要課題となる言語問題に焦点を当てて，ここではその事情を説明する。ベルギー王国は独立当初より，北方のフランデレン地方にオランダ語を話す人々が暮らし，南方のワロニー地方には専らフランス語を話す人々が住む，概ね領域と言語分布が対応している多言語社会である。建国後の中央政府はフランス語による国家形成を進めたが，当時は他のヨーロッパ諸国と同様，政治対立は世俗国家権力と宗教組織との対立，社会経済的不平等からくる階級利益の衝突が中心であった。第2次世界大戦後に，言語対立がオランダ語地域とフランス語地域の対立として激しさを増すに至っ

て，他の対立軸への対応と同様に，政党が中心となり関係組織間での妥協が模索された。しかし長年にわたる調整の後，単一国家体制の維持は難しく，1993年には憲法を改正し連邦制が導入された。これは中央政府から言語集団や地域レベルに権限を移すことで，調整を自律的な言語・地域単位に委ね，全国レベルでの対立を回避する方法であった。この分権化・連邦化の過程は，激しい革命やクーデターを経ずして，比較的平和裏かつ四半世紀の時間をかけ，緩慢ともいえる速度で進行した。大義を掲げて劇的な変革を起こし事態の打開を図るのではなく，政治対立の調整が困難な場合には，緩和もしくは回避の方法を模索し，可能なところから当事者の妥協を引き出そうとする，見方によってはその場しのぎの要素が強い調停方式である。

　連邦制導入後およそ20年を経た今日においても，言語・地域別の利益の主張から政治対立が生じる傾向は続いている。むしろ，古くからの言語・地域利益を新しい政治・経済状況と結び付けて，制度の変更を加速しようという動きもみられる。フランデレンを中心とする，財政的負担の公平性の主張に基づく更なる連邦化の要求や，外国人受け入れ政策の厳格化の主張などは，その代表である。この対立は，2007年からの「分裂危機」といわれる政治の停滞を「演出」した。経済的に豊かなフランデレンでは，一層の自治，時には「フランデレン独立」を求める主張が強くなった。他方で経済的に停滞を続けるワロニーは，ベルギー国家の維持と連邦の財政再分配機能の充実を求めている。憲法改正を含む国制改革が争点となると，改正要件の議席数に達する連立政権形成は困難である。そのため政権合意の交渉が長引くことは過去にもあったが，2007年選挙後はおよそ半年，2010年選挙後は1年半にもわたり新政権を樹立できない事態を招いた。政党システムの変容を始めとして，これまでの協調の政治を取り巻く環境は変化しており，それが「分裂危機」状況をもたらしている。ただし，このことが直ちに国家の「分裂」につながるとは考えられていない。

　第2の点について強調したいのは，ベルギーの政治を学ぶことは，「大国」の特徴をもとに作られてきた政治学の諸概念を再検討する機会を提供してくれるということである。例えば，ベルギー政治にみられる「多数決ではなく少数派利益を保護することこそデモクラシーの実現と安定をもたらす」といった考え方に基づいた政策決定は，「合意型デモクラシー（consensus democracy）」と

して「多数決型デモクラシー（majoritarian democracy）」と対照することで，デモクラシー概念の発展に寄与している。また，近代化を国民国家の完成として捉えるならば，ベルギー・アイデンティティへの一元化という意味での国民意識形成は，成功したとは言い難い。しかし，多層的なアイデンティティが醸成されてきた歴史からは，国民国家の概念が切り捨ててきた現実の豊かさを再認識することができる。さらに，中央集権型単一国家から分権型連邦国家への移行という，近年の制度改革に着目すると，アメリカやスイスがたどった自立した政治体の統合術とは違った方向で，「多様性と統一性の両立」という連邦制の機能がより明確になってくる。領域性に基づく連邦制と個人の属性（ベルギーでは言語）に基づく連邦制を併用したブリュッセルの事例からも，連邦制研究に貢献する可能性が期待できる。

　近年の比較政治学は，大国にとどまらず多様な形態や経緯をもつ中小国の政治を研究対象として取り込んでいる。政治学の諸概念は，多様な事例を検討することで問い直され豊かな内実を備えつつある。どの国のどの特徴を強調するかで，見える風景は変わってくる。多様な政治学的視点に触れることで，複雑な世界の現実に近づくことができる。本書ではベルギーを入口として政治学の「常識」を疑い，またベルギーの政治の在り方を問い直すことで，「政治」をより深く考えるテキストを目指している。そのため，本書はあえて他国の政治・政策研究者に執筆を依頼して，「比較」の視点を導入した。それによりベルギー政治の独自性や類似性を明らかにして，ヨーロッパ政治全体を俯瞰する。そしてさらには，ベルギーとの接点が少ないと考えられている日本の政治を見る場合にも有効な，新しい視点の獲得に繋がることが期待できるのである。

　以下，ベルギー政治を学ぶための基礎知識となるベルギーの政治制度を紹介し，その後に本書の構成を説明する。

2　ベルギーの主要な政治制度

立憲君主制

　ベルギーは建国以来，立憲君主制を採用している。国王は，現在，独立時のレオポルド1世から数えて7人目のフィリップ1世が王位に就いている。長子

表序 – 1　ベルギーの連邦制

	管　轄	行政機関	立法機関
連　邦	外交，国防，財政，社会保障などを管轄	連邦政府	連邦上院議会
			連邦下院議会
地　域	雇用，経済，環境，通商などを管轄	ブリュッセル首都圏地域政府	ブリュッセル首都圏地域議会
		ワロニー地域政府	ワロニー地域議会
共同体	文化，教育などを管轄（「人」にかかわる分野）	フランデレン共同体政府（フランデレン地域とオランダ語共同体を統合）	フランデレン共同体議会（フランデレン地域とオランダ語共同体を統合）
		フランス語共同体政府	フランス語共同体議会
		ドイツ語共同体政府	ドイツ語共同体議会

出典：JETRO「ベルギーの国内同時選挙」2014年 6 月12日（http://www.nihonjinkai.be/file/jetro/seminar%202014_1_shiryo1.pdf）をもとに編著者作成。

継承を原則としており，1991年の憲法改正から男女の区別がなくなった。国王には儀礼的ではあるが憲法上首相の指名，大臣の任命，議会の解散，国際条約の締結権などが与えられており，これらは行政府の決定を前提に，国王の名のもとに指名，宣言，締結される。とりわけ，後述するが，組閣時における国王の役割は決して小さくない。

連邦制

　詳しくは後述するが，ベルギーの連邦制は，長い言語対立と交渉の結果生まれた「妥協の産物」であり，複雑な形態を採っている。中央（連邦政府）以外に，言語によって区分された「共同体」と，地理的な区分である「地域」という行政単位が並存する。それぞれが議会・政府を有し，「共同体」は，オランダ語，フランス語，ドイツ語の 3 つに分かれ，それぞれ文化や教育に関する政策を決定する権限を有する。また「地域」は経済政策に関する権限を有し，フランデレン，ワロニー，そして両言語圏であるブリュッセルの 3 つに分かれる。表 1 はそれぞれが管轄する領域と対応する行政機関，立法機関を示している。
　先に四半世紀をかけて連邦制に移行したと書いたように，1970年，1980年，1988年，1993年と 4 度の憲法改正を経て漸次的に連邦化が進められた。中央政

府の権限は，憲法上に列記されることに限られ，生活関連の多くの領域は「地域」政府に委譲されている（渡辺 2008）。連邦制導入後，オランダ語共同体とフランデレン地域は事実上統合され，フランデレン共同体となっている。また2011年以降，フランス語共同体も「ワロニー・ブリュッセル連合」の名称を掲げている。

　なお，連邦制導入以降，ベルギーには連邦政府（上院，下院）を含めると7つの議会が並存しており，条約を結ぶ際は，これら7つの議会が全て連邦政府の条約締結に賛成しなければならない。近年では，EUとカナダの間で交渉されていた包括的経済貿易協定にワロニー地域が署名を一時拒否し，調印が遅れるという事例も発生している。

議　会

　ベルギーは1831年の独立以降，上院，下院からなる2院制による議院内閣制を採用している。従来4年であった下院議員の任期は，2014年以降は5年となり，下院議員の定数は150人で選挙は欧州議会選挙，ならびに地域議会と同日に行われることとなった。また，上院は各地域，共同体から指名される50人と彼らが選任する10人の合計60人によって構成される。任期は次の「総選挙後の最初の会期開始日」までとされる。従来は上院議員の一部は下院議員と同様に国民による直接選出であったが，2014年以降，全て間接選出となった。1993年以降は，憲法改正，条約，君主に関する事柄以外については，下院の「排他的権限」が認められている（武居 2016）。

　1893年に男子普通選挙制が，そして1899年以来，比例代表制が導入されている。ベルギーは国政レベルで比例代表制が導入された世界で最初の国である。ただ，男女普通選挙制が導入されたのは第2次世界大戦後のことである。選挙権は普通選挙の導入以来18歳以上の市民に，被選挙権は21歳以上の市民に与えられている。1894年以来，憲法第62条によって義務投票制とされ，18歳以上の市民は居住市町村に住民登録すると同時に有権者登録される。事前の申し出なく棄権すれば罰金として5〜25ユーロ，15年間に4回以上の棄権で市民権（選挙権）の10年間停止を定めているが（Pilet 2007），近年は厳密に適用されていないとも言われている。

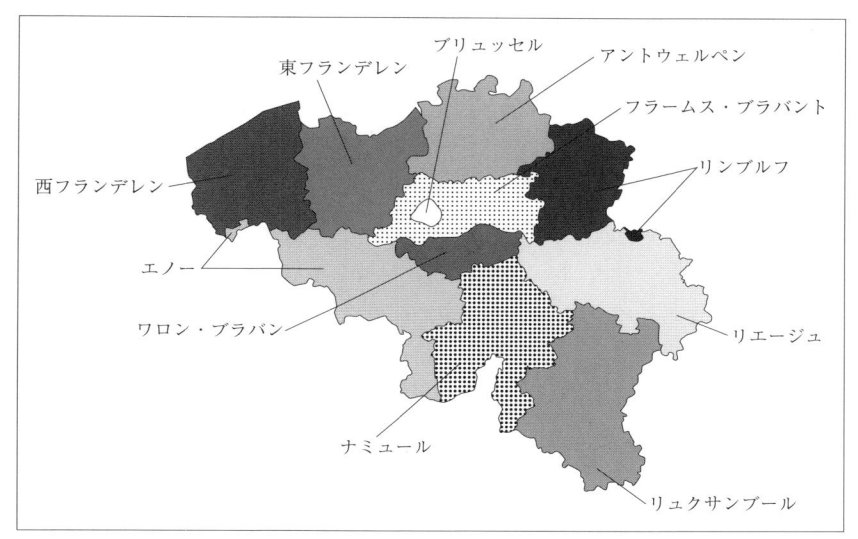

図序 - 1　ベルギーの選挙区
出典：ベルギー下院ホームページ。

　議員を選ぶ選挙制度は以下の通りである。下院議員は，10州とブリュッセル首都地域から構成される11選挙区から選出される。長年，ブリュッセル周辺域はブリュッセル・ハレ・フィルヴォールデ選挙区という１つの選挙区を構成していたが，2014年の選挙からこの選挙区が分離され，フランス語，オランダ語の両言語が使われるブリュッセル首都地域とオランダ語圏であるフラームス・ブラバント州の行政区域に統合された（図序 - 1）。政党はいずれの選挙区においても，別個の候補者名簿をもとに選挙を戦い，基本的には名簿の上位候補者から順に政党が獲得した議席数に応じて当選が決まる仕組みである。有権者は，政党が提示した候補者名簿を前提に政党に投票するか，好みの候補者に投票するかを選択することができる。候補者の得票が一定の票数を超えた場合は，政党の名簿順に関係なく当該候補者は議席を得ることができる。このような投票方式を「選好投票」と呼ぶが，ベルギーでは1919年に導入され，連邦化後の最初の選挙となった1995年以降は複数の候補者に投票することができるようになった。2003年の選挙以降は，各選挙区において得票が５％に達しない政党には議席を配分しないとする阻止条項が導入された。

内　閣

　ベルギーは議院内閣制を採っている。大臣と議員の兼職は禁止されており（憲法第50条），立法と行政は分割されている。英国や日本のようなウェストミンスター型ではなく，議院内閣制のもとで三権分立を推進する大陸型議院内閣制とも呼ぶべき制度を敷いている。隣国オランダでも同様に立法と行政が明確に峻別されているが，オランダでは首班指名がないため，厳密には議会と内閣が委任関係にない（作内 2009）。その点，ベルギーでは，下院の首班指名を経て正式に就任するため，議会と内閣は委任関係にある。大臣は就任時に議員を辞職するが，復職することもできる。空席となっている間の議員のポストは，政党が事前に用意し投票用紙に記載されている補充名簿の上位候補者から埋められる。

　内閣を率いる「首相」という地位が憲法上に明記されたのは1970年の憲法改正であった。首相は，国王によって任命され，最終的には下院で指名を受ける。国王は，選挙の結果を踏まえて，各党党首の意向を確認し，両院の議長や古参議員の意見も参考にしたうえで，情報提供者（informateur）を指名する。情報提供者は，各党の党首や会派の長と会談し，必要に応じて主要な圧力団体の意向も確認したうえで，国王に報告書を提出する。国王は，報告書をもとに組閣担当者（formateur）を指名し，指名された組閣担当者は，連立を組む政党と協議を重ね，大臣の選定や連立協定の策定を進める。組閣担当者が作成する閣僚名簿をもとに，国王は首相と大臣を任命する。議会での施策方針案演説と過半数の賛成票を得て，組閣担当者は晴れて「首相」となる。

　内閣は，15名を上限として，首相を除いてオランダ語使用者とフランス語使用者の同数の大臣から構成されることが定められている（憲法第99条）。ただでさえ，多数の政党から連立政権を組まなければならない中，首相は言語間の均等化を図りつつ組閣作業を進めなければならない。複雑な「連立方程式」を解かなければならないのである。首相は，連立政権が常であるため，調停の役割を負うと一般的に言われている。閣議では，内閣の分裂を避けるため，英国と同じように議決をしないとされる。

3　本書の構成

　本書では，この複雑なベルギーの政治制度を理解するため，以下のような構成を採る。第Ⅰ部「ベルギーの政治力学」は，先に記したベルギーの政治制度や社会構造，外交の基本を学ぶための章である。

　第1章（津田由美子）では，ベルギーの複雑な連邦制を知るために，それに至る政治史を学ぶ。これを通じて，ベルギーの言語問題を知り，それをどのように解決しようとしてきたかを知ると同時に，しばしば言われる「妥協の政治」の「妥協」について，イメージをつかむことができるだろう。第2章（松尾秀哉）では，ベルギーにおける国王の役割について概要を把握する。立憲君主制において，歴代国王が果たしてきた政治的重要性を知ることは，ベルギーという国を理解する上で不可欠である。

　第3章（日野愛郎）では，ベルギーの政党政治について学ぶ。言語問題によって複雑化するベルギーの政党システムの概略を知ることは，ベルギー政治の歴史を学ぶことに等しい。専門家を目指さない限り細かな政党名まで気を配らなくてもいいが，なぜここまでバラバラなのかなど総括的，構造的に把握してほしい。第4章（作内由子）はベルギー政治を語る時に欠かせない「柱」という概念についての解説である。主に社会と国家の特徴を示す語であるが，具体的に政治にどういう影響を及ぼすのかを解説する。

　また第5章（正躰朝香）ではベルギーと EU の関係を考える。欧州統合の推進国として知られるベルギーであるが，それがベルギーの政策にどういう影響を及ぼしているのだろうか。特にそれがベルギーの連邦制導入の政治過程にどう影響しているのかを考察する。

　第Ⅱ部「ベルギーの主要政策」では，ベルギーの主要政策についてその経緯や要因，展望などを論じる。第6章（石部尚登）はベルギーの言語政策，そしてそれが争点化しやすい教育政策について，制度の概要や問題を解説する。いうまでもなく，多言語国家ベルギーにおいて最も頭を抱える問題の1つである。しかしなぜそうなったのか。ベルギー最大の謎の1つに迫る。同時に他の多言語国家を考える際にも有益な示唆を提供するだろう。第7章（井内千紗）は

「文化政策」の進展について論じる。国家形成の過程で文化と政治がどのように関わるようになったのか，1960年代に始まる「文化の分権化」のプロセス，文化の概念の拡大やグローバル化といった社会変化が与えるインパクトを論じる。

第8章（千田航）では，近年のベルギー政治における最大の争点と言ってもいい社会保障政策を解説する。社会保障はやや専門性の高い分野でもあるが，そもそも社会保障政策がなぜ政治の争点となるのかといった総論から始め，ベルギーの制度を紹介すると同時に，ベルギーにおける政治の争点を解説する。

第9章（中條健志）は移民政策を扱う。冒頭で示したブリュッセルの連続テロ事件の犯人が北アフリカ系移民の2世・3世世代だということでベルギーの移民政策は一気に国際的な関心を集めた。ベルギーにおける移民の社会統合政策について言語圏による違いにも目くばせしつつ，その特徴と課題について分析する。第10章（本田宏）では，「環境・エネルギー政策」として，ベルギーの原子力政策を取り上げる。植民地政策とともに発展したベルギーの原子力政策の歴史と現状について，ドイツとの比較を念頭に論じる。

第11章（三井美奈）は，ベルギーの生命倫理政策，特に安楽死の問題を取り上げる。こうした問題は特にオランダが先進的だが，その隣国ベルギーもそれに次いで生命倫理政策を積極的に推進しているように見える。ここでは，ベルギーとオランダの異同と，何よりこうした問題がはらむ難しさを提起する。

最後に，第12章（小林正英）では，外交・安全保障政策に焦点を当てる。EUもしくは「ベネルクス」（かつてひとつの国であったベルギー・オランダ・ルクセンブルクの小国をまとめた呼び方）の中で独自性が見えにくいベルギーの外交政策ではあるが，かつて何度も戦場となった欧州の小国として，その特徴を理解することは重要である。

最初から丁寧に通読しても，第Ⅰ部をざっと目を通し，あとは気になった政策分野に目を通してもよい。日本のニュースを見ているだけではなかなかわからないこの国が提示する問題を受け止め，より広くまた深く思索する契機と本書がなれば幸いである。

参考文献

作内由子（2009）「オランダ型議院内閣制の起源——議会内多数派と政府との相互自律性」『国家学会雑誌』第122巻第7・8号，1024〜1078頁。

武居一正（2016）「試訳 ベルギー憲法」『福岡大學法學論叢』61巻1・2号，497〜524頁。

渡辺樹（2008）「ベルギーの政党政治と合意形成」『レファレンス』686号，1〜29頁。

ベルギー連邦政府ホームページ　https://www.belgium.be/en/about_belgium

ベルギー下院ホームページ　http://www.dekamer.be/kvvcr/index.cfm

IMF（2016）International Monetary Funds（http://www.imf.org/external/）

Parlement de la Fédération Wallonie-Bruxelles 2011（http://www.pfwb.be/en/the_federation_wallonia_brussels）

Pilet, Jean-Benoit (2007) "Choosing compulsory voting in Belgium: strategy and ideas combined," paper for ECPR Joint Session, University of Helsinki, 7-12, May 2007. （https://ecpr.eu/Events/PaperDetails.aspx?PaperID=12073&EventID=52）

第Ⅰ部
ベルギーの政治力学

第1章

連邦化をめぐる政治史

津田由美子

―― この章で学ぶこと ――

19世紀独立時のナポレオン式中央集権型単一国家は，20世紀末には権力分散型連邦国家へと，大きく変貌を遂げた。本章では，ベルギー連邦制の特徴と，それがどのような経緯で導かれたのかを，ベルギー政治を時系列的にたどりつつ考察する。

留意すべき点は主に次の2つである。1つは，制度変革の圧力となった言語・地域利益の要求の変遷である。オランダ語系が北部フランデレン地域，フランス語系が南部ワロニー地域，首都ブリュッセルには両言語使用者が混在するという分布は，今日に至るまで大きな変化はない。独立当初は争点とならなかった言語・地域問題が，どのような経緯で言語間の激しい対立へと発展し，それが地域と結合して政治的に主張されることになったのか，今日の問題の性質を理解するうえで重要である。

もう1つは，政治組織の再編が，言語・地域利益の政治化とその調整に及ぼした影響である。第2次世界大戦後の地域主義勢力の台頭を受けて，全国組織をもつ政党や社会集団は内部対立を深め，1960年代以降に全国政党は相次いで分裂した。言語別・地域別に再編された組織は，地域主義を宥和すべく始まった国制改革の政治過程において，どのような利益を代表し調整に及んだのか，その結果としての制度の特徴を知るうえで重要である。

ベルギー民主政治は，宗教と階級の利益を中心とした政治社会の区画化と，その区画間の交渉による合意形成を基本としてきた。多数決での決着を避けるこの調整方式は，言語・地域の利益が加わった連邦化の政治過程においても採用されている。これは漸進的な改革を可能にしたが，政策の整合性の欠如や政治の停滞を招いていることも事実である（政党の正式名称については第3章を参照されたい）。

1　独立から第1次世界大戦まで

「多言語国家」ベルギー

　ヨーロッパ大陸における国家の境界線は，幾度となく変化を繰り返し，さらには国境を越える人の移動や交流のなかで確定してきた歴史をもつ。したがって，主権国家と国民意識は，同時にまた一定の領域を自明のものとして成立するとは限らない。実際には，19世紀ヨーロッパの「国民国家」形成のパターンは多様である。

　ベルギーの独立をめぐっては，国家の成立以前に「ベルギー国民」意識が存在したのではない。大商人や大企業との交易業を優先するプロテスタントのオランダ国王ウィレム1世（Willem Ⅰ）への不満が，地主層や中小ブルジョワに代表される中間層とカトリック教会を結び付け，ベルギー独立を可能にしたのであった。新国家では北部に主にオランダ語系が，南部にフランス語系が分布し，言語に代表される文化や社会の違いが南北でみられたこと，当時の国際関係の力学から独仏の緩衝国としてイギリス主導で承認されたという点で，ベルギー国家の「人工性」が強調される傾向があった。確かに，20世紀初めには「ベルギー人は存在しない，いるのはフラマン人とワロン人だ」というフランス語系政治家ジュール・デストレ（Jules Destrée）の有名なフレーズが，1912年当時の国王アルベール1世（Albert Ⅰ）に宛てた書簡に残っている。しかし，独立時には言語の違いが政治的な問題となることはなかった。前述した中心勢力の有産者とカトリック教会の指導層は，北部地域居住の場合でも，フランス語のみか，多くはフランス語・オランダ語の両言語を修得しており，支配層における言語文化的同質性は高かったのである。社会の流動性が低く，政治的権利を持つ者が限られていた時代においては，ベルギーという国家よりも，教区単位や職種別でのアイデンティティ形成が通常であり，複数の言語が使用されていることは，国家統合に深刻な亀裂をもたらすものではなかった。

フランデレン主義運動の形成

　言語意識の低い状況に変化が生まれたのは，1880年代後半である。それを促

したのは，産業化の進展がもたらした言語のもつ社会的価値の上昇であった。産業社会では，言語は専門知識の獲得やコミュニケーションの手段としての重要性をもち，高収入の職業に就き社会的に成功するための必要条件とみなされた。当時の高等教育は専らフランス語で行われていたこと，当時の経済の中心がフランス語地域であったこと，そして政治経済の中枢がフランス語系で占められていたことから，オランダ語系はフランス語を修得しなければ社会的地位を得られないという不利な立場に置かれていた。旧態依然とした農村のオランダ語と進んだ自由な都市のフランス語という構図のなかで，両言語間の上下関係が強化され固定化されたのである。

　しかし他方で，オランダ語系としての意識も生まれた。その中心が成長しつつあったオランダ語系資本家層である。遅れていたフランデレンでも産業化が進行し，中小規模事業体にオランダ語系の経営者が参入した。彼らはフランデレン経済同盟を結成し，オランダ語系資本の影響力を拡大してフランデレンでのフランス語系資本の独占からオランダ語系の権利を守るべきだと主張し始めた。

　このような状況を背景に，オランダ語系のなかで言語の違いが生み出す不平等の問題が強く意識され，変革を模索する動きが生まれた。状況を変えるために必要なのはオランダ語系エリート層を育成することだとして，フランス語に独占されている高等教育機関でのオランダ語の普及を強調したのが，文化的フランデレン主義運動であった。その象徴ともいえるのが，ヘント大学のオランダ語一元化要求である。主として使われていたフランス語を廃止して，すべての授業・大学行政をオランダ語のみで行うようにすべきだという改革が主張された。しかし，フランス語系からの反発は強く，提出されたヘント大学法案は議会を通過しなかった。この「悲願」の実現を約束したのが，第1次世界大戦でベルギーを占領したドイツ軍であった。

第1次世界大戦とフランデレン

　第1次世界大戦は，ベルギー国民の愛国心を駆り立てた。国民の団結が求められ，言語を含めた諸利益の対立はひとたび後景に退いた。しかし，戦争が始まると中立国ベルギーは瞬く間にドイツ軍に占領された。ドイツ軍は占領政策を円滑に進めるべく，ベルギー国民を分断し，ゲルマン民族としてのオランダ

語系を優遇する政策を提示した。その1つが，前述したヘント大学のオランダ語化であり，これに応えたのが，かねてより政府に不満をもっていた，行動主義者（Activist）と呼ばれる一部のフランデレン主義急進派である。ドイツ軍の提案は，フランデレン民族の復興の目標が実現されるチャンスだと考えられたのであった。

　また，戦場では上官の出すフランス語の指令をオランダ語系兵士が理解できずに，無駄な犠牲者を出す事態が起こった。これに対して，前線の兵士のなかから，軍隊を言語別に再編すること，フランデレンではオランダ語のみ使用するべきだとする，前線主義運動（Frontbeweging）が生まれた。

　これらの動きはいずれも，オランダ語系が不当に差別されているとの不満が引き金になっての行動であった。ただし，彼らの主張はドイツ軍により実現することはなかった。ヘント大学のオランダ語化の要求も，達成されなかったのである。

2　第1次世界大戦後から第2次世界大戦まで

民主化とフランデレン民族主義

　終戦直後に起こったのは，戦時中の対独協力者の訴追であった。一部の急進派の行動は，ドイツ軍を利する反ベルギー的行為だとみなされた。穏健派を含め大部分のオランダ語系は急進派に対して批判的であったが，オランダ語系全般に向けられたフランス語系からの非難の声は強かった。このことは，オランダ語系側にもフランス語系への反発を生み出すことになり，双方の不信感が広がることとなった。

　フランデレンの自治・独立を求める急進派は，1920年にはフロント党に集結した。復員兵士を中心として結成された政党は，1928年には戦争協力者の恩赦を求めて，刑期に服していたアウグスト・ボルムス（August Borms）が獄中から下院の補欠選挙に立候補するなど，フランス語系支配への不満を背景に，運動を拡大していった。

　もっとも，フランデレンのオランダ語系の権利拡大を主張するフランデレン主義には，保障されるべき権利の内容やそれを実現するための手段をめぐって，

多様な考えや組織が存在していた。むしろ統一的な運動組織や政治的代表を輩出できなかったことが，影響力の弱さにもつながっていた。フランデレン主義者の多数派は，フロント党を結成した急進派とは異なり，ベルギーの政治体制のなかでオランダ語系とフランス語系との不平等の解消，公的領域でのオランダ語使用の保障を目標としていた。これらの穏健派は独自の政治組織を作るのではなく，カトリック政党もしくは労働者党といった既成政党との結びつきを通じて，利益の実現を訴える傾向が強かった。信仰に厚い農村中心のフランデレンでは，カトリック系組織の勢力が強く，政治的にはカトリック政党が第1党であった。1919年の1人1票方式の男子普通選挙制度の導入により，人口が多く出生率も高いオランダ語系の有権者人口は増加した。低所得の労働者層の政治参加が進み，経済成長と教育の普及も加わって，カトリック政党内でのオランダ語系の発言力は強まったのである。

　しかし，当時の政党がオランダ語系の利益を主張するにあたっては，大きな障壁があった。3大政治勢力（カトリック，自由主義，社会主義）を代表する3大政党は全国組織であり，カトリック政党においては言語や地域の利益よりも宗教利益こそが優先されるべきであった。もとよりフランス語系の指導者が中心を占める組織のなかでは，地域別もしくは言語別利益は組織の分裂を招くとして忌避され，オランダ語系利益の表出は抑えられる傾向にあった。このことは他の政党においても同様であった。社会主義政党は，階級対立を軸として組織が作られており，オランダ語系の労働者層にとっては，言語の権利よりも社会経済的な利益の追求が，組織の目標として優先されたのである。

　このような状況のなかで，党派を超えてオランダ語系の権利拡大を目標としたのが，いわゆる最小限綱領である。この綱領は，フランデレンでの公的領域においては，完全にオランダ語のみの使用とすることを掲げており，教育，軍隊，行政や司法など広い分野にわたる改革を求めたものであった。

言語間平等をめぐる法制化と現実

　言語使用上の対等性をめぐっては，すでに1898年の言語平等法で，法律の審議や公布におけるオランダ語とフランス語の平等が規定されていた。しかし，現実には公的サービスにおいてオランダ語系がフランス語の修得を要請された

のに対して，フランス語系がオランダ語を修得せずとも何ら不利益を受けないという状況が続いていた。

　1921年，大戦中にオランダ語系の協力を求めてアルベール１世が行った公約に基づき，言語使用に領域原則が導入された。ブリュッセルを除くフランデレンの諸州ではオランダ語が，ワロニー諸州ではフランス語が地方行政の言語となった。しかし，フランデレン地域ではフランス語系からの強い抵抗により，事実上はフランス語使用者の権利は保護された。首都ブリュッセルは２言語地域とされたが，フランス語系住民が増加し続けたうえ，郊外の自治体を吸収しながら周囲のフランデレン地域へ都市空間は拡大を続けた。フランデレンのオランダ語系にとって，これはフランス語系によるオランダ語系地域の侵食にほかならなかった。

　1928年のボルムス擁立と最大得票獲得の熱狂を受けて，1929年選挙ではフロント党が躍進した。フランデレンでのオランダ語系の不満の強さを認識したカトリック政党と自由主義政党の連立政権は，フランデレンでのフランス語使用の継続を断念し，地域言語主義の徹底へと態度を変化させた。これは，２言語主義から１言語主義の原則への実質的な転換であった。1932年には地域言語使用を規定する法律が制定され，フランデレンではオランダ語が唯一の公用語となった。この地域言語主義は，司法や軍隊においても適用された。しかし，２言語地域のブリュッセルではフランス語系公務員にオランダ語の修得を求めなかったうえ，フランデレンでの地域言語の徹底についても違反に対する罰則規定を欠くなど，現実にはベルギーにおけるオランダ語に対するフランス語の優越性に大きな変化はなかったのである。

3　第２次世界大戦後の言語・地域問題

戦争協力と国王問題

　２度目の世界大戦の終戦は，第１次世界大戦時よりもベルギー全土に大きな亀裂を残した。占領したドイツ軍への協力問題において，訴追対象者が再びフランデレンに集中したことで，地域間の住民感情は悪化した。しかし，より大きな衝撃をもたらしたのは，国王の戦争協力問題であった。ドイツ軍の占領に

直ちに降伏した国王レオポルド 3 世（Leopold Ⅲ）の行為が，権限を逸脱した反ベルギー的な行為として問題になったのである。民主化した社会における国王の戦争責任の追及は，一部の指導者間での対応にとどまらず，国民的な議論を呼び起こした。

　混乱の中で1950年に実施された国民投票が，地域間の対立に拍車をかけた。言語別・地域別に態度の違いが際立つ結果となったのである。フランデレンでは国王の帰国（復位）について72％が支持したのに対し，ブリュッセルでは賛成48％，ワロニーでは42％と，反対票が上回った。このことが，1 つの国民というアイデンティティが希薄であること，文化と世界観の異なる言語集団と地域が存在しているに過ぎないのだと，ベルギー国民に強く意識させることになったのである。

戦後復興と「多極共存型デモクラシー」

　言語・地域間の利害対立が政治問題として取り上げられるようになるのは，それまで重要だとされてきた宗教軸と階級軸での対立の緊急性が，相対的に低下したことも関係している。

　前者の対立は，政治的にはカトリック私立学校への補助金の問題が中心であった。私立学校への公的補助と学校運営への介入をめぐる紛争は，伝統的な 3 大政治勢力を宗教政党のカトリック政党の陣営と自由主義政党と社会主義政党からなる世俗政党の陣営に二分する，学校闘争と呼ばれる事態へと発展した。1950年代は両陣営の勢力が拮抗し，互いに敵対的な政権交代が続いた。この政治の混乱を収拾したのが，1958年に締結された学校協定であった。これにより，教育の無償化，親の学校選択の自由，給与水準の統一化などの点で合意が成立し，協定は定期的に見直しのうえで，更新されることも定められた。学校協定の政治過程は，関係諸勢力のエリート間での交渉を繰り返し，単純多数決を回避して妥協点を見出すこと，当事者の重要な利益にかかわる問題については少数派を尊重した調整をすること，基本事項を決定するとその後の執行方法は各組織（「柱」，第 4 章参照）に委ねて過度に介入しないという，ベルギーにおける「多極共存型デモクラシー（consociational democracy）」の完成形だと評価されている。

　さらに，階級軸についても，福祉国家の形成と対等な労使関係ならびに利益調停方式の制度化により，深刻な対立は緩和される方向にあった。1944年に結ばれた社会協約に基づいて，労働者の権利を保障するための様々な法律制定が図られた。最低限の収入の保障，所得補償のための各種年金制度が整備され，給付水準も向上した。主な枠組みを国家が設定し，実施においては各種の柱組織を活用しながらの社会保障制度が拡充した。また，戦時中に制約されていた労働者の結社の自由は復活し，賃金や労働条件を経営者側と協議するための合同委員会が設置された。1960年代初頭の大規模ストライキの経験からは，良好な労使関係の構築のために議会外での労使間の対等な当事者交渉が重要視され，コーポラティズム方式が発達した。

　以上の合意形成の制度化は，宗教と階級の対立軸で形成されてきた伝統的な政党の利益を，相互に尊重する政治的環境が整ったことを意味していた。これにより，政党は結成時に最優先すべきとされた利益の拘束を解かれ，行動の自由が拡がった。言語・地域問題への傾倒と政党内での対立の表面化は，このような状況を背景にしていた。

地域主義政党の形成

　戦後政党政治における最大の変化は，それぞれの地域から言語・地域主義を掲げた政党が誕生し，支持を集めたことである。

　最初に地域主義政党が進出するのはフランデレンであり，1954年にフランデレン民族同盟が，フランデレン民族主義運動諸組織の支援を受けて設立された。オランダ語系の権利の拡大を，フランデレンの自治・独立により実現することを党の目標にしており，フランス語系が主導権を握ってきた単一国家体制への歴史的不信感と，オランダ語の文化的影響力の相対的な低さからくるフランス語系への警戒心は強かった。

　次いで台頭したのは，ブリュッセルの言語政党であるフランス語民主戦線であった。首都ブリュッセルは2言語併用地域であったが，フランス語系が増え続け，実際は人口の8割以上がフランス語住民で占められていた。しかし，フランデレンとワロニーの両地域間の対立のなかでブリュッセル住民個人の言語選択権が軽視されていること，とくに郊外のオランダ語地域に居住するフラン

ス語系からは，領域原則優先への不満が強く，1965年にフランス語系住民の言語選択権を重視する政党として結成された。

これに対して，独自の地域主義政党の進出が遅れたのはワロニーである。1968年に結成されたワロン連合は，フランデレン主義運動への対抗という性質が強かった。もともと支配的な立場にあったフランス語系には，言語文化を核とした民族主義は育たなかった。ワロニーの地域主義政党の関心は，地域重視の経済政策の充実であり，人口数で上回るオランダ語系の政治的影響力を牽制することであった。ワロニーの経済力は，ヨーロッパの先進地帯であった戦前と異なり，主要な石炭産業と繊維産業の競争力の低下により，戦後は衰退の一途をたどった。地の利を活かして多数の外国資本が進出し，新しい産業が発展したフランデレンとは対照的であった。国内における両者の経済的立場は，1960年代には逆転し，その差は拡がり続けた。このことが，ワロニーに少数派としての危機意識を抱かせることになった。フランデレンの影響力が強まる中央政府からの分権により，地域主導で経済再建を実現することこそが，地域主義勢力の目標であった。

1960年代には，地域主義政党の支持率と議席数は，すべての地域で増加した。とりわけフランデレン民族同盟が1965年下院選挙で2桁の議席数を獲得するなど，フランデレンでの地域主義勢力の拡大が顕著であった。これらの新政党進出により，既成の伝統的3大政党はこれまで回避してきた言語・地域問題への政治的対応を余儀なくされたのである。

4　政治勢力の分裂と政治争点化

ルーヴェン大学問題とカトリック政党の分裂

地域主義の伸長は，3大政党内部に大きな亀裂をもたらした。全国政党としての統一性と組織を維持するためには，固有の地域利益を優先できないというジレンマに直面したのである。その影響が最も深刻であったのが，カトリック政党である。カトリック政党は政権の中枢を担う最大勢力であったが，勢力の中心はカトリック組織が強いフランデレンにあった。フランデレン主義運動とフランデレン民族同盟の伸長は，フランデレン固有の利益実現の要請が強いこ

とを表していた。しかしそれに応えることは，全国レベルでの勢力を維持したいとする 3 大政党の方針とは，相容れないものであった。

　この矛盾を決定的にし，組織の分裂という結果を引き出したのは，カトリック・ルーヴェン大学問題であった。ベルギー最古の権威を誇るカトリック大学は，フランデレンに位置しながらもラテン語・フランス語での運営・教育という伝統を残してきた。しかし，フランデレン主義の拡大とともに，地域言語であるオランダ語使用の徹底を要求する声は強くなった。フランス語部門の移転については教会上層部からの関与があったものの，1968年選挙ではこの争点をめぐり，カトリック政党は言語別に分裂した。オランダ語系はキリスト教人民党を結成して，オランダ語化支持の立場を鮮明にしたのである。それに対してフランス語系は，別組織としてのキリスト教社会党を結成した。

　この全国政党の地域政党化は，社会主義政党と自由主義政党にも及んだ。1978年には選挙名簿の掲載をめぐる党内調整に失敗したベルギー社会党が，正式にフランス語系ベルギー社会党とオランダ語系ベルギー社会党へと言語別に分裂し，自由主義政党も同じ道をたどった。これにより，全国政党をもたない政党制という，特殊な状況が生まれたのである。

国制改革の始まり

　1960年代末からは，言語・地域利益の要求に基づく国制改革が始まった。中央集権型単一国家体制から2017年現在の連邦国家体制に至るまで，憲法改正を含む 6 回の国制改革が実施されている。

　第 1 次の国制改革は1970年憲法改正である。この改正で，フランデレンの要求を強く反映した，個人の言語・文化的属性を重視する 3 つの「文化共同体（フランス語文化共同体，オランダ語文化共同体，ドイツ語文化共同体）」と，ワロニーの意向を尊重して，地域の経済政策面に関わる 3 つの「地域圏（フランデレン地域圏，ワロニー地域圏，ブリュッセル地域圏）」が設定された。 2 言語区のブリュッセルでは，各人の使用言語に応じて帰属する文化共同体を選択することになった。いわゆる属地原則（領域単位）と属人原則（個人単位）が併存する状況を認めることになり，ブリュッセルの立場の複雑さを象徴していた。また，中央政府の政策決定におけるオランダ語とフランス語の対等性を保障するため，

首相を除き各言語別の大臣数を同じにすること，国家再編に関わる法律制定に関しては全体の3分の2ならびに各言語集団の過半数の賛成が必要なこと，不利になる言語集団が議会手続きを停止できるアラーム・ベル（alarm bell）の導入など，言語利益に関する特別の保護が図られた。

　1970年憲法改正は，分権化のパンドラの箱を開けることになった。地域主義の動きはさらに加速し，有権者の支持は，3大政党陣営から地域主義新政党に移動した。3大政党は分裂して地域利益を反映しやすくなったものの，地域主義を取り入れた制度改革には必ずしも積極的ではなかった。従来の利益調整メカニズムとそれに基づく政党エリートの行動様式を変えることは容易ではなく，政党内部の抵抗は強かった。単一国家を維持しながら部分的な改革で地域主義を宥和するのか，分権を進めて利益調整メカニズムの根本的変革も辞さないのか，政党ごとに党内での両派の比重は異なっていた。

　大きな変更に舵を切れないなか，既成政党は合意がなければ決定しないという，従来の「多極共存型デモクラシー」の方法を踏襲した。したがって，分権化の動きは政府主導での改革の成果というよりは，地域主義の鎮静化を図るべく諸勢力間で繰り返した，調整と妥協の蓄積としての変化であった。最初に全体構想を立てそれに従って改革を進めるのではなく，その時々の問題に対して，関係者間で合意可能な部分のみ決定するという方法であり，利害調整が難しい問題を後回しにした，継ぎ接ぎ状態での変更は，結果的に制度を分かりにくいものにしたのである。

地域主義政党の進出と地域協定

　1971年選挙では，地域主義新政党はそれぞれさらに議席数を伸ばした。内部分裂を深める3大既成政党は，新政党を含めた国家再編の協議を本格化した。1974年にはワロン連合，1977年にはフランデレン民族同盟とフランス語系民主戦線が，政権に加わることとなった。

　地域主義政党も参加して進められた交渉は，1977年にエフモント協定としてまとめられた。しかし既成政党に妥協しすぎた内容だとの強烈な批判を受けて政権が崩壊したことから，これに基づく法律の制定は見送られることになる。このときのフランデレン民族同盟の態度に不満をもち離脱した強硬派が設立し

たのが，フラームス・ブロックである。ただし，1980年の第2次国制改革には，この頓挫したエフモント協定の内容が反映されている。「文化共同体」は「共同体（Gemeenschap/Communauté）」と改められ，「地域圏（Gewest/Région）」とともに各行政単位に実質的な権限が付与されることになった。しかし，エフモント協定に含まれていたブリュッセル圏の領域確定と周辺フランス語系住民への特別措置については，与党内部からの反対を受けて決定は先延ばしされた。ブリュッセルでのフランス語系の影響力拡大からオランダ語系地域を守ることは，フランデレン主義運動の最重要事項であった。そのため調整が困難なブリュッセル問題は，政治的に部分凍結され，フランデレンとワロニーを対象とした制度改革が先行することになったのである。

5　連邦国家としてのベルギー

1993年憲法改正と連邦国家体制

　1988年から1989年にかけては第3次国制改革が行われた。これによりベルギーは，単一国家の枠を越えて連邦制へと一歩踏み出すこととなった。共同体と地域圏への権限移譲が進められ，教育分野について共同体が全面的に，地域の経済基盤整備の大部分は地域圏が担当するなど，2種類の行政単位が各分野で権限を行使する主体になった。予算についても中央政府からの配当額は大幅に増加した。

　さらに注目すべきは，ブリュッセルが第3の地域圏と正式に認められたことであった。行使できる権限においては同等ではないが，他の2つの地域圏のように独自の議会と政府が設置されることとなった。その統治構造は中央政府モデルを反映したものであり，オランダ語系とフランス語系の共同統治の形をとり，中央政府で構築されたアラーム・ベル手続きを導入するなど，決定における両言語の対等性をできるだけ保障しようとした。

　伝統的既存政党を連邦化に向かわせた背景には，ワロニー地域での深刻な経済不振があった。地域主導で経済再生に取り組むため，さらなる分権化を求める動きが強まり，この地域で優勢を続ける社会党が，ワロニー経済問題と分権化を結び付けた。他の既成政党も，多くを言語・地域利益に連動させる形で争

点化した。言語境界線上の一自治体フーロンのジョゼ・アッパール（José Happart）市長の言語能力をめぐる問題が，政府を辞任に追い込む政治危機に発展したのは，その一例である。

　第4次国制改革となる1993年の改正憲法が，連邦国家の成立を明文化した。憲法条文には，ベルギーは3つの共同体，3つの地域圏，4つの言語地域（オランダ語地域／フランス語地域／ブリュッセル首都圏／ドイツ語地域）から構成される連邦国家であることが記されている。連邦構成体（共同体と地域圏）議会の議員は，ベルギー議会議員の兼任制から直接選挙に変更された。連邦レベルの議会改革も進み，特に上院は連邦構成体の利益代表としての性格を強めることになるなど，連邦国家の枠組みが整えられた。

　さらに，ブリュッセルを含み両言語地域にまたがるブラバント／ブラバン州は，言語境界線でフラームス・ブラバント州とブラバン・ワロン州に分割されることとなった。ただし，ブリュッセルは州の管轄外となり，ブリュッセル周辺特別措置区を含むブリュッセル・ハレ・フィルヴォールデ（略称 BHV）選挙区の帰属については，合意が見いだせず決定は先送りとなった。

　2001年の第5次国制改革は，ランベルモン協定とロンバルド協定の2つの合意に基づく改革であった。前者により，連邦政府から連邦構成体である共同体と地域圏への権限の移譲はさらに進んだ。財政面についても，連邦からの配分額の増加や地域圏と共同体が独自に決定できる範囲が拡大した。後者の協定はブリュッセルに関する内容であり，オランダ語系議員の直接選挙制，政策決定における特別過半数の手続きなど，少数派のオランダ語系保護が強められた。

第6次国制改革と連邦構成体の権限

　これまでの国制改革は，いずれも関係諸政党間の長期にわたる交渉と妥協の結果であった。制度改革の場は連邦議会と政府であったが，社会の分断をもたらすような重要な利益に関わる決定については，少数派の意思を尊重するために，法案成立には単純過半数よりも厳しい要件が課されていた。政権形成交渉においてはこの要件を充たす多数派形成が必須であったが，言語別・地域別に利益が相反する場合には，交渉は困難を極め調停作業は長期化した。選挙後に政権交渉が行き詰まり成立に至らないという政治危機は，国制改革の過程でし

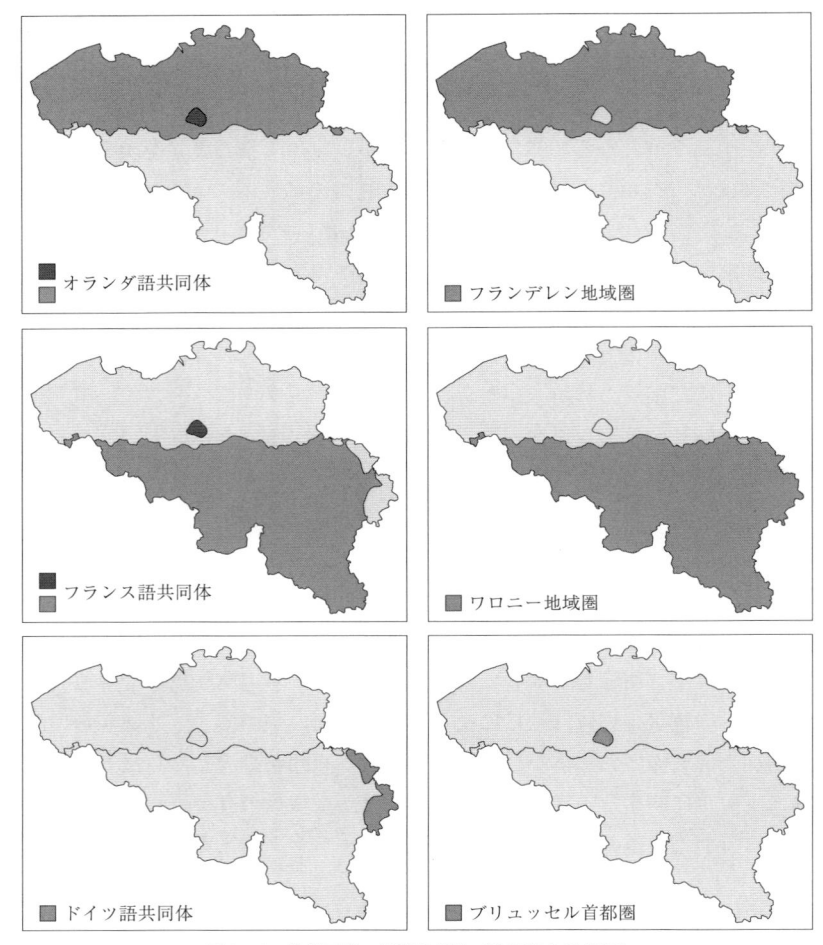

図 1-1　連邦国家の地理的構造（共同体と地域圏）
出典：ベルギー政府ウェブサイトより作成。

ばしばみられる現象であった。

　第 6 次となる改革をめぐる調整の難航は，2010年の選挙後に記録的長期にわたる「政治的空白」を招いた。これまで凍結してきた難問に関する交渉は容易ではなく，選挙での勝利者であり急進的な改革を要求した新フランデレン同盟との協力を断念して，2011年12月に新政権は，「より効率的な連邦国家とより

自律的な連邦構成体」のための合意に達した。2012年から2部に分けて行われた改革では，第1部としてブリュッセルに関する合意とその法制化に取り組んだ。保留されていたBHV選挙区は，フランス語系住民の特別措置の範囲について調整が重ねられ，オランダ語系のブラバント選挙区と2言語地域のブリュッセル首都圏選挙区に分割された。さらに，第2部として，連邦構成体の代表機関としての上院の位置づけが明確化され，他方で下院の優越性は強化された。また，連邦構成体に移された権限の実効性を高めるべく，連邦の予算の移管などを内容とする財政特別法が改正された。連邦から共同体や地域圏に移された権限については，政策分野や下位機関の膨大なリストが列挙されることとなった。その中には独自の課税率の設定や，福祉や医療，雇用政策に関する権限の一部も含まれていた。これらは2014年1月に成立した改正憲法に反映されている。

ベルギー連邦制の特徴と今後の課題

　連邦国家の基本的な枠組みは固まったかにみえるが，構築された制度は複雑で当事者にもわかりづらいものである。この原因は，1つには統治構造の非対称性にある。共同体と地域圏は原則としてそれぞれが議会と政府をもつ。しかしオランダ語共同体とフランデレン地域圏は，ブリュッセルのオランダ語系居住者が少数であること，フランデレンのオランダ語系が文化的な影響力維持を最重視することから，両者は制度的に統合され，1つのフランデレン議会とフランデレン政府として成立している。他方でフランス語系はブリュッセルとワロニーに分布し，ブリュッセルにも多数が居住して独自の利害を主張しているので，地域圏と共同体を完全に重ね合わせることはできない。したがって，ワロニー地域圏とフランス語共同体は，それぞれの議会と政府をもつ。ブリュッセルの文化的事項については，フランス語共同体委員会とオランダ語共同体委員会，そして両者からなる合同委員会が設置され，フランス語系については協力関係を密にしつつも，ワロニーのフランス語系とは別組織が担当している。さらにブリュッセル地域圏は独自の議会と政府を備えている。ドイツ語共同体も議会と政府をもつ。ただし，ドイツ語系の居住地区はすべてワロニー地域にあるので，地域圏に関してはドイツ語系固有の組織は必要とされていない。

　各種の権限についても，連邦政府と共同体・地域圏のどこに権限があるのか
はわかりづらい。政策領域ごとで異なるうえに，権限の移行が進行していて事
態が流動的だからである。基本的に，付与された権限の性質についての共同体
と地域圏の違いは，共同体の担当が個人に関する事項であり，地域圏が地域
（領域）に関する事項である。共同体の代表的な分野は教育であるが，文化活
動や言語使用に関する政策，個人が対象となる健康維持政策もここに含まれる。
他方で地域圏は主に地域経済に関する事項を扱う。産業基盤や雇用政策，環境
政策は地域圏の管轄である。いずれもそれぞれの分野での条約締結権までもが
認められている。列挙された権限以外の残余分が連邦政府の権限になる。司法
や社会保障，金融，安全保障政策は連邦に主権がある。司法権が連邦にあるこ
とにより，連邦構成体や個人からの訴えに対して，司法権力が連邦制の運用に
関するイニシアティブをとる可能性もある。連邦構成体の財政自主権について
は，豊かなフランデレンが積極的に主張しているのに対して，失業率が高く経
済が停滞しているワロニーは，連邦政府による再分配機能への期待が大きい。
連邦に残されている社会保障についても議論が続いている。連邦と連邦構成体
の両者はそれぞれ主権を持つ政治体であるが，連邦国家成立の経緯から，連邦
から連邦構成体への一方的な移譲が進んでいる。必要性が指摘されているもの
の，両者の間で十分な協働性を構築するには至っていない。

　このように，ベルギー連邦制の特徴は，その非対称性・複雑性・流動性にあ
る。連邦国家は現在も設計・構築中であり，どのような完成形になるのか，ど
の程度の権限移譲が進むのかはいまだ明らかでない。連邦主義は多様性と国家
統合を両立させる思想であるが，ベルギーの制度は遠心的連邦制とも言われて
おり，中央集権を維持していた政治社会の求心力が弱まり，分離の方向性が強
く表れやすい。

　以上の特徴をもつに至った理由は，1つにはオランダ語系が言語文化を地域
と集団の核として保護すべく主張したのに対し，フランス語系は文化よりも地
域経済への危機感から地域単位の経済援助を重視したという，両者の異なる利
益をともに実現する制度が求められたためである。さらに，基本的には二極化
しているものの，その地理上の位置と首都であるというブリュッセルの独特の
存在ゆえに，領域的な統治と属人的な統治の併存を認める，変則的な連邦構造

が築かれることになったことも影響している。

　連邦国家に至る政治過程は，先述したように地域主義運動の拡大に対峙した集権型国家とそれを支える政党エリートによる，その時々の宥和策の蓄積であった。「多極共存型デモクラシー」として類型化された調停方式を用いながら，基本的には領域的単位に自律性を保障することで，紛争の軽減を図ってきた。しかし，その調整は合意形成に関与するエリートの基盤の変化と合意成立のために設定された要件の厳格化により，困難な状況を迎えている。ベルギーを取り巻くグローバル化は「決めない政治」を容赦しない傾向にあり，ベルギー的現実である合意の政治が，連邦国家の多様性と統合をどのように両立させていけるのかは今後の課題である。

読書案内

森田安一編（2007）『スイス・ベネルクス史』山川出版社。
　＊通史ではあるが，各章の豊富な情報と「小国」の歴史的な関係性を含めて，日本語文献としてはまず目を通してもらいたい著作である。
津田由美子（2010）「ベルギー」馬場康雄・平島健司編『ヨーロッパ政治ハンドブック（第 2 版）』東京大学出版会。
　＊政治制度の形成とその歴史的背景について，他のヨーロッパ諸国との比較可能性を念頭にまとめている。
津田由美子（2011）「ベルギー」津田由美子・吉武信彦編『北欧・南欧・ベネルクス』ミネルヴァ書房。
　＊コンセンサス・デモクラシーの形成と変容を中心に，政治の安定と停滞の両面に焦点を当てて考察している。
日野愛郎（2014）「オランダ・ベルギー」網谷龍介・成廣孝・伊藤武編『ヨーロッパのデモクラシー』ナカニシヤ出版。
　＊オランダとの共通点と相違点を含めて，第 2 次世界大戦後の政党政治の特徴と変化について，新しいデータに基づいて分析されている。
松尾秀哉（2010）『ベルギー分裂危機──その政治的起源』明石書店。
　＊1950・60年代を中心に，ベルギーにおける地域・言語問題の政治化と制度改革の政治過程を丹念に分析した著作である。

参考文献

栗原福也（1982）『ベネルクス現代史』山川出版社。

小久保康之（2007）「ベルギー」大島美穂編『国家・地域・民族』勁草書房。

小島健（2007）『欧州建設とベルギー』日本経済評論社。

正躰朝香（2009）「ベルギー政治の不安定化と連邦制」『京都産業大学論集（社会科学系列）』第26号。

武居一正（2005）「ベルギー王国」阿部照哉・畑博行編『世界の憲法集』有信堂。

三竹直哉（1997-1998）「ベルギーにおける言語政策と統治機構の再編（一）～（四）」『政治学論集』第41号・第46号・第47号，『法学論集』第57巻，駒澤大学。

Deschouwer, K. (2012) *The Politics of Belgium; Governing a divided society*, London: Palgrave Macmillan.

Mavier, M. (2011) *Nouvelle histoire politique de la Belgique*, Bruxelles: CRISP.

Witte, E., Craeybeckx, J. & Meynen, A. (2010) *Politieke Geschiedenis van België van 1830 tot heden*, Antwerpen: Standaard.

Blom, J.C.H. & Lamberts, E. (eds.) (1999) *History of the Low Countries*, New York: Berghahn.

Brans, M., De Winter, L. & Swenden, W. (eds.) (2009) *The Politics of Belgium, Institutions and Policy under Bipolar and Centrifugal Federalism*, New York: Routledge.

第 2 章

ベルギー政治における国王

松尾秀哉

─ この章で学ぶこと ─

　本章ではベルギー政治における国王の役割を概説する。憲法のうえでは，ベルギーの国政における国王の役割は儀礼的なものに限定されているが，実際には政権形成交渉や政権交代に介入し，大きな影響を及ぼしてきた。また現代においてもそうした慣例が存続し，それがしばしば政治的な問題になっている。

　そこで本章では，ベルギー政治史における国王の政治的重要性を歴史的に振り返る。特に序章でも触れた連立政権形成における役割，その起源や意義を考察する。同時に，個々にも，大国がヨーロッパ国際関係を支配する「ウィーン体制」の時代にこの小国の独立を守ることを最優先に考え，政治介入を選択したレオポルド 1 世の政策や，小国を豊かな国にしようと植民地獲得を追い求めたレオポルド 2 世，第 1 次世界大戦でドイツに立ち向かったアルベール 1 世の動向を概観する。

　また第 2 次世界大戦後については，言語問題を政治的な大問題にしたといってもいいレオポルド 3 世，分権化を進め，連邦制を導入することでベルギーの統一を守ろうとしたボードゥアン 1 世，さらに分離主義者と闘い，やはりベルギーを守ろうとしたアルベール 2 世らの言語問題とのかかわりを中心に，政治との関係をみていく。さらにポピュリストが台頭する現代の政治をめぐる国王の状況を紹介し，今も継続されている国王と政治の特異な関係を学ぶ。

　一読すれば，おそらく独立から民主化，言語問題や連邦制，そしてテロなど現代に至るベルギー政治史の多くが「国王の歴史」であることに気づくだろう。

1　ベルギーにおける国王の政治的役割

　ベルギーは長い間，時の大国の支配下にあった。その頃のベルギーの人々にとって国王とは「征服の象徴であり，軍事力を保証する存在」（Gladdish 2002：133），すなわち侵略者だった。よってベルギーの独立戦争は，フランス革命の理念に憧れ，人民主権と共和制を求め，君主制の打倒を目指す人々が中心となった。しかしながら後述するように，ベルギーは当時の欧州列強諸国から，革命思想の防波堤として，君主制を採用することによってしか独立を認められなかった。当時のベルギーの憲法起草委員会は渋々大国から推薦されたザクセン＝コーブルク家（現ドイツの一部）のレオポルドを国王として受け入れ，その代わりに憲法において徹底的にその権力を制限したのである。

　ベルギー憲法は，第 1 に王はベルギーの国家元首であること，第 2 に不可侵であること（第86条，第87条），第 3 に，しかし，その言動が効力をもつためには内閣の助言を必要とすること（第88条）を明記した（*La Libre Belgique* 12/15/2002）。後の外相であるポール・ユイマンス（Paul Hymans）によれば，この憲法は当時「最も自由主義的な憲法」（Marks 2010：5）であった。今なお国王が新しく即位するときは，世襲であっても議会での宣誓と承認が必要である。こうした歴史的経緯により，ベルギーは立憲君主国でありながら「ひじょうに賢明ながらも保守的で君主を戴く共和国」（武居 2005：417）と呼ばれることがある。

　しかしそれにもかかわらず，ベルギーの国王の政治に対する影響力は「強いまま維持されてきた」（Mellaerts 2002：146）とも言われることが多い。リーによれば「ベルギーの国王が即位した特異な状況によって，フィリップ［現国王］は他の西欧の君主とは異なる地位にあり，そしてそれはブリテンのエリザベス女王の儀礼的な役割とは異なっている」（Lee 2013）。では，憲法上制限されているにもかかわらず，現在も付与されている特異な地位や役割，影響力とは何だろうか。

　モリトールによれば，それは特に政府形成時の役割である（Molitor 1979：26-45）。序章でも触れているようにベルギーのような深遠な亀裂を抱えた多元

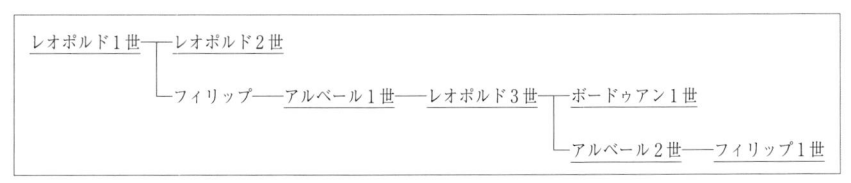

図2-1　ベルギー国王の系譜

出典：松尾（2014）より。

的な社会においては圧倒的な与党が誕生しないため，選挙後，国王は「組閣担当者」を指名し，各政党との連合交渉や組閣の任にあたらせる。これが事実上の首相（候補）である。

　しかし合意形成が困難な場合などは，この作業を何度も繰り返し，組閣担当者が交替していく。その場合，有力者が「誰が組閣担当者としてふさわしいか」を国王にアドバイスする。これを「情報提供者」とよぶ。いわば連立交渉の事前の根回し役である。こうして，亀裂を有する社会では即断即決よりも話し合い，互いに妥協して合意する政治が求められる。これが多数決型とは異なる，合意型民主主義の特徴の１つである。

　これらの役割は法的に制度化されてはいない。独立以来の慣例にすぎないが，今もなお政権交渉の節目節目で，国王は報告，相談され，そして任命する。これは「おそらく国王が最も自由に行動する［政治的］領域」（Molitor 1979：26）とされる。当時，最も強く国王の権力を制限したとされる憲法のもとで，政権形成という重要な局面に国王が介入するとは奇妙である。特に現代において，なぜこれが存続し，どのような意義を有しているのだろうか。まずはこの奇妙な慣例の起源を，独立時のベルギー政治を振り返ることで理解したい。

2　奇妙な君主国の誕生

　ベルギーは1830年にオランダから独立した。当時のベルギー議会は，レオポルドを王として迎えることを196票対152票で可決した。反対も多かったが，議会で可決したのである。憲法起草委員の１人であり後の首相のピエール・ノトーン（Pierre Nothomb）は，起草当初は共和制を望んでいたが，諸大国の要請によって国王を受け入れることを決意した。

　当時は君主国が周りを取り囲んでいた。それが当たり前であり，共和制のほうが珍しい時代だった。ノトーンは「共和制を宣言することは世界中を敵に回すことになる」（Nothomb 1931：121）と考えた。特にベルギーは，わずか40年ほど前の1789年にオーストリアから共和国の独立を宣言していた。しかしこの「ベルギー共和国」の「国家」は，外交以外，各自治体間の利益調整の役割しか持たなかった。軍の創設すら手こずった。そうこうするうちに内部でリエージュ（司教区）が独立を宣言するなど混乱し，その混乱に乗じたオーストリアに，わずか１年後に再び制圧された。

　創設期のリーダーたちは，この失敗の歴史も十分に学んでいた（Juste 1874, tome 1：27）。1830年の独立戦争直後のベルギーもまた「アナーキー」だった（Aronson 1968：xxvi）。それでも今独立が許されているのは「大国の恩恵」（Aronson 1968：4）でしかない。そしてそのうえでオランダ国王ウィレム１世の圧政に耐えかね，一刻も早い独立を望んだ。つまり共和制を採用したときのリスクを十分に考慮した上で，オランダからの独立を（政体よりも）まず優先したのである（Cammaerts 1939：14-15）。

　さらに当時のリーダーたちは，独立を確かなものにするため，他の君主国とのパイプを強くもつ国王が必要だと考えた（Müßig 2011：497）。列強から推薦されたレオポルドはドイツ出身で，即位直前はイギリスで過ごしていた。ベルギー政治研究者のデスハウアーは，勢力均衡の時代において，イギリスとの関係が強いレオポルドの外交手腕が期待されたと主張する（Deschouwer 2009：21）。

　レオポルド自身は，当初送られてきた憲法草案を一読して「この王国は自分自身を守ろうとしていない」と述べ不満をもらしていた（Aronson 1968：5）が，着任するに至って「ベルギーに関する限り，国家とは私のことだ。私はこの小さな王国を背負うアトラスになる」（Aronson 1968：19）と覚悟を決めた。「小国を守る王」になることを自負したのである（Hymans 1880：A-1）。

　また，実は，初期の閣僚自らも国王からの信任を求めていた。すなわち政治家も，国民と国王からの「二重の信任」を求めたのである。この時代に小国を治めるには，国民から選ばれただけでは不安だというわけである。そしてレオポルドと共同で，独立したての小国の政局運営を行おうとした（Müßig 2011：

499-500)。つまり，民衆から支持された政治的エリートたちが，君主制とその介入を支持した側面も見受けられるのである。

　すなわちベルギーで生まれた奇妙な君主制は，不安定な国際情勢のなかで独立した小国ゆえに成立した君主制でもあった。奇妙ではあるが「共和制」や「君主制」といった制度やイデオロギーにこだわらず，国家の独立という現実的な問題を解決するために採られた妥協的解決の所産である。

　レオポルド1世は決してオランダ語に秀でていた訳ではない。しかし，のちの『スタンダールト（*De Standaard*）』紙の創刊者であるピカルトは，即位後間もなく，レオポルド1世がオランダ語を用いて議論し，オランダの大使ファルックを驚かせたことを記録として残している（Picard 1937）。おそらくは大変な努力をされたのであろう。こうした努力を察しても，この小さな多言語国家を守るため，民衆の支持を獲得し，政情の安定を図っていたことが窺われる。以下では，この慣例に限らず，ベルギーの歴代の国王と政治の関係についてその特徴を概観する。

3　ベルギー政治と国王たち

レオポルド2世——世界と闘った王

　続くレオポルド2世のとき（在位1865年～1909年），既に国際的な独立の承認は確かなものになってはいたが，彼が即位後間もなく，台頭するプロシアとフランスの間でベルギーの割譲が求められる（Marks 2010：7-8）など，ベルギーの国際的地位はまだ不安定であった。しかし当のレオポルド2世は「この不安定な状況に乗じて」逆にルクセンブルクの割譲を求めるなど野心的で，当時の自由党政府はルクセンブルクを獲得するのを断念するよう説得したり（Marks 2010：8），国王の側も意に沿わない政府に計3度解任を命じたりした。

　彼は，国内政策よりも植民地政策に強い執着心をもっていたことで知られている。1876年にイギリスの探検家，キャメロンがコンゴ河流域に金銀鉱山があることを報告し，探検の資金援助を申し出たが，当のイギリスは半信半疑でこの話を一蹴した。ここに目をつけたレオポルド2世は，閣議で「地球上で手つかずの状態にある地域に文明をもたらそう」と植民地獲得を訴えたが，当時の

マルー（Jules Malou）政権は国内問題への対応に手一杯だった。そこでレオポルド 2 世は，私費でアフリカの調査，資源獲得に注力した。

　1882年には「国際コンゴ協会」（現地の臨時政府に相当する）を作り，先住民との貿易協定を結んだ。他の列強諸国はこの動きに警戒心を強めたが，1884年のベルリン会議において彼は自由貿易を認めるなど譲歩しながら，列強からコンゴにおける「国際コンゴ協会」の主権を認められた。1885年 8 月，レオポルド 2 世は，ベルギーのおおよそ80倍の面積の「コンゴ独立国」の元首となった。個人所有の独立国が誕生した。個人所有の土地としては史上最大の面積であった。

　レオポルド 2 世によるコンゴ支配は残虐なものだった。働けない現地の人々の頭部を 1 日で100人の切断したなどの記録が残されているが，ここから得られるゴムと象牙によって，彼は当時世界でも有数の大富豪となり，またベルギー経済も大いに潤った。1927年には，ベルギーはイギリス，アメリカ，ドイツ，フランス，オランダに次ぐ世界第 6 位の経済大国となり，フランス系金融機関ソシエテ・ジェネラール・ベルジークなどの植民地財閥が台頭した。

　ベルギーの内政を見ると，レオポルド 2 世は政局の安定を強く望んだ。帝国主義の時代にベルギーのような小国が社会的に不安を抱えていれば，大国に狙われ，財を蓄えるどころではない。レオポルド 2 世は，民主化勢力が要求した普通選挙法や，ベルギー史上「初めての社会立法」と呼ばれる社会保障法，そして民主化とともに活発化してきたフランデレン運動の要求に応えて，全国でオランダ語とフランス語を公用語とする「平等法」の成立を，当時の首相ベールナールと相談しながら，次々と推進した。民主主義の進展そのものを望んでいたわけではない（松尾 2000）。しかし国の安定のため，それらを認めたのである（Bueno de Mesquita 2007）。国内政治における役割に注目するならば，政府が植民地政策の財政支援を止めるまで，国王は，政府と相互に協力して国内の民主化，近代化を進めたといえる（以上は，主に松尾〔2014〕による）。

アルベール 1 世——征服者と闘った王

　子供を授からなかったレオポルド 2 世の死後，弟のアルベール 1 世（在位1909年〜1934年）が後を継いだ。19世紀末のヨーロッパでは，ドイツ帝国に対

する警戒心が高まっていた。三国同盟，三国協商が形成される不穏な時代の中で，アルベール 1 世は，言語の相違を超えたベルギー人の共通性を強調し，ベルギーを守ろうと考えた。

　第 1 次世界大戦が開戦になると，アルベール 1 世はドイツにベルギーを狙わないよう書簡でお願いしていた。しかし1914年 8 月，ドイツはベルギーに対して自軍のベルギー通過の許可を求め，拒否すればベルギーを敵国とみなすとする最後通牒を送ってきた。しかしアルベール 1 世は「ベルギーは国だ。道ではない！」と閣議で述べて，徹底抗戦の構えをとった。

　ベルギー軍は，ドイツから見たベルギーの入口にあたるリエージュでは予想外に徹底抗戦し，ドイツ軍の侵攻を 2 日遅らせたといわれているが，ドイツ軍は強力で，徐々に占領が進み，5,000人以上の市民が犠牲になったと言われている。アメリカの参戦を経て連合軍が盛り返すまでベルギーはドイツの支配下におかれた。

　戦後，解放されると，アルベール 1 世は戦後復興を率先し，社会保障やインフラの整備を進めたが，1929年に大恐慌が生じると，ベルギーの経済も急激に低下し，1934年にはアルベール 1 世が趣味の登山中に遭難死した。ベルギーはこれから第 2 次世界大戦の暗い時代に突入する。

レオポルド 3 世——国民と闘った王

　アルベール 1 世の長子，第 4 代国王レオポルド 3 世（在位1934年〜1951年）をめぐる，第 2 次世界大戦後の「国王問題」は，ベルギー政治史の大きな分水嶺である。第 2 次世界大戦においてナチスの侵攻が進むと，抵抗しようとする内閣とは別に，国王レオポルド 3 世は早々に降伏し幽閉された。徹底抗戦を掲げる政府はロンドンに亡命政府を形成し，彼がベルギーを「統治できない状態」であると宣言した。

　ナチスが敗北しベルギーが解放された時，降伏した国王の復位をめぐって国論は二分された。レオポルド 3 世は，残った兵士と運命をともにした勇気ある王か，それとも連合軍を裏切り，ファシズムに加担した裏切り者か（Van Goethem 2010）。復位をめぐって国民投票まで行われる事態となった。結果はベルギー全体で57.68％の投票者が復位を支持した。僅差で復位支持派が勝利

したが、フランデレンでは7割強が賛成し、ワロニーでは逆に58%の反対が上回った。ドイツに対する敵意はフランス語を話すワロニー地域で強く、同じゲルマンの系統であるフランデレンでは、ドイツに従った国王には比較的寛容だった。この地域差が国内の「言語問題」の存在を浮き彫りにした。戦後の言語問題の発端である。

　他方で、当時の首相、社会党のアヒレ・ファン・アケルは「人にパンが必要なように、ベルギーには国王が必要だ」と述べた（Aronson 1968：298）。つまり当時のエリートは、秩序維持のために国王の存在は不可欠と考えていた。そして事態を収拾するためにレオポルド3世に譲位を促し（Binion 1969：241）、まだ若い王太子ボードゥアン（20歳）が即位した。国を守るため国王は排除され、しかし君主制は存続した。戦後直後の分裂の危機に終止符を打つための妥協的解決だった。

ボードゥアン1世──連邦主義者と闘った王

　ボードゥアン1世（在位1951年〜1993年）は、レオポルド3世に対する批判が冷めぬ議会において、「共和国万歳！」というラオら一部社会、共産系議員の怒声の嵐の中で宣誓した（Conley 2005：116）。まだボードゥアンは若く、この怒声の嵐の中で「王になることを望んではいなかった」（Fralon 2001）。即位後も政治に対して意見せず、側近たちの支持に従い、中立を守った（Conely 2005：113）。政治家たちもボードゥアンを見て「父［レオポルド3世］のようには反抗しないだろう」と考えていた（Aronson 1968：300）。こうして「王は、フランス語話者とフランデレンの関係の伝統的調停者であり、国を構成する2つの共同体の対立で生まれたショックの緩衝剤であったが、以降、政治状況に対して現実の影響力を有しなくなった」（Buxant et Samyn 2010：16）といわれるようになった。

　ボードゥアン1世に関連して、植民地独立時の動きに触れておこう。第2次世界大戦後、冷戦を背景に金属特需が起こり、植民地から得られる銅などの鉱物資源の総輸出額は4倍になり、ベルギーの戦後復興は順調だった。小国ベルギー経済は、コンゴに依存して経済成長した。特に1950年代半ばまでベルギーのコンゴ統治は安定し、ベルギーの通貨、ベルギー・フランは「ヨーロッパの

ドル」と呼ばれた。

　しかし，ベルギー経済が発展するにつれて，コンゴの都市化も進んだ。それに伴い，現地の人々のなかにはフランス語を学び，キリスト教を信仰する，西洋化した「開化民」が登場するようになった。それ以前は広大な国土の中でコンゴの人々が結集すること自体が困難であったが，都市化がそれを可能にした。開化民はベルギーと現地の人々をつなぐ役割を期待されていたが，ちょうど他の植民地が解放されるタイミングでもあり，彼らはむしろ独立運動に傾倒した。

　1950年代後半にはコンゴの人々による，解放を求める雑誌が多数刊行され，「反ベルギー」の声が高まっていった。1959年 1 月 4 日に，数百名の死者を出す大規模な暴動が起きた。この事態に焦ったボードゥアン 1 世は，人種差別の撤廃，将来的な独立を約束するとの趣旨の声明を発するが，「将来的」という曖昧な言い方がコンゴの人々の怒りに油を注ぎ，コンゴの暴動はさらに加速した。結局，1960年 6 月30日にコンゴ共和国は独立した。ただしその式典でのボードゥアン 1 世の挨拶は，依然としてここまでのベルギー統治を「文明化」と評価し，ここまでの統治制度の存続を呼びかけ，レオポルド 2 世を「天才」と称する，反省無きものであった。

　そのためコンゴ共和国が独立した後もなお，ベルギー人は要職に就き，ベルギー軍もコンゴ共和国に留まった。やがてコンゴ各地で，不満をもったコンゴの人々によるベルギー人に対する暴力的反抗が生じ，ベルギーは入植者を守るという理由でベルギー軍 1 万人を送った。コンゴ共和国のルムンバ（Patrice Lumumba）首相は，ベルギーの侵犯を国連に提訴し，国連安保理は国連軍派遣を決議し，ルムンバを支持する国連軍と，ベルギーを支持する一派の内戦状態に陥った。結局ルムンバの後継者ギゼンガ（Antoine Gizenga）が樹立したコンゴ共和国が正統な政府であると承認され，ベルギーに対する国際的批判が高まった。この間，ベルギー人も含めて10万人もの人々が犠牲になった。国王によって生み出された植民地の独立をめぐって，再び国王の言動が動乱の一因となっていたことを忘れるべきでない。

　かつて国際情勢が不安定な時期において独立を維持するために尽力した国王の政治的意義は，その後国際情勢が安定するに至って減じられた。しかし秩序を維持するため制度は存続した。換言すれば，国王は民主政治を妨害しない限

りで存在を許されるが、完全に制度上排除できるほど安定した国家でもない。多言語国家ゆえにその権威が必要となることもある。その位置づけは曖昧になっていった。

　以降、1993年に連邦制が導入されて分権化が進み地域議会や地域政府（この組閣に直接的に王は介入できない）の重要性が高まって以来、「このシステムの中で王は理論上政府に包まれた中でしか活動できない」（Buxant et Samyn 2010：18）ようになった。では、既に連邦制導入から20年を過ぎ、現代において、国王は合意型民主主義に対してどのような役割を果たしているのだろうか。

4　現代ベルギー政治と国王

アルベール2世——ポピュリストと闘った王

　現代のベルギー政治は徐々に変化していった。特にグローバル化の進展によって数多くの移民がヨーロッパに到来した。「ヨーロッパの首都」である首都ブリュッセルも例外ではなく、1990年代には100万人を超える移民が流入した。現在ブリュッセルでは4人に1人が移民（親が移民である場合を含む）であるといわれる。これを理由に移民排斥を謳う右派ポピュリスト政党が台頭した。

　これらの政党はともに「既成政党のリーダーはしばしば、選挙キャンペーンの公約と一貫しない政策を売り、また受け入れる」（Mnoorin and Verbeeke 2009：176）と既成政党に対する批判を掲げた。すなわち「合意型民主主義」における「妥協の政治」を批判し、有権者に「真の［多数決による］民主主義を」と訴えた。グローバル化の進む現代において、従来の合意と妥協を旨とした政治が困難になったのである。

　以上のような時代の変化のなかで連立交渉に介入したのがアルベール2世であった。2010年の選挙では、フランデレンの地域主義政党で、フランデレンの自治強化、将来的なフランデレンの独立も辞さないとする新フランデレン同盟（N-VA）が躍進し、単独で勝利した。しかし第1党ではあるが「フランデレンの独立」をほのめかすこの政党と、経済的に不利な立場にあり、ワロニーやフランス語話者が多数を占めるブリュッセルへの補助金増額を求めるワロニー諸政党との連立交渉がうまく進むわけはなかった。

　アルベール2世は最初の交渉における情報提供者を第1党のN-VA（分離主義）のバルト・デ・ウェーヴェルではなく，第2党のワロニー社会党（既成政党）のエリオ・ディ・ルポに委ね，デ・ウェーヴェルとの交渉に当てた。しかしもちろんこの協議は難航した。

　選挙から2カ月で，最初の交渉が失敗に終わると，両者は感情的になり，およそ10カ月の間，会うことも拒絶して時間だけが過ぎていった。こうした中で国王は「情報提供者」だけでなく「論点整理担当者」「準組閣担当者」などベルギーの政治史上前例のない役職を立て，過去の首相経験者等，有力者を粘り強く指名し続け，対立する双方の言い分を聞き，交渉を継続させ，また妥協的な政策案の作成を委ねた。

国王による妥協の政治

　しかし，それでも両者は合意に達することはなく，政治空白の世界記録を更新し，市民のデモが生じるようになった。国王アルベール2世は選挙から1年以上過ぎた独立記念日（7月21日）の訓話で政治家を叱責し，ようやく事態が動いた。これを機にN-VAと行動をともにしてきたキリスト教民主フランデレン党（CD&V）がN-VA支持から離れ交渉に参加した。他方でN-VAは離脱を表明して，フランデレン，ワロニーそれぞれのキリスト教民主主義，社会，自由の6党を中心に組閣交渉が進み，新政権が形成された。問題だったブリュッセルへの補助金も認められた。すなわち妥協的な結論に落ち着いたのである。

　アルベール2世は政治的リーダーの交渉が頓挫するたびに粘り強く次の調停者を指名し，また独立記念日のスピーチで民衆に訴える形を採りながら政治家に語り，妥協の政治を護った。国王は，亀裂を抱え，単純に多数決を形成して民主的決定をすることが不可能な社会において，多数派形成を促すという重要な補完的役割を担っているといえる。

　最後に，2016年3月22日にブリュッセルで生じた，悲しい連続テロ事件における国王の役割を考察して本章を終えることとしたい。

5　テロの時代の国王

2015年11月にフランスのパリで同時多発テロが生じた。この首謀者がベルギー人で，首都ブリュッセルのモレンベーク地区を拠点とする北アフリカ系移民の子孫であったことから，ブリュッセル，モレンベーク地区は「テロの温床」と呼ばれるようになった。

世界中の非難を浴びて，ベルギー当局は徹底した捜査と組織壊滅に乗り出した。事件の首謀者が次々と逮捕され，シャルル・ミシェル首相の支持率が高まっていた矢先，翌2016年の3月22日にブリュッセルで連続テロが起きた。ブリュッセル国際空港やEU本部にも近い地下鉄マルベーク駅で自爆テロが生じ，200名を超える多くの死傷者が出て，イスラム国（IS）による犯行声明が出された。

この事態において国王は，直後に遺憾の意を表明し，さらに3カ月後の慰霊祭において，以下のように英語でコメントした。

私たちは，この試練に立ち向かわなくてはなりません。私たちの本当の力に気づき，弱さを克服し，それぞれが責任をもってともにより良い世界を作り出すよう献身していきましょう（*Flanders Today* 05/23/2016）。

合意型民主主義，すなわち多様性と共存を堅持してきた国家ベルギーにおいて，これはその意義を根本から覆されかねない事件である。しかし国王は「テロとの闘い」やイスラームの「排除」を強調しない。「私たちの本当の力」とは，多様性と共存の歴史である。それを恐れるなと呼びかけた。

党派性のみならず，民族や宗教等を飛び越えた「超越性」を必要とするこの事態において，国王の言葉は重要になるだろう。これがテロの時代における合意型民主主義国家の国王の新しい役割になるかもしれない。そしておそらく，そのために王が民衆の継続的な敬意と支持を獲得することは必須である。それ無くして民主政治を補完することもできまい。危機的状況における国民全体の支持を得られるよう，ベルギーが何たるかを訴え続ける必要があろう。

読書案内

君塚直隆（2006）『パクス・ブリタニカのイギリス外交——パーマストンと会議外交の時代』有斐閣。

　　＊ベルギー独立時のヨーロッパ国際関係に詳しく，学術書としても，一般書としても価値の高い1冊。なぜベルギーに他国から王が来たのかがよくわかる。

松尾秀哉（2014）『物語　ベルギーの歴史』中公新書。

　　＊国王を中心にベルギーの歴史をまとめた一般書。

松尾秀哉（2015）『連邦国家ベルギー——繰り返される分裂危機』吉田書店。

　　＊現代の分裂危機における国王の働きについて記した邦書。なぜ分裂危機が生じたか，またなぜ分裂しないのかなども言及。

Belien, Paul (2005) *A Throne in Brussels: Britain, the Saxe-Coburgs and the Belgianisation of Europe*, Imprint Academic.

　　＊英語で読めるベルギーの王室史。王室をめぐる様々な事件がベルギー政治といかにかかわるかを記述する。少しベルギー史に詳しくなってから目を通すと良い。

Van Goethem, Herman (2010) *Belgium and the Monarchy*, UPA.

　　＊王室研究の第一人者による，言語問題と王室の関係を描く。特に国王個人の影響について詳しく述べている。

参考文献

武居一正（2005）「ベルギー王国」阿部照哉・畑博行編『世界の憲法集（第3版）』有信堂高文社。

松尾秀哉（2000）「キリスト教民主主義政党の『調停の政治』メカニズム——ベルギーにおける初期福祉国家改革期のカトリック党の党内政治過程」『国際関係論研究』第15号，59〜85頁。

松尾秀哉（2014）『物語　ベルギーの歴史』中公新書。

松尾秀哉（2016）「ベルギーの多極共存型連邦制」松尾秀哉・近藤康史・溝口修平・柳原克行編『連邦制の逆説？』ナカニシヤ出版。

松尾秀哉（2017）「合意型民主主義におけるポピュリズム政党の成功——ベルギーを事例に」中谷義和・川村仁子・高橋進・松下冽編『ポピュリズムのグローバル化を問う——揺らぐ民主主義のゆくえ』法律文化社。

La Libre Belgique, 7SUR7, Het Belang van Limburg, Flanders Today, Ie Soir

Aronson, Theo (1968) *The Coburg of Belgium*, London: Cassell.

Binion, Rudolph (1969) "Repeat Performance: A Psychohistorical Study of Leopold III and Belgian Neutrality", *History and Theory*, Vol. 8, No. 2, pp. 213-259.

Bueno de Mesquita, Bruce (2007) "Leopold II and the Selectorate: An Account in Contrast to a Racial Explanation", *Historical Social Research*, Vol. 32, No. 4, pp. 203-221.

Cammaerts, Emile (1939) *The Keystone of Europe. History of the Belgian Dynasty. 1830-1939*, London: Peter Davis.

Capoccia, Giovanni (2001) "Defending democracy: Reactions to political extremism in inter-war Europe", *European Journal of Political Research*, No. 39, pp. 431-460.

Conley, John J. S. J. (2005) "Remembering King Baudouin, Witness to Life", *Life and Learning*, XIV, Washington, D.C.: Georgetown, pp. 113-122.

Conway, Martin (1997) "Justice in Post-War Belgium. Popular Passions and Political Realities", *Bijdragen tot de Eigentijdse Geschiedenis*, nr. 2. pp. 7-34.

Deschouwer, Kris (2009) *The Politics of Belgium. Governing a Divided Society*, Hampshare: Palgrave Mcmillan.

Fralon, José-Alain (2001) *Boudouin, l'homme qui ne voulait pas être roi*, Bruxelles: ED. Fayard.

Hymans, Louis (1880) *Histoire parlementaire de la Belgique de 1831 à 1880*, Bruxelles: Bruylant-Christophe.

Hymans, Paul (1958) *Mémoires*, publiés par Frans van Kalken et John Bartier, tome. 1, Bruxelles Institut de Sociologie Solvay.

Juste, Théodore (1874) *Le baron Nothomb, Ministre d'État*, Bruxelles: C. Muquardt. tome. 1.

Lijphart, Arend (1977) *Democracy in Plural Societies: A Comparative Exploration*, New Haven: Yale University Press.

Mellaerts, Wim (2002) "Postmodern Monarchies. How royalty unites diversity in the Low Countries", Tom Bentley and James Wilson (eds.) *Monarchies. What are kings and queens for*, Demos collection 17, London: Elizabeth House, pp. 145-151.

Marks, Sally (2010) *Paul Hymans. Belgium*, London: Haus Published Ltd.

Martens, Wilfried (2006) *Mémoires pour mon pays*, Bruxelles: Lannoo Uitgeverij.

Molitor, André (1979) *La function royale en Belgique*, Bruxelles: CRISP.

Müßig, Ulrike (2011) "L'ouverture du movement constitutionnel après 1830: â la recherché d'un équilibre entre la souveraineté monarchique et la souveraineté populaire", *Tijdschrift voor Rechtsgeschiedenis*, No. 79, pp. 489-519.

Nothomb, Pierre (1931) *Les hommes de 1830. Jean-Baptiste Nothomb et ses frères, Bruxelles et Paris*, Librairie Nationale d'Art et d'Histoire.

Picard, Leo (1937) *Geschiedenis van de Vlaamse en Groot-Nederlandse Beweging*, deel 1, Antwerpen.

Ulrich, Jessuren d'Oliver, Hans (2012) "The EU and Its Monarchies: influences and Frictions", *European Constitutional Law Review*, Vol. 8, pp. 63-81.

＊本章は科学研究費補助金　基盤(C)「ベルギー合意型連邦制の脆弱性と強靱性」についての研究（研究代表者：松尾秀哉）および平成29年度北海学園学術助成（一般）「ブリュッセルはなぜテロの温床になったのか」（研究代表者：松尾秀哉）による現地調査の成果の一部である。

第3章

政党政治のダイナミズム

日野愛郎

━ この章で学ぶこと ━

　ベルギーでは数多くの政党が議席を獲得する。2014年には実に12政党が議席を獲得している。連立政権に6つの政党が参加することも珍しいことではない。ベルギーではなぜこれだけ多くの政党が競い合っているのだろうか。①本章は，まず政党がどのような社会的な対立軸に沿って登場してきたかを概説する。宗教的な亀裂や経済的な亀裂を通して，カトリック，自由主義，社会主義系の3つの伝統政党が形成され，政党政治の中心となってきた経緯を学ぶ。②次に，北部オランダ語圏と南部フランス語圏の対立が表面化し，地域主義政党が北部のフランデレン地域，南部のワロニー地域，そしてブリュッセル首都地域の各地域において勃興した経緯を追う。そして，地域主義政党の台頭を受けて，3つの伝統政党がそれぞれオランダ語圏とフランス語圏の政党に分裂したことを理解する。③さらに，環境政党や右翼ポピュリスト政党といった新興政党が1980年代から1990年代にかけて台頭したことを知り，それまで伝統政党によって取り上げられなかった環境問題や移民問題といった新しい争点が脚光を浴びることとなったことを学ぶ。④最後に，地域からの要求や新しい諸問題に対処することが求められる中で，伝統政党がどのように変容していったかを概説する。分裂して6つになった伝統政党のうち，5つの政党が1990年代以降に党名を変えている。多くの政党が，新興政党の主張を反映する形で党改革を行っていったことを知る。そして，新興政党の登場が伝統政党の党組織や変革や政策の刷新を促したことを知ることにより，政党政治のダイナミズムについて理解を深める（政党名の原語や政党の動きについては章末資料の政党変遷図〔図3-3〕を参照されたい）。

1　伝統 3 政党の形成

「カトリック vs. 世俗派」の対立軸——宗教的亀裂

　ベルギーでは伝統的にカトリック教徒が多く，19世紀末に成立したカトリック党，そして，後述する今日のキリスト教民主系の政党の素地となっている。一方，ベルギーで最初に政党を結成したのは世俗派の自由党であった。1830年にベルギーがネーデルラント王国から独立を果たした際は，フランス革命の自由主義思想の影響を受けた世俗派が中心的な役割を担った。独立当時，世俗派とカトリック勢力は，オランダからの独立という共通の目標のもとに統一同盟路線（unionism）を採っていたが，独立が成し遂げられると，両者の対立は学校教育における予算配分（カトリックの私立学校に公的補助金を認めるか否か）をめぐり表面化した。世俗派は，1848年に自由党を結党すると，1849年には高等教育法，1850年には中等教育法を制定し，中高等教育における世俗化を一気に推進した。更に1879年には初等教育も世俗化することに成功し，宗教教育全てを禁止することを試みるフムベーク初等教育法を公布した。

　これに対し，カトリック勢力は，信徒子弟の公立学校への登校拒否やカトリック私立学校の設立で応じ，学校教育をめぐる争いは一般のカトリック教徒をも巻き込む形で展開した。カトリック勢力は，それまで内部分裂が激しく，長年統一した政党を結成することができなかったが，1884年にようやく政党としての全国組織を結成した。そして，同年の選挙で圧勝すると，即座にフムベーク法を改正し，私立学校での初等教育と公立学校教育の選択を自治体の自由裁量により認めることができるようにし，世俗教育と宗教教育の共存を図っている。このように，カトリック勢力と世俗派が対峙する宗教的な対立軸（政治学の言葉では「国家 vs. 教会」の宗教的亀裂とも呼ばれる）は，19世紀を通して，ベルギー政治において確立されていった。

「資本 vs. 労働」の対立軸——経済的亀裂

　このように19世紀には自由党とカトリック党の 2 大政党制が成立していたが，19世紀末になると社会主義勢力の労働者党（後述する社会党）が加わることにな

る。フランス語圏である南部ワロニー地域は，豊富な石炭や鉄鋼資源を背景に，1830年代にはヨーロッパ大陸でいち早く産業革命を成し遂げた。しかし，工業化の進展は労働環境の悪化をもたらし，労働者の不満は次第に蓄積していった。当時は自由党とカトリック党が議会を支配していたため，労働条件の改善と選挙権拡大といった労働者勢力の要求が政治に反映されることは少なかった。そのような状況の中，1885年にベルギー労働者党（POB）が結成された。これにより，経営者と労働者の間の亀裂は深まり，世俗派は，自由主義勢力（資本）と社会主義勢力（労働）の間で割れることになったのである。

　とりわけ，この「資本 vs. 労働」の経済的亀裂は，1890年代に入ると決定的な対立軸となる。1893年の選挙法改正により，25歳以上男子に選挙権が認められると，労働者党は翌1894年には議会において議席を獲得するようになる。これらの議席は全てワロニー地域の選挙区の議席であり，自由党はこれらの選挙区で労働者党との争いに敗れて，3分の2の議席を失うこととなった。自由党は，それまで用いられていた2回投票制による選挙制度を廃止して，安定して議席を確保できると考えられる比例代表制の導入を推進した。1899年には，国政レベルでは世界に先駆けて比例代表制が導入され，その結果，それ以降の選挙では，自由党も労働者党も安定して議席を確保するようになっていった。また，共産党（BKP/PCB）も1921年から1981年まで継続して代表を送った。

伝統3政党による連立政治

　図3-1は，ベルギー建国から今日までの各勢力の議席獲得比をグラフに示したものである。これを見ると，1890年代初頭までは自由党とカトリック党の2大政党制であったが，1894年以降は労働者党が政党システムに参入し，3つの勢力が安定して議席を獲得していることが分かる。また，比例代表制が導入されて最初の選挙となった1900年以降は，議席比の変動が以前よりも少なくなっていることも図から読み取れるであろう。これらの3つの政党勢力以外にも，20世紀に入ってからいくつかの政党勢力がグラフには示されているが（後述参照），伝統3政党（カトリック，自由主義，社会主義政党）の勢力により長年にわたり概ね8割以上の議席が占有されてきたのである。近年になり，伝統3政党の勢力は陰りを見せているとはいえ，依然としてこれまで全ての首相が伝統

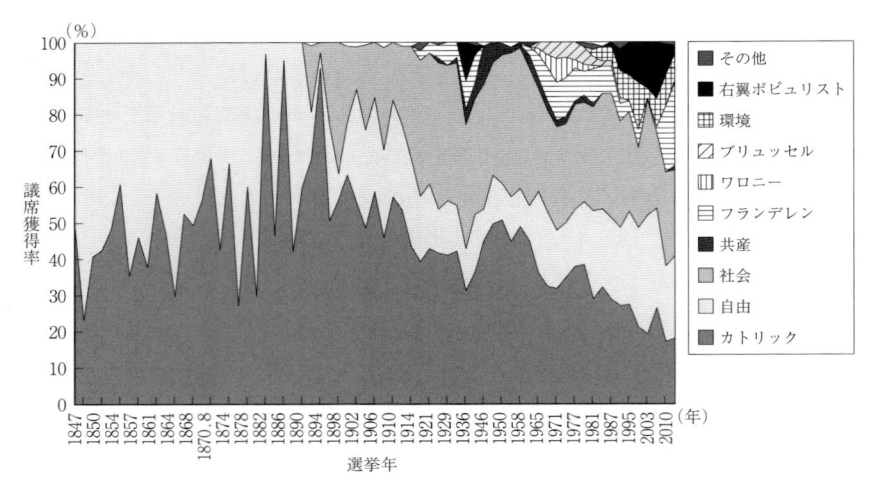

図3-1　政党カテゴリー別議席獲得率の推移

注：凡例は伝統政党から新興政党の順に下から記されている。
出典：筆者作成。

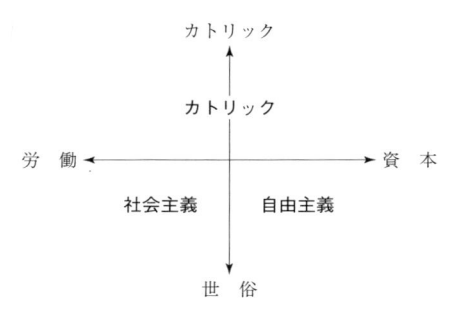

図3-2　ベルギーにおける社会的亀裂と伝統3勢力
出典：筆者作成。

3政党から輩出されている。このように，ベルギー政治において伝統3政党は中心的な役割を担ってきたのである。

　上で述べた「カトリック vs. 世俗派」の宗教的対立軸と「資本 vs. 労働」の経済的対立軸を交差させた空間図に伝統3政党を位置づけてみよう（図3-2参照）。

　まず「カトリック vs. 世俗派」の宗教的対立軸では，カトリック勢力がカトリックの側に，自由主義勢力と社会主義勢力が世俗派の側に位置づけられる。

そして，「資本 vs. 労働」の経済的対立軸では，自由主義勢力が「資本」，社会主義勢力が「労働」の側に位置づけられる。これら3つの勢力はそれぞれの支持層を組織化することにより，安定した得票を調達してきた。それぞれの勢力は，病院，学校，銀行，新聞などの独自組織を系列化することにより，支持層の固定化を進めた（柱状化社会については第4章を参照）。早期の比例代表制導入のほかに，1894年に導入された義務投票制も支持者の構造化を促進した。有権者の多くは個々の勢力の中で育てられ，選挙の際は迷わず自らの勢力を代表する政党，もしくはその候補者に投票してきたのである。この傾向はカトリック勢力で特に顕著であった。

　また，これらの3つの勢力は，ベルギーにおける3つのそれぞれの主要な地域に強固な組織ネットワークを構築してきた。カトリック勢力は，伝統的に北部オランダ語圏のフランデレン地域で，社会主義勢力は早くから重工業が発展した南部フランス語圏のワロニー地域で，自由主義勢力は2言語地域である首都ブリュッセル地域でそれぞれ強い傾向にあった。その意味においては，伝統3政党を中心としたベルギーの政治は，地域間の緊張関係をもはらんでいた。

　第1次世界大戦後，1919年に1人1票制による21歳以上男子の普通選挙が導入されると（それまでは財産や学歴により最大3票までが認められていた），3つの勢力の均衡化がさらに進んだ。そのため，1つの勢力だけで過半数の議席を得ることは難しくなり，頻繁に連立政権が組まれるようになった。第1次世界大戦中や戦間期は，カトリック党，自由党に加えて，労働者党が参加して大連立を組むこともあったが，連立の組み合わせは概ねカトリック党と自由党であった。

　これが，第2次世界大戦後になると，ベルギー労働者党（BWP/POB）からベルギー社会党（BSP/PSB）に改称した社会主義勢力とカトリック勢力が連立を組むケースが増えていった。カトリック党もオランダ語圏のキリスト教人民党（CVP）とフランス語圏のキリスト教社会党（PSC）に改称し，連立政治の中心的な役割を演じるようになる。とりわけ，キリスト教人民党は北部のフランデレン地域におけるカトリック系の労働組合を強力な組織としており，南部ワロニー地域を中心とする労働組合を基盤に持つ社会党との親和性も高かった。

　先に述べたように，学校教育の補助金の配分をめぐる争いである「カトリック vs. 世俗派」は，長年ベルギー政治の主要な対立軸となってきた。1954〜

1958年に組織された社会党と自由党の連立内閣は，カトリック勢力との協議を重ねて「学校協定」を結ぶことにこぎつけ，各勢力の協調によりこの問題を解決した。これにより，「カトリック vs. 世俗派」はもはやベルギー政治の主要な対立軸ではなくなった。以降のベルギー政治は，福祉政策をめぐる「資本 vs. 労働」の対立軸を中心に展開され，それに加えて，次節以降で後述する地域主義をめぐる対立軸，そして，環境や移民をめぐる新しい価値観の対立軸のもとで展開されることになるのである。

2　地域主義政党の台頭と伝統 3 政党の分裂

「オランダ語圏 vs. フランス語圏」の対立軸——言語民族的亀裂

　伝統 3 政党が学校教育の補助金配分をめぐり協調し，「カトリック vs. 世俗派」が主要な対立軸でなくなると，「オランダ語圏 vs. フランス語圏」が新たなベルギー政治における対立軸として顕在化した。1830年のベルギーのオランダからの独立は，フランス語系エリートによる主導で成し遂げられ，また産業革命がフランス語圏である南部ワロニー地域を中心に進んだため，フランス語系が，政治，経済，文化のあらゆる側面において優位的な立場にあった。一方，オランダ語圏の北部フランデレン地域では，教育，行政，司法の場におけるオランダ語使用は容認されず，建国後40年あまり公的な場においてフランス語を使用せねばならなかった。このような状況の中，オランダ語系の人々はフランデレンの自治要求運動を展開し，19世紀後半に入ると，司法，行政，教育の場でも部分的にオランダ語の使用が認められはじめたのである。

　フランデレン民族運動は，戦間期に既に政党政治に参入していた。初めての完全普通選挙制のもとで行われた1919年の選挙において，フランデレン民族主義者により結党されたフロント党が議席を獲得している（図 3 - 1）。その後，より急進的なフランデレン民族連盟（VNV）が組織される。フランデレン民族主義者は，ナチスドイツと協力することにより，ベルギーにおけるフランデレン地域の地位向上を図ったため，第 2 次世界大戦後にフランス語系の政党による批判の対象となった。紆余曲折を経て，フランデレン民族運動が新たに1954年に結党したのがフランデレン民族同盟（VU）である。1954年，1958年の選

挙は 1 議席に留まっていたが，1961年に 5 議席，1965年に12議席，1968〜1978
年の 4 回の選挙では20議席以上を獲得した。

　フランデレン民族同盟の台頭を受けて，少し遅れてフランス語系も独自の運
動を展開した。南部ワロニー地域では，1960年代に労働運動を背景にワロン人
民運動が展開され，1965年の選挙ではワロン戦線（FW）が 2 議席を獲得し，
1968年にはワロン連合（RW）が結党し，同年の選挙で 5 議席を獲得した。ま
た，ブリュッセルでは，フランス語とオランダ語の 2 言語地域としての地位獲
得をめざし，1964年にフランス語民主戦線（FDF）が組織された。ブリュッセ
ルにおける地域主義政党は，フランデレン民族運動がブリュッセルをフランデ
レン地域の都市として位置付けることを要求していたことに対する反動であっ
た。いずれの党も1960年代後半に議席を獲得するようになり，1971年の選挙で
は，ワロン連合が14議席，フランス語民主戦線が10議席を獲得し，21議席を獲
得したフランデレン民族同盟と合わせると，地域主義政党は全体の 2 割強を占
める勢力となっていた。

伝統 3 政党の分裂

　フランデレン地域，ワロニー地域，ブリュッセルにおいて地域主義政党が勃
興する中で，伝統 3 政党が1960年代末から1970年代にかけて言語別の政党に分
裂することになった。その発端となったのはカトリック・ルーヴェン大学の分
裂である。オランダ語圏にあるカトリック・ルーヴェン大学では，長年フラン
ス語により教育が行われていた。1962年に成立した言語法により，地域別の単
一言語主義が認められるようになっていたが，オランダ語系学生によるフラン
ス語系学生の排除が推進され，フランス語系はカトリック・新ルーヴァン大学
を南部フランス語圏に新たに建設し，大学が言語別に分裂したのである。キリ
スト教人民党のファンデン・ブイナンツ首相はこの混乱を収拾できず，1968年
に総辞職した。この時にオランダ語系のキリスト教人民党（CVP）とフランス
語系のキリスト教社会党（PSC）は個別の比例名簿のもとで戦い，実質的にキ
リスト教民主系の政党は言語別に分裂したのである。1969年に開かれたそれぞ
れの党大会では，両党共通の党首を置くことが合意されたが，1972年には党首
も個々に選ばれることになり，正式に別個の政党として歩むことになった。

　伝統政党の分裂の波は自由主義陣営に波及した。学校協定が結ばれたことを踏まえて，自由党はかつての反キリスト教の立場を改めて，より経済的な自由主義を標榜する政党に生まれ変わり，1961年に自由進歩党（PVV-PLP）と改称した。しかし，ブリュッセルにおいてフランス語民主戦線（FDF）が経済的自由主義の政策を掲げフランス語系住民の権利擁護を謳うと，ブリュッセル地域の自由進歩党は分裂し，一部党員はフランス語民主戦線（FDF）に吸収された。このように，ブリュッセルのフランス語系住民，ないしオランダ語系住民の権利保護をめぐって，自由主義陣営は割れることになり，1972年にオランダ語系の自由進歩党（PVV）が独自の政党組織を持つに至る。フランス語系の自由進歩党（PLP）は1976年にワロニー自由改革党（PRLW）と改称し，1979年にブリュッセル地域の分派と合流して，自由改革者党（PRL）を設立した。自由主義陣営のお膝元で地域主義政党が台頭した結果，自由進歩党も言語別に分裂したのであった。

　社会党（SP-PS）は1970年代に入っても全国政党であり続けたが，言語別に分裂するのは時間の問題であった。1973年にはフランス語系とオランダ語系にそれぞれ党首を置き，2党首制を敷いていた。ブリュッセル地域の社会党は「赤いライオン」と称する独自の名簿で選挙を戦うなど，足並みの乱れが見られるようになり，言語問題に関する憲法改正に向けたエフモント協定（第1章および後述参照）を経て，フランス語系とオランダ語系はそれぞれ利害が異なることを認識するに至り，1978年に正式にフランス語系の社会党（PS）とオランダ語系の社会党（SP）に分裂することになった。フランス語系の社会党は南部ワロニー地域における労働組合運動に立脚しているのに対し，オランダ語系の社会党は伝統的な労働組合運動とは一線を画しているという違いもあった。

地域主義政党のその後

　3つの地域を代表する形で地域主義政党が台頭したことにより，伝統3政党は言語別の政党に分裂するだけでなく，地域主義政党の要求を本格的に政策に採り入れざるを得なくなった。1970年の憲法改正では，文化共同体を設置し，文化，言語，教育の分野でそれぞれの言語共同体に一定の自治を認めた。また，フランデレン，ワロニー，ブリュッセルを「地域圏」として認知した（序章参

照）。フランデレン民族同盟（VU），ワロン連合（RW），フランス語民主戦線（FDF）は，いずれも1970年代にティンデマンス連立政権に参画しており，次なる国家再編にむけた政策決定過程において重要な役割を担っていった。その結果は，キリスト教人民党（CVP），キリスト教社会党（PSC），ベルギー社会党（BSP-PSB），フランデレン民族同盟（VU），フランス語民主戦線（FDF）によるエフモント協定（1977年）に結実し，1980年の憲法改正では，文化共同体が「共同体」に再編され，地域圏の権限が拡大された。共同体，地域圏ともに，議会の立法権が拡大され，独自の行政権と官僚組織，一部の課税権承認が認められたという点において，これは大きな国家再編であった。

　このように，地域主義政党の要求が漸次的に認められていったことにより，皮肉にも地域主義政党の存在意義が1980年代以降は薄れていくことになった。地域主義政党は軒並み議席を失い，1970年代には2割以上の議席を確保したのと対照的に，1980年代中盤以降は全ての地域主義政党を合計しても1割に満たない議席数にまで後退した。以下，各地域主義政党のその後について述べる。

　フランデレン民族同盟（VU）は，複数の分裂を経て党名を変えながらも主要な勢力であり続けている。1970年代後半により急進的に分離独立を主張するフラームス・ブロックと分裂し（後述参照），1978年の選挙では，20から14に議席を減らした。1981年の選挙で20議席に回復させるものの，その後は16（1985年），16（1987年），10（1991年）と議席を減らしている。1992年にはオランダ語圏の自由進歩党（PVV）がフランデレン自由民主党（VLD）として生まれ変わる際に，党首を含めフランデレン民族同盟の一部の議員が合流している。その後の選挙は5（1995年），8（1999年）とさらに下降線を辿っている。1990年代終盤にはフランデレン民族同盟-iD21（VU-iD）と選挙連合を組み党の再生を模索していた同党は2001年に党員投票を行い，右派の新フランデレン同盟（N-VA）と左派のスピリット（SPIRIT）の2つの政党に分裂することになった。新フランデレン同盟（N-VA）はオランダ語圏のキリスト教民主系の政党であるキリスト教人民党（CVP）の後継政党であるキリスト教民主フランデレン党（CD&V）と2004〜2007年に選挙連合を組み，勢力を拡大した。同党は当初は閣外協力の道を選んだが，半年後にはこれを撤回し，キリスト教民主フランデレン党との選挙カルテルも解消する。後述する通り，その後の2010年，2014年

57

の選挙では，独自の名簿で選挙を戦い，第1党になるまでに成長を遂げた。2010年の選挙後は野党を貫いていたが，2014年の選挙後は連立内閣に参加し，政権の主要な一角を占める勢力となっている。

　一方，左派のスピリット（SPIRIT）は，後述するオランダ語圏の社会党の後継政党である「異なる社会党（sp.a）」と選挙連合を組み，2003年の選挙を経て連立政権入りしたが，その後間もなく消滅した。2007年の選挙において「異なる社会党（sp.a）」とスピリット（SPIRIT）の両政党はそれまで与党であったものの，議席を減らして共に下野することになった。スピリットはフランデレン革新主義（Vl.Pro）と改称した後に2009年に再度分裂し，一部の有力議員が「異なる社会党（sp.a）」に移籍する中，残りの議員は党名を社会自由党（SLP）に改称して生き残りを模索した。しかし，同年末には次節で後述する緑！（Groen!）と吸収合併されている。

　このように，フランデレン民族同盟に源流を持つ勢力には，分裂したフラームス・ブロック（VB）の後継政党であるフラームス・ベラング（後述参照）と新フランデレン同盟（N-VA）があり，現在もその影響力を保持している。また，多数の有力議員がフランデレン自由民主党の立ち上げに加わり，その後のリベラル政権において要職を務めた。このように，元フランデレン民族同盟（VU）の議員が伝統政党の枠組みの中で影響力を持っている点も，ベルギー政治におけるフランデレン民族運動の浸透度の深さを物語っている。

　フランデレン民族同盟（VU）とは対照的に，南部ワロニー地域のワロン連合（RW）は1980年代には議会から姿を消すことになった。1974年の選挙では13議席を獲得していたが，1977年，1978年，1981年の選挙では5，4，2と選挙の度に議席を減らしていった。1978年に社会党が言語別に分裂した結果，フランス語系の社会党（PS）がワロニー地域の利益を前面に出して選挙戦を戦うようになったことが，ワロン連合（RW）の衰退を少なからず加速させた。ワロン連合（RW）は労働運動を基盤に党勢を拡大してきたため，フランス語系の社会党（PS）の誕生は，党の存在意義を揺るがすことになったのである。

　一方，ブリュッセルのフランス語民主戦線（FDF）は，ワロン連合（RW）と異なり，ベルギー政治の表舞台から退くことはなかった。ワロン連合（RW）と同様に，フランス語民主戦線（FDF）も1980年代には議席を減らし，1981年

以降の選挙では 1 桁台の議席に留まっていた。ブリュッセル地域の自由改革者党（PRL）と地盤を争う関係にあったフランス語民主戦線は，1992年には自由改革者党（PRL）と提携を始め，1993年からは正式な連合として自由改革者党－フランス語民主戦線（PRL-FDF）へと発展させた。後述する通り，この動きは，同じ1992年にオランダ語系の自由主義政党であった自由進歩党が，フランデレン民族同盟（VU）の一部の議員を引き連れてフランデレン自由民主党（VLD）を発足させたこととも密接に関連していた。地域主義運動は，フランデレン地域，ブリュッセル首都地域の双方において，自由主義陣営と距離を縮めながら，活路を見出していったのである。

　このように，ブリュッセルの地域主義政党は，離合集散を繰り返しながら，今日のベルギー政治に足場を築いてきた。後述する通り，自由改革者党－フランス語民主戦線（PRL-FDF）の連合は，1998年に変革のための市民運動（MCC）を加えて 3 党の連合に発展し，さらには2002年にドイツ語圏の自由進歩党（PFF）を束ねる連合勢力として改革者運動（MR）に改称される。フランス語民主戦線は，2010年にフランス語民主連邦主義者（略称は同じくFDF）に改称し，2012年の地方選挙から連合と袂を分かち独自の政党として選挙戦を戦っている。2015年には独立連邦民主主義者（DéFI）と名称を変更している。

3　新興政党の参入

環境政党の登場

　第 1 節，第 2 節で概説した伝統 3 党や地域主義政党は，いずれもベルギー建国時の国民国家の形成やその後の産業革命を契機に生成した宗教的，経済的，言語民族的亀裂に沿って登場した政党であった。これに対して，ベルギーでは1981年の選挙において環境政党が他国に先駆けて国政レベルで議席を獲得した。環境政党は「新しい政治（New Politics）」を志向し，環境保護運動，反原発運動，反戦運動，女性運動，人道援助などの様々な新しい社会運動（New Social Movements）を背景に登場したのである。全体戦争がなく衣食住が満たされた時代に育った戦後世代（1968年に学生運動を展開したため「68年世代」とも呼ばれる）がこれらの運動の中心になり，脱物質主義的な価値観を共有していたとも

言われる。その意味においては，環境政党は新しい価値観の亀裂のもとで発展してきた新興政党のひとつであると言ってよいであろう。

　南部ワロニー地域では，1970年代後半から環境保護運動の団体である「地球の友」を中心に環境政党の設立が議論された。1970年代半ばに国政選挙の一部の選挙区で候補者の名簿を提出したが，当選ラインを越えることはなかった。「ヨーロッパーエコロジー」の名簿ラベルのもとで1979年に行われた第1回欧州議会選挙で5％の票を得て議席を獲得した。これを機に本格的に政党化する機運が高まっていく。翌1980年にエコロ（ECOLO）が結党され，1981年の選挙では，ワロニー地域で6％以上の票を獲得し，2議席を得ている。

　北部オランダ語圏では，1970年代初頭にアントウェルペンにおけるイエズス会修道士によって始まった「異なる生き方（Anders Gaan Leven）」運動が環境政党へと発展を遂げた。1970年代半ばまでは，伝統3党の候補者を指名し「緑の名簿」を提示することにより，環境政策の実現を図っていたが，1977年の選挙以降は，運動名の頭文字を取ったアガレフ（Agalev）の独自名簿のもとで選挙を戦うに至っている。フランス語圏のエコロと同様に，1979年の欧州議会選挙において議席を獲得し，1981年の選挙で4％の票を獲得，2議席を得ている。アガレフは，党内民主主義を党是としており，1982年に正式な政党として発足した際もそうであったように，党員の意向に沿って重要事項を決定する。

　上記の通り，エコロとアガレフは，出自はそれぞれ異なるが，いずれも新しい社会運動が政党に発展した点で共通していた。姉妹政党として1980年代，1990年代を通して順調に議席を伸ばしていった両党は，1999年の選挙前に鶏肉等の飼料にダイオキシンが混入していた事件が明るみに出ると環境保護が重要争点となると，議席を2倍近くに伸ばした。選挙後，自由主義，社会主義勢力の4党とともに6党連立政権に参加することになった。過半数の議席を得るためには，理論上はいずれか一方の環境政党のみで事足りる状況であったが，エコロとアガレフは共に政権入りすることを条件に連立交渉を行ったのである。

　このように，結党から連立政権入りまで足並みをそろえて発展を遂げてきた両環境政党であるが，政権入り後は異なる経路を辿ることになる。とりわけ，フランス語圏のエコロにとり，野党から与党への移行は容易なものではなかった。政権入りを推進した党首の交替を余儀なくされ，2003年の選挙前には，ブ

リュッセル空港の夜間飛行に反対を貫くエコロは政権を離脱する。オランダ語圏のアガレフは概ね他の与党と良好な関係を築いていたことと対照的に，環境政党の姉妹政党はここへ来て初めて異なる道を辿ることになったのである。

　政権入り後初の国政選挙となった2003年の選挙結果は，両環境政党にとって厳しいものであった。エコロは得票率を前回選挙の7.4%から3.1%に減らし，議席を11から4に激減させた。アガレフに至っては，得票率を7%から2.5%に減らし，議会における議席を全て失ってしまった。これには，2003年選挙から5%の阻止条項が導入されたことが影響しており（序章参照），アガレフはいずれの選挙区においても5%のハードルをクリアできなかったためである。

　議席を失ったことはアガレフにとって資金面において致命的であったが，その後の党内改革を経て，再び議席回復に成功している。政党助成金は議会における議席数に比例して配分されるため，2004年以降アガレフはこの助成金を失ってしまった。その後，党内改革を経て党名を緑！（Groen!）に刷新して臨んだ2007年の選挙では4%の得票を得て，議会に返り咲いている。2009年にはフランデレン民族同盟左派のスピリットの残存勢力を吸収合併するなど勢力の拡大に努め（前節参照），2012年には緑（Groen）と党名を改めている。

右翼ポピュリスト政党の台頭

　環境政党が伝統3党による物質主義的な分配の政治に対するアンチテーゼであったのに対し，伝統3党のエリートによる協調政治を批判する右翼ポピュリスト政党が1990年代に台頭した。環境政党が脱物質主義的な価値観を持つ若者が政治に参加する「静かなる革命（Silent Revolution）」によって登場したとされるのに対し，右翼ポピュリスト政党はその反動である「静かなる反革命（Silent counter-Revolution）」のもとで登場したとも指摘される。多文化主義のもとで移民などの他者に寛容な社会が成立したことへの反動として，移民排斥を唱える右翼ポピュリスト政党が台頭しているというのである。環境政党と右翼ポピュリスト政党は，既存政党へのアンチテーゼという意味においては，共通して「新しい政治」を志向しているが，両政党は他者を包摂するか排除するかという点で対立し合い，中絶や安楽死を認めるか否かといった新しい価値観の亀裂が顕在化する中で登場した新興政党として捉えることもできるだろう。

　右翼ポピュリスト政党は，1990年代以降に継続してオランダ語圏において伝統政党を脅かす存在となっている。前節で述べた通り，1970年代後半にフランデレン民族同盟（VU）がエフモント協定に参加し連邦化へ向けた憲法改正に同調すると，同党を離党してフランデレン地域の独立を主張するフランデレン民族党（VNP）とフランデレン人民党（VVP）の２つの政党が結成される。1978年の選挙でこれらの政党は「フラームス・ブロック（フランデレン連合）」の名で選挙連合を組み，翌1979年には正式に１つの政党として結党するに至っている。フラームス・ブロック（VB）は1980年代にかけて１～２議席を得るに過ぎない小政党であったが，1988年に本拠地とするアントウェルペンの市議会選挙で17％の票を獲得する。この頃から若手のフィリプ・デウィンテル（Filip Dewinter）を中心に移民排斥を標榜する政党に変貌していった。

　フラームス・ブロック（VB）の伸長は1990年代に入り顕著となる。アントウェルペン市議会におけるフラームス・ブロックの台頭を受けて，伝統政党は同党とは国政，地方の如何を問わず連立交渉をしないという防疫線（cordon sanitaire）を張る。しかし，既成エリートによる政治の行き詰まりに対する批判票がかえってフラームス・ブロックへと流れることになり，同党も巧みな政治マーケティングを駆使して反体制・反移民政党のイメージを有権者に植えつけることに腐心した。その結果，1989年の欧州議会選挙では，オランダ語選挙区全体で6.5％の票を得たほか，後に「黒い日曜日選挙」と呼ばれた1991年の選挙では北部オランダ語圏において10％以上の票を獲得し，議席を２から12へと大幅に増やすことに成功した。また，1994年の地方選挙では，アントウェルペン市議会では28％の票を獲得し，同市において第１党を確保している。

　フラームス・ブロック（VB）は，2000年代に入っても選挙の度に得票を伸ばし続け，2003年の選挙では18議席を得るに至っている。2004年には，刑事・民事裁判の最高裁判所に相当する破棄院により同党の関連団体が人種差別的であるとの判決が下り，政党助成金を受けられなくなった。これに対し同党は「フラームス・ブロックは有権者ではなく裁判官によって命を絶たれた」と声明を出し，「フランデレンの利益」を意味するフラームス・ベラング（Vlaams Belang）に党名を変更した。エリート批判の好機とみて，政党消滅の危機を一転させるところが同党のポピュリスト的な性格をよく表していると言えよう。

　2000年代半ばからは，フラームス・ベラングだけではなく，デデッケル・リスト（LDD）が右翼ポピュリスト政党のリストに加わることになる。柔道コーチとしてかつて4人のオリンピック・メダリストを輩出し知名度が高かったジャン・マリ・デデッケル（Jean-Marie Dedecker）は，政治家転身後，時の政権与党であるフランデレン自由民主党（VLD）の上院議員を務めていた。しかし，その歯に衣を着せぬ発言が災いして，党執行部の反感を買い党から除名され，いったん新フランデレン同盟（N-VA）に参加するも党員の反対に遭い，最終的に自らの政党デデッケル・リストを立ち上げた。その主張は，移民規制や犯罪撲滅といった新保守主義的な政策の他に，行政の効率化，失業保険の給付期間短縮などの新自由主義的な政策を並べた。2007年の選挙では4％の票を得て，5議席を獲得している。

　2007年の選挙までは，フラームス・ベラングとデデッケル・リストが右翼ポピュリストの票を得ていたが，2010年の選挙以降は一変する。両政党は票・議席を大幅に減らし，代わって前節で紹介した新フランデレン同盟（N-VA）が2010年，2014年の選挙ともに第1党に躍り出たのである。とりわけ，2010年の選挙後は新しい連立政権が誕生するまでに541日を要したことは国内外のメディアを賑わせた。これ程までに交渉が長期化した背景には，党首バルト・デ・ウェーヴェル（Bart De Wever）が，国家改革の推進を求めたことにあった。最終的に，第1党の新フランデレン同盟（N-VA）は途中で交渉から離れ，オランダ語圏，フランス語圏それぞれのキリスト教民主系，自由主義系，社会主義系の伝統政党6党が合意し政権が発足した。一方，党首デ・ウェーヴェルは，2012年の地方選挙を経てアントウェルペン市長となる。2014年の選挙後は，新フランデレン同盟（N-VA）は同じオランダ語圏のキリスト教民主フランデレン党（CD＆V），開かれたフランデレン自由民主党（Open Vld）と共にフランス語圏の自由主義政党の改革者運動（MR）を中心とする連立政権に参加している。また，フランデレン地域では，新フランデレン同盟（N-VA）のヘールト・ブルジョワ（Geert Bourgeois）が地域圏政府の首相に就任している。

　フランス語圏においては，オランダ語圏と対照的に，右翼ポピュリスト政党が台頭してこなかった。隣国フランスにおける国民戦線が1984年に欧州議会選挙において得票を伸ばしたことを受けて，1985年にベルギーにおいても国民戦

線（FN）が結成された。オランダ語圏の右翼ポピュリスト政党とは反対にフランス語圏の国民戦線はベルギーの統一や移民排斥を政策に掲げていたが，結党当初より党内分裂を繰り返したことも影響し，1991年以降に1～2議席を得るだけに留まった。2012年には本家であるフランスの国民戦線より同一の党名を使用することを拒否されたことを受けて，国民戦線は消滅した。入れ替わる形で，2009年にスペインの人民党に着想を得て結成された人民党（PP）が2014年に1議席を獲得した。人民党は自由主義系の改革者運動（MR）に近く，ネオ・リベラルの経済政策を掲げているが，移民問題については保守的なスタンスを採っている。ベルギー国家の再編問題については，さらなる連邦化を掲げており，国家統一の維持を掲げていた国民戦線とは一線を画している。

4　伝統政党の変容

　地域主義政党や環境政党，右翼ポピュリスト政党などの新興政党の台頭を受けて，伝統政党は軒並み党名の変更を伴う党改革を実行することになる。以下，自由主義系，キリスト教民主系，社会主義系の順番に党改革の概要を記す。

自由主義系政党

　一連の党改革の流れは，1980年代後半から野党に退いていた自由主義系政党から始まった。1987年，1991年の2度の選挙ともに政権に就くことができなかったオランダ語圏の自由進歩党（PVV）は，1992年にフランデレン自由民主党（VLD）を結成する。1991年の選挙では，先述の通り，右翼ポピュリスト政党であるフラームス・ブロックが台頭し，フランデレン民族同盟（VU）は議席を減らした。若手政治家の代表格であったヒー・フェルホフスタット（Guy Verhofstadt）はフランデレン民族同盟（VU）の一部有力政治家を巻き込み新党を結成した。オランダ語圏の伝統政党はいずれも党名に地域名が付されていないことから，伝統政党として初めて「フラームス（Vlaams）」を党名に入れた。また，環境政党のアガレフにも声を掛け，合流には至らなかったものの，当時アガレフが採用していた党大会での党員1人1票制を導入し，リベラリズムを標榜する民主的な政党として党を刷新することに成功した。従来の「柱」から

個々の党員を中心に組織される政党へと転換が図られたのである。その後，野党として着実に政権奪取の準備を進め，1999年にはフェルホフスタットを首相とする自由－社会－環境（青－赤－緑）の虹政権の樹立に至っている。

　フランデレン自由民主党のフェルホフスタットを首班とする連立政権は，2003年の選挙において辛うじて過半数を確保すると，環境政党が離脱する形で自由主義系 2 党（青）と社会主義系 2 党（赤）による 4 党の「紫」連立を組む。しかし，2004年に行われたフランデレン議会選挙において，後述するキリスト教民主系の政党に主導権を奪われると，残りの任期は不安定な政権運営を迫られることになる。政権を奪取したまでは良かったものの，この頃から党内では不協和音が聞こえるようになり，執行部を批判して離党を勧告されるものが相次いだ。前述したデデッケルはフランデレン自由民主党を離れてデデッケル・リストを立ち上げ，他の議員は政党 VLOTT を立ち上げ，フラームス・ベランクと連合を組む形で2007年の選挙を戦った。フランデレン自由民主党は，2004年のフランデレン議会選挙，欧州議会選挙において自由主義系の政党 VIVANT と連合を組み，また2006年の地方選挙からは，元フランデレン自由民主党の議員が立ち上げたリベラルの主張（LA）とも選挙連合を組み劣勢の挽回に努めた。これらの 2 つの小政党を吸収する形で2007年の選挙前に「開かれたフランデレン自由民主党（Open Vld）」を立ち上げるに至っている。

　党改革の流れは，フランス語圏の自由主義系政党である自由改革者党（PRL）にも見られた。自由改革者党（PRL）も1980年代後半以降政権から遠ざかっていた。前述の通り，オランダ語圏におけるフランデレン自由民主党の結成を受けて，自由改革者党（PRL）は1992年からブリュッセルのフランス語民主戦線（FDF）と連携を取り始め，1993年から正式に連合を組む。フランス語圏の自由主義系政党は伝統的にブリュッセル地域を地盤としており，ブリュッセルの地域主義政党として足場を固めていたフランス語民主戦線（FDF）の安定した支持を取り込む狙いがあった。1998年には，キリスト教社会党（PSC）から分裂した変革のための市民運動（MCC）と連携し，3 政党による連合へと発展させた。こうした連合形成が功を奏し，自由改革者党（PRL）はそれまでの10%弱の議席比を1995年，1999年の選挙では12%へと上昇させている。

　1999年の選挙後にオランダ語圏のフランデレン自由民主党とともに政権に就

いた自由改革者党（PRL）は，2002年にドイツ語圏の自由進歩党（PFF）と合併し，自由主義勢力とブリュッセルの地域主義勢力を束ねる改革者運動（MR）を結成する。2007年の選挙では，長年フランス語圏の政党の第 1 党であり続けた社会党（PS）を凌ぎ第 1 党となっている。2009年には前出の人民党（PP）の前身にあたる自由民主主義者（LiDé）との合併を当時の党首ディディエ・レインデルス（Didier Reynders）が画策したが，フランス語民主戦線（FDF）と変革のための市民運動（MCC）の反対により頓挫する。2010年に党名を変更したフランス語民主連邦主義者（FDF）は，2010年選挙後の連立協議におけるブリュッセル・ハレ・フィルヴォールデ（Bruxelles-Hal-Vilvorde / Brussel-Halle-Vilvoorde）選挙区の分割案に反対し，2011年に改革者運動（MR）から離反する。とはいえ，改革者運動（MR）は結党後 4 度の選挙をまたいで継続して政権与党の立場にあり，一定の成功を収めていると言って良いであろう。2014年の選挙後は，党首であったシャルル・ミシェル（Charles Michel）を首相として輩出し，連立政権における主要な政党であり続けている。

　このように，党改革の流れは自由主義系の政党から始まった。オランダ語圏，フランス語圏の自由主義系政党ともに，1980年代後半より政権から遠ざかっていたことが改革の推進力となっていたが，その背景には，自由主義系政党が最も「柱」のネットワークが弱い伝統政党であったことも無視できないだろう。次に述べるキリスト教民主系，社会主義系の伝統政党と比べて，相対的に組織が弱く，地盤が強固ではない自由主義系の政党であったからこそ，それぞれの地域における地域主義の動きと連動しながら，新たな支持層を開拓しなければならなかったのである。結果的に，諸改革は功を奏し，1999年におけるリベラル政権に結実する。リベラル勢力の党改革の成果を見て，以下に見るとおり，その他の伝統政党も党改革に乗り出していくことになるのである。

キリスト教民主系政党

　キリスト教民主系政党は，1954〜1958年のリベラル政権（社会党と自由党の連立政権）を除いて，戦後のあらゆる政権において与党として中心的な役割を担い数多くの首相を輩出してきた。しかし，1999年の選挙で下野すると，自由主義陣営に倣うように党改革を実行する。オランダ語圏のキリスト教人民党

（CVP）は2001年 9 月の党大会においてキリスト教民主フランデレン党（CD &
V）に党名を変更することを決定した。これまでキリスト教人民党（CVP）は
フランデレン地域の政党として党名もオランダ語であったものの，党名にフラ
ンデレンを強調することはなかった。フランデレン自由民主党（VLD）が党名
に「フランデレン」を入れ地域主義的な志向を強めたことを同党が意識してい
たことは明らかであった。また，党名に「民主（Democratisch）」を入れたこと
も，フランデレン自由民主党を意識していたことを表している。キリスト教系
の労働組合を基盤にした組織政党からフランデレンの地域主義運動にも支持者
の幅を広げることを目論んでいたのである。

　党改革の成果はすぐには実らず，2003年の選挙では前回の選挙よりもさらに
得票率を低下させてしまうが，この選挙を契機に党勢が上向き始める。選挙後
に党首に選ばれたイヴ・ルテルム（Yve Leterme）は，フランデレン民族同盟
（VU）右派として結党したばかりの新フランデレン同盟（N-VA）と選挙連合を
組むことを選択する。この判断が功を奏し，2004年の地域圏選挙で両政党の選
挙連合は35議席を獲得し，ルテルムはフランデレン地域圏政府の首相となる。
両政党の選挙連合は2006年の地方選挙でも軒並み議席を伸ばし，またフランデ
レン地域圏政府での実直な仕事ぶりが評価されていたルテルムは，2007年の選
挙で政権交代を狙う位置に付けていた。その結果，キリスト教民主フランデレ
ン党（CD & V）と新フランデレン同盟（N-VA）の選挙連合は，2007年の選挙で
大幅に議席を伸ばし，ベルギーにおける第 1 党になるのであった。

　2007年の選挙に勝利し政権交代が確実視されたキリスト教民主フランデレン
党（CD & V）であったが，その後の連立交渉は難航を極めた。ルテルムは国王
より 2 度にわたり組閣担当者に指名されるが，いずれも連立協議をまとめるこ
とができず，約半年にわたり選挙後に新政権が成立しない事態となる。この異
常事態を引き取ったのは前任者にあたるフェルホフスタット首相であった。当
初は，キリスト教民主系，自由主義系の政党による「オレンジ－青」の連立協
議が進められていたが，最終的にはフランス語圏の社会党（PS）を含めた暫定
連立内閣であった。 3 カ月後にルテルムは同じ連立の枠組みのもとで 3 度目の
正直とも言える再度の交渉を行い2008年 3 月にようやくルテルム内閣が誕生し
ている。新フランデレン同盟（N-VA）は閣外協力の立場を取るが，半年後に

国家再編の議論に進展が見られないことを理由に閣外協力を撤回する。結局，ルテルムは，銀行債務問題に関する司法介入の責任を取り，同年12月に辞任する。急きょ組閣を任されたのが，連立交渉において妥協案を探索する役割を国王から命じられていたキリスト教民主フランデレン党（CD&V）の古参議員であったヘルマン・ファン・ロンパイ（Herman Van Rompuy）であった。ところが，就任後1年を待たずに欧州理事会議長（いわゆるEU大統領）に指名されたため，ルテルムが再登板することになった。結局，ルテルムはオランダ語圏政党が求めるブリュッセル・ハレ・フィルヴォールデ（BHV）選挙区分割などの改革を進めることができず，半年も待たずに辞任に追い込まれてしまう。

　このように，オランダ語系のキリスト教民主フランデレン党（CD&V）は政権交代を成し遂げたものの，幾度もの組閣作業を伴う不安定な政権運営を強いられることとなった。この間，2007年の選挙を共に戦った新フランデレン同盟（N-VA）は，同党と距離を取りながら閣外協力の立場を選び，かつ2009年の地域圏議会選挙，欧州議会選挙に備えて途中で野党に転じるという戦略を採っている。とはいえ，オランダ語系のキリスト教民主勢力は，キリスト教民主フランデレン党（CD&V）として出直した上で，フランデレン地域における地域主義の流れを汲む新フランデレン同盟（N-VA）を巧みに味方につけて新たな支持者を開拓した。新フランデレン同盟（N-VA）の党首デ・ウェーヴェルの政治信条が自由主義に極めて近いことから，ライバルである自由主義陣営の支持者をも引きつけることに成功したと言われている。いずれも野党時代の党改革や戦略の練り直しが，政権交代につながった事例として捉えることができるであろう。

　フランス語圏のキリスト教民主系政党であるキリスト教社会党（PSC）も，同じ時期に党改革を経て党名を変更している。1999年の選挙で惨敗した同党は，1958年以来維持していた与党の座を譲っただけでなく，ワロニー地域圏政府，フランス語共同体政府，ブリュッセル首都地域政府の全てのレベルにおいて野党に甘んじる結果となった。選挙後，党首に選出されたジョエル・ミルケ（Joëlle Milque）は，2001年の党大会で新しい綱領に相当する人道憲章を採択し，2002年には党名を人道民主中道（cdH）として党を刷新した。党名からキリスト教への言及が消え，人道・ヒューマニズムを軸とする中道路線を採ることに

より，組織に属さない新しい有権者を開拓することに照準を絞った党改革であった。この改革に賛同しない保守的なグループはキリスト教民主系の政党を結成したが，中心的な勢力が人道民主中道（cdH）であることは明らかであった。

　人道民主中道（cdH）として再出発したフランス語系のキリスト教民主勢力は，その後政権への復帰は果たすが，求心力を回復するまでには至っていない。2003年の選挙ではさらに得票率を減らしたものの，2004年の地域圏議会・共同体議会選挙を経て，ワロニー地域，フランス語共同体，ブリュッセル首都地域のそれぞれの政府において政権に復帰した。そして，2007年の選挙では，1999年よりも若干ではあるが得票率を上乗せすることに成功している。人道民主中道（cdH）はベルギー統一維持を掲げており，かつての姉妹政党であるオランダ語圏のキリスト教民主フランデレン党（CD&V）が更なる連邦化を推進していたことと対照的であった。連立協議が難航を極めた背景には，人道民主中道（cdH）が国家再編計画に同調しなかったことがあった。その後の2010年，2014年の選挙においても，人道民主中道（cdH）は得票を減らし続けており，党勢の回復が喫緊の課題であり続けている。また，2014年の選挙後は，ミシェル政権に招きいれられず社会党（PS）とともに下野している。

　このように，フランス語系のキリスト教民主勢力は，キリスト教の政党であることを前面に押し出すことを止め，新しい方向性を模索した。その結果は，必ずしも選挙における新たな得票には結びついていないことは上述の通りである。一方で，同勢力がより中道に移行したことにより，フランス語圏において伝統的に最大勢力を誇ってきた社会党との距離が縮まった。事実，2004年，2009年，2014年と3回の地域圏議会，共同体議会選挙の結果，ワロニー地域政府，フランス語共同体政府は，いずれも社会党と人道民主中道（cdH）の連立政権となっている（2009年は環境政党のエコロ（ECOLO）も連立政権入りしベルギー版の「オリーブの木」と呼ばれた）。とりわけ，2014年は連邦レベルにおいてフランス語圏では改革者運動（MR）のみが政権入りしていることを考えると，地域レベルとの非対称性が際立っている。また，キリスト教民主勢力はワロニー地域においてブラバンワロン州などのブリュッセル近郊の北部の地域での支持拡大を目論んでおり，中道・ヒューマニズムを打ち出すことにより，同地

域において勢力を確立してきた環境政党のエコロ（ECOLO）の支持者を引きつ
けることも党改革の狙いであった。ワロニー地域においては，北部フランデレ
ン地域やブリュッセル首都地域と異なり，地域主義政党が残存しなかったため，
新たな支持者を開拓する道が限られていた。フランス語系のキリスト教民主勢
力が，オランダ語系の姉妹政党とは対照的に地域主義志向を軸に党改革を行わ
ず，新たな勢力として台頭してきたニュー・ポリティクス志向を軸に党改革を
実行したことは，両地域の勢力図の違いからも自明でもあった。

社会主義系政党

　社会主義系政党にとっても，党改革の流れは無縁ではなかった。1980年代か
ら1990年代にかけて，女性や若年層の候補者クォータの導入，女性，若年層党
員の拡充，党首選の導入などの党内改革を行ってきたオランダ語圏の社会党
（SP）は，2001年に「異なる社会党（sp.a：Socialistische Partij Anders）」に党名を
変更した。これらの改革は1980年代の野党期に由来するものであるが，1988年
以来社会党は一貫して政権与党の立場にあり，1999年の選挙後もフェルホフス
タットを首班とする虹連立に参加していた。与党の立場にありながら，オラン
ダ語圏の社会主義勢力はキリスト教民主勢力，自由主義勢力の後塵に拝してお
り，新たな支持者の獲得が長年の課題であった。党名に「異なる（anders）」を
付した背景には，フランス語圏で支配的な勢力であった姉妹政党の社会党
（PS）との違いを際立たせ，従来の労働組合の組織票のみならず，環境や生活
の質に関する様々な運動との連携を深めていく狙いがあった。オランダ語圏の
環境政党である「異なる生き方（Anders Gaan Leven）」と党名の「異なる
（Anders）」が重なることは決して偶然ではなかった。新党は左派の革新勢力を
束ねることを目論み，環境政党をはじめ様々な勢力に声をかけ結成された。結
党の翌年には，同年に分裂したフランデレン民族同盟（VU）の左派スピリッ
ト（SPIRIT）と選挙連合を組むことで合意した。両政党の頭文字の2つが
「SP」で始まることもまた偶然ではなかった（SPIRIT のS は「社会的」，P は「革
新的」を表している）。2003年から選挙制度の変更により導入された5％の阻止
条項を踏まえて（序章参照），小政党は連合を組む必要に迫られていたことも，
選挙連合の成立を後押しした。

　新しい党名「異なる社会党」としての船出は順風満帆であったが，ほどなくして逆風に見舞われる。スピリットとの選挙連合のもとで臨んだ2003年の選挙では，それまでの得票率が９％から15％へと大幅に伸び，両政党とも第２次フェルホフスタット政権に入ることになった。一方，環境政党のアガレフ（Agalev）が５％の阻止条項をクリアできず，全議席を失ったことは先述した通りである。「異なる社会党」とスピリット（SPIRIT）の選挙連合が，ニュー・ポリティクスを志向する有権者をアガレフ（Agalev）から一定程度奪い取ったと理解することもできよう。2004年の地域圏議会選挙では1999年の選挙時よりも議席を増やしたものの，2003年時の勢いは薄れていた。2007年の連邦議会選挙では，得票が前回選挙の15％から10％に低下し，下野することになる。ルテルムを首班とする連立政権に姉妹政党の社会党（PS）が連立協議の最終段階で参加したこととは対照的に，「異なる社会党（sp.a）」はじっくりと腰を据えた野党として，更なる党内改革を行うようになったのである。

　下野した「異なる社会党」は，女性のカロリン・ヘネーズ（Caroline Gennez）を党首に選出し，新しい政策を提示することで党の再生を目指した。女性党首の誕生は，1990年代に推進した女性候補者開拓の成果の１つでもあった。新体制は，女性，障がい者，移民，非熟練，50歳以上の労働者など，これまで必ずしも光が当てられてこなかった人々の視点から労働政策を提示した。また，オランダのポルダー・モデルを参考にして，パートタイム労働の推進やワークライフバランスの追究を唱えた。その他，保育所の充実を訴え，自らを「子供の政党」として位置づけるなど，政策の独自色を出すことに努めた。

　同じく下野していたスピリット（SPIRIT）は，フランデレン革新主義（Vl. Pro：VlaamsProgressieven），社会自由党（SLP）と度重なる党名変更を経て，「異なる社会党」との選挙連合を解消することを決めた。この決定に異論を唱えたフランデレン革新主義（Vl.Pro）の一部議員が「異なる社会党」に移籍することになり，それに合わせて党名を「異なる社会革新党（sp.a＝Socialisten en Progressieven Anders）」に一度は変更した。しかし，党員の強い反対に遭い，元の党名「異なる社会党」に戻す混乱があった。代わりに，党のスローガンを「社会的，革新的，オルタナティブ（sociaal progressief alternatief）」から「社会主義，革新主義，異なる（socialisten en progressieven anders）」に変更して，フ

ランデレン革新主義（Vl.Pro）の残存勢力との間で妥協を図っている。同年に行われた地域圏議会選挙では，「異なる社会党」は2004年よりも議席を減らしはしたものの，1999年時より若干得票を伸ばし第3党を確保している。独自に選挙を戦った社会自由党（SLP）は議席を確保できず，前述の通り，選挙後に緑！（Groen!）に吸収合併されている。

　野党期を経て，「異なる社会党」は，2010年の選挙後に連邦レベルにおいても連立政権に返り咲き，連邦レベルとフランデレンの地域圏レベルの双方において与党となった。地域圏レベルの連立政権では，「異なる社会党」よりも得票が少なかった開かれたフランデレン自由民主党（Open VLD）が野党に転落しており，「異なる社会党」がキリスト教民主フランデレン党（CD&V），新フランデレン同盟（N-VA）とともに連立政権を組んだ。2007年以降の野党期の取り組みによってもたらされた成果の1つとも言えよう。2014年の選挙では，連邦レベル，地域圏レベルの双方において得票を微減させており，いずれにおいても野党に退き，改めて党再生のための策が練られている。

　一方，フランス語圏の社会党（PS）は，他党との連携戦略の変化や政策の転換は見られたが，伝統政党6党の中で唯一党名を変更していない政党である。1990年代半ばにベルギー政治を揺るがした陸軍ヘリコプター導入機種に関わる一大スキャンダル（アグスタ・スキャンダル）で党内の有力政治家が関わっていた社会党（PS）は，1999年の選挙後エリオ・ディルポ（Elio Di Rupo）を党首に選出し，党内の刷新，ならびに，環境政党のエコロ（ECOLO）を含めた左派勢力の連携を模索する。その結果は，2003年の選挙，2004年の地域圏議会選挙，共同体議会選挙における得票の上昇につながり，連邦レベルでは自由主義陣営との連立，地域圏レベルでは，人道民主中道（cdH）と連立を組む。しかし，強固な地盤とするシャルルロワ市で汚職事件が明るみになると，ワロニー地域政府の首相が辞任するなど，社会党（PS）に対する風当たりが強くなる。2007年に迎えた国政選挙では，それまで常にフランス語圏における第1党であった社会党（PS）は初めて自由主義勢力である改革者運動（MR）の後塵を拝することになった。当初，社会主義勢力は政権入りしないと目されていたが，交渉が長期化すると，フランス語圏の社会党（PS）のみ連立政権に参加することになった。当時，連邦レベルでは連立パートナーであったが，地域圏レベルでは

2004年以来与野党のライバル関係となっていた改革者運動（MR）は最後まで社会党（PS）が野党に下ることにこだわったが，歴史的な敗北にもかかわらず，社会党（PS）は与党にとどまったのである。選挙後の党首選において，圧倒的な支持で再選されたディルポはシャルルロワ市の汚職撲滅に力を尽くすなどの試みにより信頼を回復し，2009年の地域圏議会選挙，共同体議会選挙では，2004年時には及ばないものの2007年時と比べて党勢を回復している。

　幾度ものスキャンダルを経て，党勢を回復させたディルポが率いる社会党（PS）は，2010年の選挙で2003年時をも上回る26議席を獲得し，フランス語圏の第1党の座を奪還する。ベルギー全体では，オランダ語圏の新フランデレン同盟（N-VA）が27議席を獲得していたが，オランダ語圏の「異なる社会党」と合わせて社会主義陣営が最大であることからも，早くからディルポが首相候補であると目されていた。しかし，新フランデレン同盟（N-VA）を含めた連立交渉は難航を極め，交渉が行き詰まる度に，国王から組閣前交渉者，調停者，論点整理者，仲裁者，組閣情報提供者，交渉者が指名される異例の展開の末，選挙から541日後にディルポを首班とする伝統政党6党による連立内閣が発足するに至った。連立交渉の末，第6次の国家再編案がまとまり，長年の懸案であったブリュッセル・ハレ・フィルヴォールデ（BHV）選挙区，ならびに行政区域の分割が合意された。また，上院の縮小，ならびに直接選出の廃止や連邦，地域圏，欧州レベルの選挙日程の統合などの選挙制度の改革も連立協定に盛り込まれた。

　このように，スキャンダルを乗り越えて与党の立場を維持し続け，1979年以来誕生していなかったフランス語圏の首相を輩出することに成功した社会党（PS）であるが，決して順風満帆なわけではない。ディルポ政権の信を問うことになった2014年の選挙で，汚職事件の余波を引きづっていた1995年，1999年，2007年の選挙よりも多くの議席を獲得はしたものの，前回の2010年選挙よりも3議席を失う結果となった。選挙後の連立交渉を経て，社会党（PS）はミシェル政権には参加しないことが確定的となり，1988年の政権復帰以降実に26年ぶりに連邦レベルの政権から下野することになったのである。一方，ワロニー地域圏議会，フランス語共同体議会，ブリュッセル首都地域議会においては，引き続き与党の立場にある。とりわけ，ワロニー地域圏議会とフランス語共同体

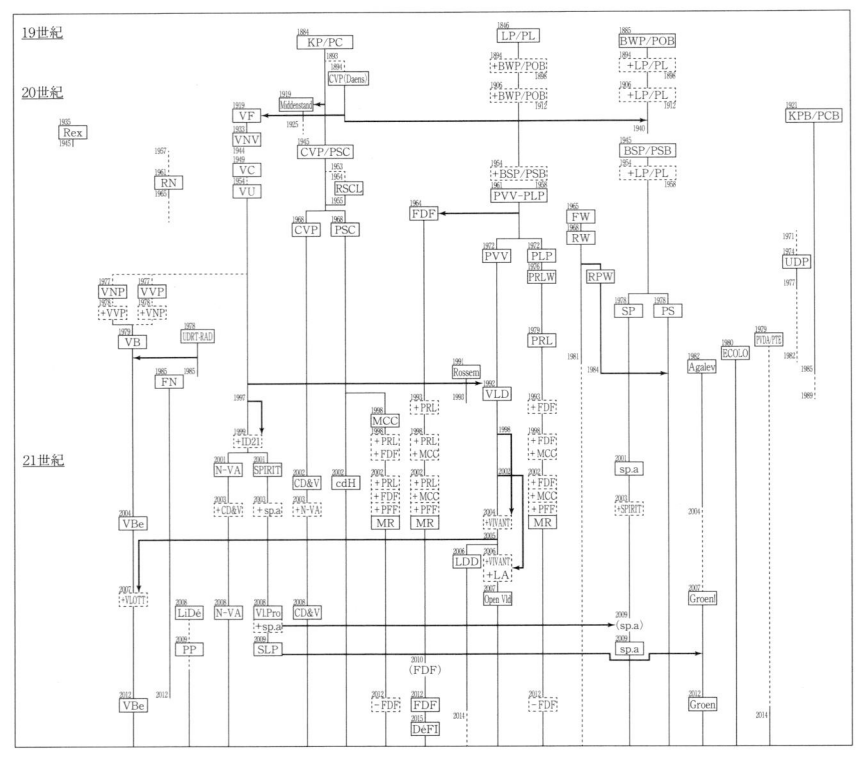

図3-3　ベルギーにおける政党の変遷図

選挙連合（カルテル）：＋は連携，－は離脱を示す
（　　）党名の変更：頭文字は同一（本文参照）
直線は議席を持つ政党であること，破線は議席を持たない政党であることを示す

政党名：Agalev（Anders Gaan Leven）アガレフ；BKP/PCB（Kommunistische Partij van België/Parti Communiste de Belgique）ベルギー共産党；BSP/PSB（Belgische Socialistische Partij/Parti Socialiste Belge）ベルギー社会党；BWP/POB（Belgische Werkliedenpartij/Parti Ouvrier Belge）ベルギー労働者党；CD&V（Christen-Democratisch en Vlaams）キリスト教民主フランデレン党；cdH（centre démocrate Humaniste）人道民主中道；CVP（Christlijke Volkspartij）キリスト教人民党；CVP（Daens）（Christene Volkspartij-Daens）キリスト教人民党（ダーンス）DéFI（Démocrate Fédéraliste Indépendant）独立連邦民主主義者；ECOLO（Ecologistes Confédérés pour l'Organisation de Luttes Originales）エコロ；FDF（Front Démocratique des Francophones）フランス語民主戦線；FDF（Fédéralistes Démocrates Francophones）フランス語民主連邦主義者；FN（Front National）国民戦線；FW（Front Wallon）ワロン戦線；Groen 緑（Groen! 緑＋）：iD21：KP/PC（Katholieke Partij/Parti Catholique）カトリック党；LA（Liberaal Appel）リベラルの主張；LDD（Lijst Dedecker）デデッケル・リスト；LiDé（Libéral Démocrate）自由民主主義者；LP/PL（Liberale Partij/Parti Libéral）リベラル党；MCC（Mouvement des Citoyens pour le Changement）変革のための市民運動；Middenstand 中産階級；MR（Mouvement Réformateur）改革者運動；N-VA（Nieuw-Vlaamse Alliantie）新フランデレン同盟；Open Vld（Open Vlaamse liberalen en democraten）開かれたフランデレン自由民主党；PFF（Partei für Freiheit und Fortschritt）自由進歩党；PLP（Parti de la Liberté et du Progrès）自由進歩党；PP（Parti Populaire）人民党；PRL（Parti Réformateur Libéral）自由改革者党；PRLW（Parti des Réformes et de la Liberté de Wallonie）ワロニー自由改革党；PS（Parti Socialiste）社会党；PSC（Parti Social Chrétien）キリスト教社会党；PVDA-PTB（Partij van de Arbeid van België/Parti du Travail de Belgique）労働党；PVV（Partij voor Vrijheid en Vooruitgang）自由進歩党；PVV-PLP（Partij voor Vrijheid en Vooruitgang - Parti de la Liberté et du Progrès）自由進歩党；Rex（Parti Rexiste）レキシスト；RN（Rassemblement National）国民連合；Rossem（Radicale Omvormers en Sociale Strijders voor een Eerlijker Maatschappij）ロッセム；RPW（Rassemblement Populaire Wallon）ワロン人民連合；RSCL（Rassemblement Social Chrétien de la Liberté）自由のためのキリスト教社会連合；RW（Rassemblement Wallon）ワロン連合；SLP（Sociaal Liberale Partij）社会自由党；SP（Socialistische Partij）社会党；sp.a（Socialistische Partij Anders）異なる社会党；sp.a（Socialisten en Progressieven Anders）異なる社会新党；SPIRIT（Sociaal, Progressief, Internationaal, Regionalistisch, Integraal-democratisch en Toekomstgericht）スピリット；SP-PS（Socialistische Partij-Parti Socialiste）社会党；UDP（Union Démocratique et Progressiste）民主進歩同盟；UDRT-RAD（Union Démocratique pour le Respect du Travail-Respect voor Arbeid en Democratie）労働の尊厳のための民主同盟―労働と民主主義の尊厳；VB（Vlaams Blok）フラームス・ブロック；VBe（Vlaams Belang）フラームス・ベラング；VC（Vlaamse Concentratie）フランデレンの団結；VF（Het Vlaamsche Front）フロント党；VIVANT（Voor Individuele Vrijheid en Arbeid in een Nieuwe Toekomst）ヴィヴォン；VlPro（VlaamsProgressieven）フランデレン革新主義；VLD（Vlaamse Liberalen en Democraten）フランデレン自由民主党；VLOTT（Vlaams, Liberaal, Onafhankelijk, Tolerant, Transparant）フロット；VNP（Vlaams Nationale Partij）フランデレン民族党；VNV（Vlaams Nationaal Verbond）フランデレン民族連盟；VU（Volksunie）フランデレン民族同盟；VVP（Vlaamse Volkspartij）フランデレン人民党

注：Régis Dandoy，Jean-Benoit Pilet，Emilie Van Haute の各氏に貴重な示唆をいただいた。記して謝意を表する。

議会においては，2004年以降，人道民主中道（cdH）との連立政権が安定して維持されており，フランス語圏の政党として改革者運動（MR）のみが与党になった連邦レベルの連立政権との違いが際立つ形となっている。また，2014年の選挙で1970年代から存在している数少ない全国政党である労働党（PVDA-PTB）が国政レベルで初めて議席を獲得した。左翼の新興政党が台頭しつつあることは，社会党（PS）にとって新たな悩みの種となっている。

　以上の通り，伝統政党はそれぞれに党改革を行ってきた。党改革を後押しした背景には，野党に下り党勢を盛り返す必要があったことやスキャンダルによる党のマイナスイメージを回復する必要があったことなどがあるが，共通して地域主義運動や環境問題などの新しい争点を取り込む形で展開していた。とりわけ，地域主義運動の影響は，保守系政党に比較的に強く見られたが，フランデレン民族同盟（VU）に由来する左派政党と選挙連合を組んだ「異なる社会党」をはじめとする革新政党にも見られた。言語民族的亀裂の影響は，地域主義政党の台頭，伝統政党の分裂を経て，伝統政党の改革という第3段階に来ている。その意味において，言語民族問題は，地域主義政党の台頭や伝統政党の分裂といった目に見える形ではないが，既存の政党群の改革の中に反映され，ベルギー政治の底流に根差しているとも言えよう。また，環境問題や生活の質などの新しい争点の影響は革新・中道政党に見られた。このように，旧来の対立軸に新たな対立軸が加わり，新興政党の台頭に応じて，伝統政党が変容していくという興味深い政党政治のダイナミクスを読み取ることができよう。

　＊第1節は，日野愛郎「オランダ・ベルギー」網谷龍介・伊藤武・成廣孝編（2014）
　　『ヨーロッパのデモクラシー（第2版）』ナカニシヤ出版を参照した。

読書案内
津田由美子（2011）「ベルギー」津田由美子・吉武信彦編『北欧・南欧・ベネルクス』ミネルヴァ書房。
　　＊ベルギーが連邦化する過程からコンセンサス・デモクラシーの変容までが分かり
　　　易く解説されており，協調と妥協の歴史について学ぶことができる。
松尾秀哉（2015）「ベルギー分裂危機への道——フランデレン・キリスト教民主主義

政党の党改革」吉田徹編『野党とは何か』ミネルヴァ書房。

＊オランダ語圏のキリスト教民主系政党の党改革の内実に迫り，どのように地域主義的な志向が採りいれられていったかを詳しく学ぶことができる。

正躰朝香（2012）「ベネルクス三国」森井裕一編『ヨーロッパの政治経済・入門』有斐閣。

＊オランダ，ルクセンブルクとの比較の視点から，ベルギー政治の特徴について分かり易く学ぶことができる。

武居一正（2012）「ベルギーの政変 crise politique（2010年～2011年）について──その憲法的問題点を中心に」『福岡大学法学論叢』第56巻，第4号，363～413頁。

＊2010年6月の選挙以後，約1年半にわたり新政権が樹立されなかった政治危機の状況と論点が整理されており，連立交渉の難しさを理解できる。

日野愛郎（2014）「オランダ・ベルギー」網谷龍介・伊藤武・成廣孝編『ヨーロッパのデモクラシー（第2版）』ナカニシヤ出版。

＊ベルギーにおける政党の組織化の経緯や近年の変容について概説しており，オランダ政治との類似点・相違点について学ぶことができる。

参考文献

Pascal Delwit, Jean-Benoit Pilet et Émilie Van Haute (éds) (2011) *Les Partis Politiques en Belgique*, Bruxelles: Éditions de l'Université de Bruxelles.

Pascal Delwit et Jean-Michel De Waele (éds) (1997) *Les Partis Politiques en Belgique*, Bruxelles: Éditions de l'Université de Bruxelles.

Els Witte, Jan Craeybeckx en Alain Meynen (2010) *Politieke Geschiedenis van België van 1830 tot Heden*, Antwerpen: Standaard.

Marc Swyngedouw et Marco Martiniello (1998) *Où va la Belgique?: Les Soubresauts d'une Petite Démocratie Européenne*, Paris: Harmattan.

Kris Deschouwer (2012) *The Politics of Belgium: Governing a Divided Society*, Basingstoke: Palgrave Macmillan.

第4章

柱状化社会

作内由子

―― この章で学ぶこと ――

　本章では，ベルギーにおける政治と社会との関係を概説する。ベルギー社会は長らく「柱状化（verzuiling）社会」と呼ばれ，宗教・経済をめぐる世界観の違いを基礎とした複数の部分社会（＝「柱（zuil）」）からなっていた。これらの柱は稠密に組織化されたイデオロギー別の諸団体によって構成される。柱は学校，教会，政党，報道機関，労働組合，合唱団，射撃サークル，といったさまざまな団体を包摂し，その中で生まれ落ちればまさに揺りかごから墓場までその柱の中で生活することになった。かつては柱の外の人々との交流がないこともざらであったのである。この柱の諸組織は単に内部の人々の私的な集まりというだけでなく，国家と国民との間を媒介する役割も果たしていた。すなわち，それを構成する人々の要求を吸い上げ，その要求を抱えたそれぞれの柱を代表するエリート同士が合意をすることによって政治的決定をし，その決定に基づいて人々に財の配分をする役割を担っていたのである。

　19世紀末以降，ベルギーには3つの柱があったといわれる。すなわち，カトリック，社会民主主義，自由民主主義の柱である。この3つの柱がベルギーという国家の中の部分社会を構成していた。

　本章では，柱とは何か，ベルギーにおいて柱はどのような役割を担っていたのか，そして歴史的にどのように変遷していったのかについて考察する。

　第1節では「柱状化」概念の多様性を指摘し，本章の記述に沿う形で次の3つに類型化を行う。すなわち，組織の集合体としての柱状化，世界観を共有する人々の集まりとしての柱状化，エリート合意の制度としての柱状化である。第2節では第2次世界大戦までの時期を扱い，それぞれの柱が形成され，国家との関係を構築する過程を追う。第3節では第2次世界大戦後の柱状化の完成と変質とを説明する。柱状化は世界観と利益媒介との両輪によって支えられていたが，60年代に入って前者の影響が失われ後者が重きをなすようになった。最後に第4節で柱が利益媒介の役割も失いつつある過程を説明する。このように国家と国民とを媒介する機能を失いつつも，エリート合意という政治制度そのものはなお維持されているのである。

1　柱状化とは何か

柱状化概念の多義性と錯綜

　本節では，「柱状化」の概念について検討しよう。

　柱状化とは，もともと1930年代のオランダで使われ始めた言葉であり，カルヴァン派，カトリック，社会民主主義，自由主義の4つのイデオロギー別に組織化が進み，国家内の部分社会が存在することを示していた。この言葉は戦後になって人口に膾炙し，ジャーナリズムで用いられるようになる。国家内に部分社会が存在するという点でオランダとベルギーは類似していたため，この概念はベルギーにも伝播した。そしてベルギー・オランダの研究者はこの柱状化という現象に着目し，柱状化概念は専門用語としても使われるようになっていった。

　かくして学問的に柱状化概念が用いられるようになったものの，もともとジャーナリズムの用語であったためにその定義はまちまちであった。「イデオロギー別に組織化された部分社会」といったときにどの側面を切り取るかによって意味が異なってしまうのである。

　柱状化という言葉が最初に学問的に用いられたのは社会学においてである。ここでは統計的手法を用いて組織の数やそのメンバーの数など，組織化の程度が示された。それに続いたのが政治学で，部分社会の存在が政党支持や政党間の合意形成にいかなる影響をもたらすのかがモデル化された。その後，以上の社会科学の領域で議論されてきた柱状化が，歴史的にどのように発展してきたのか，という歴史研究が進展した（Blom 1981：11-13；de Rooy 1997：28-29）。これら社会学・政治学・歴史学それぞれの学問領域において同じ「柱状化」という言葉を使いながら，異なる定義が用いられていたのである。さらにそれぞれの学問領域内部でも定義はまちまちであった。定義の違いはその研究の問題関心，つまりどの部分を見ているかに起因した。

　例えば「柱状化」概念はこの2国以外にも適用可能なのだろうか。歴史学からすれば，オランダ・ベルギーの固有性を強調するために用いられる用語であったから，その適用範囲を広げるのには慎重であった。政治学であれば各国

間の比較可能性を重視するため，議論はあるが，オーストリア，スイスもしばしば含まれる。研究によってはそれ以外の国にも適用可能とするものもある。

　また同じ国の中でもどの勢力が「柱」を形成していたといえるのだろうか。例えば，ベルギーにおいて自由主義勢力が「柱」であったかには議論がある。カトリックや社会民主主義に比べて組織化の程度が低いからである。極端に言えば，社会民主主義も柱を形成しておらず，カトリックのみが「柱」と言える，という議論もある。他方で，世界観（イデオロギー）という観点から見れば，1959年に至るまでの反教権主義的な立場など，自由主義の固有性をもち，また政治学的な観点からは自由主義政党はエリート合意の政治システムの中に組み込まれているといえ，1つの「柱」を構成していたと考えることもできるのである。

側面ごとに分類する必要性

　以上の通り，柱状化という概念はどの側面に着目するかで説明される現象が異なるのである。よって柱状化を説明する際には，そこでいかなる現象に焦点を絞るか注意する必要がある。

　かかる問題意識から柱状化概念を脱構築しようと試みてきたファン・ダム（van Dam 2013）は，柱状化の持つ側面を3つに分類した。すなわち①市民の組織化　②世界観が社会の中で占める位置（イデオロギーのありよう）　③政治がデザインされるやり方（エリート合意）である。本章はこの分類を援用し，歴史的な展開を検討していこう。

　具体的な歴史的叙述に入る前に，まずはファン・ダムの3類型に基づいて本章で何を示すかを明らかにしよう。まず，①市民の組織化，ではイデオロギー別の組織がどのように形成され機能し衰退していったのかを扱う。次に②世界観では，「柱」のもつイデオロギーが⒜政党間関係をどのように規定しているか，と⒝柱の中で有権者の政党支持にどの程度影響しているか，を示す。最後に③エリート合意では，連合政治における合意形成や利益団体間の合意形成（ネオ・コーポラティズム）がいかなる制度のもとに実践されていったかを検討する。

2　柱状化の過程——独立の1831年から戦間期

　以下の節では，第1節で示した3類型について，歴史の観点からより具体的に説明していこう。時系列に近づけて検討する（Gerard 1995；津田 1992, 2001）ため，本節ではまず②の世界観のうち政党間関係を，次に①の組織化，さらに②の世界観のうち有権者の政党支持について，最後に③のエリート合意について検討する。

カトリックと自由主義——世界観（政党間関係）

　まずは政党間関係である。独立当初のベルギー議会は，カトリックと自由主義とが協力関係にあった（ユニオニスム）。これは周辺諸国においてカトリックと自由主義とがそのフランス革命に対する立場から対立関係にあったのと対照的である。なぜベルギーでユニオニスムが生じ得たのかを説明するには，ベルギー独立の経緯を振り返っておく必要がある。

　フランス革命後，ナポレオン戦争が過ぎ去ったのち，ウィーン体制下のベルギーはフランスに対する中規模の緩衝国を作り上げるという列強の思惑から，オラニエ家のもとすでに独立していたオランダ王国の支配下に編入された。

　国王ウィレム1世（Willem I）は殖産興業に勤め，ベルギーでもインフラ整備をはじめとする投資を積極的に行った。しかしその統治はベルギー人に多くの不満をもたらした。まず公用語はオランダ語のみであった。閣僚・官僚はオランダ人が多数を占め，選挙制度では対人口比での議員定数がオランダ側に有利に配分されていた。また，ベルギーのカトリック教会はウィレム1世が教育行政から聖職者を排除したことに対して，教会の教育権を主張した。

　以上の差別的な制度を改善するよう，ベルギーの自由主義勢力とカトリック勢力とは一致して求めたが，ウィレム1世はこれに弾圧をもって応えた。この対立の中，1830年にフランスの7月革命をきっかけとしてベルギーでも蜂起が起き，独立戦争の末10月に独立が宣言された。翌年2月には当時としては自由主義的な新憲法が制定され，その後6月にザクセン゠コーブルク゠ゴータ家のレオポルド（Leopold I）を新国王として迎えたのである。

　ベルギーで独立当初，自由主義とカトリックとの協力が実現したのは，このような経緯による。しかしながら，オランダのくびきからの逃れるという共通の目的を達した後，しばらくすると国王レオポルド1世のとりなしもむなしく，両者は次第に対立へ向かうことになる。

　ユニオニスム崩壊後に主導権を握ったのは，自由主義勢力であった。選挙権が著しく制限されていたことにも助けられ，1847年以降1884年に至るまで一時期を除いて単独で政権を担ったのである。

　自由主義勢力とカトリック勢力との間で最も大きな争点となったのは，周辺諸国と同様，教育の世俗化についてである。とりわけフレール＝オルバン政権下で公立学校での宗教教育をカリキュラムから削減した1879年のフムベーク初等教育法は，カトリック側の態度を硬化させた。カトリック教会はこれに対抗して信徒の師弟が公立学校に通うことを禁止した（Witte 2003：118-126）。さらに多くの小教区でカトリック学校を設置し，援助し，運営するための学校委員会が設立され，結果としてカトリック学校の数は1878年の1,353校から1884年の3,885校に増加した。

　自由主義勢力とカトリック勢力との対立が激化した背景には，バチカンの反自由主義的な政策があった。教皇ピウス9世（Pius IX）は誤謬表を発表して自由主義国家を非難すると同時に，バチカンを頂点としたローマ＝カトリック教会の中央集権化を図って各国教会に中央の教義を徹底させようとした。彼はさらに1870年には第1バチカン公会議を開催し，教皇不可謬宣言，すなわち教皇は誤り得ないと宣言した。ベルギーでは元来，自由主義に親和的なカトリック政治家（自由主義カトリック）も多かったが，バチカンが明確に反自由主義を表明するに及んで，彼らはその立場を維持するのが困難になり，次第に反自由主義がカトリック政治家の間で有力になっていったのである。

　以上の背景からカトリック勢力は動員を強化し，1884年以降，第1次世界大戦までカトリックが単独政権を担うことになる。このようにカトリックは自由主義との勢力争いに勝利して，議会で盤石の地位を築いたかに見えたが，ここで労働者を支持基盤とし，新たに勢力を伸ばしてきた社会民主主義との対立が始まるのである。それは「柱」の諸組織の形成と軌を一にしていた。以下で検討していこう。

産業革命と職能別の組織化

　ベルギー社会の組織化は1870年代から第１次世界大戦にかけて進展した。その１つのきっかけは産業革命に伴う労働者の組織化である。ベルギーはイギリスに次いで，非常に早い時期に産業革命が起き，労働問題も表面化していた。第１インターナショナルの設立やパリコミューンの失敗をきっかけとして，労働者の組織化が進むことになる。1870年代には，労働者の労働条件や生活を改善するために労働組合，消費者協同組合，相互扶助団体といった組織が形成されていった。その政治代表としてベルギー労働者党が設立されたのは1885年である。ベルギーの労働者は普通選挙を求めたゼネストといった積極的な政治活動を行う。そのかいもあって，1887年以降，ベールナール政権下で社会立法が成立し，また1893年には納税額に応じて票数に差はあれど（複数投票制），成年男子全員に選挙権が付与された。そして新選挙法導入後初の下院選挙では，ベルギー労働者党がカトリック党に次ぐ議席を獲得したのである。

　産業革命の早かったベルギーでは，カトリック勢力でもすでに1880年代から労働者や下層中産階級の組織化が始まっていた。例えば1891年にはベルギー国民同盟（Belgische Volksbond）が設立されている。階級闘争を否定するカトリックは労使協調を旨とし，この国民同盟も労使から構成されていた。もっとも，社会主義勢力が勢力を拡大するにつれて，使用者側への抵抗を抑制するカトリックの労使協調的な組織では，社会主義勢力に対抗できなくなり，労働者独自の組織がつくられていった。20世紀に入ると，社会主義勢力のむこうをはって，労働組合，消費者協同組合や共済組合などが設立され，労働者に提供されるサービスが充実していった。

　このように「柱」の諸組織は形成され社会主義の柱とカトリックの柱とはそれぞれ全国均一に広がっていったわけではない。フランデレンはカトリックが優勢，ワロニーでは社会主義が優勢であった。フランデレンではオランダ語の尊重を要求する労働者に対して社会主義勢力が理解を示さず，それをカトリックが包摂していったためである。つまり，ベルギーではカトリック―社会主義の対立と，言語間の対立とがかなりの部分で重なっていたといえる。

　さて，社会主義・カトリックの柱はこのようにそれぞれに，言語の違いやいろいろな経済利益を内包していた。この柱を政治的に代表する組織として政党

が形成されたが，以上のような多様な利益を代表するがゆえに，中央集権的な
トップダウンの組織を作ることは困難であった。

　とりわけカトリックがそうである。カトリックは言語別／利益団体別の組織
がゆるやかにまとまった，集権的な組織をもたない政党を形成した。利益団体
別の組織の連合体としての党ができたのは，1919年11月選挙で敗北したのを
きっかけにカトリック労働者が保守派の牛耳る党に対して不満を爆発させたこ
とをきっかけとする。1921年に成立したカトリック連合は，全国労働者組合連
盟，農民連盟，中産階級国民連盟，カトリック統一クラブ連合の連合体であり，
それぞれ，労働者，農民，中産階級，保守派を代表していた。これら4つの組
織を，「派閥（standen）」と呼ぶ。経済階層に加えて，党はフランデレンとワロ
ニーの地域別にも分かれていた。

　このように多様な利益を党内に包摂しているということは，一方では党内で
の意思を統一するのが困難であるものの，他方では党がさまざまな対立，つま
り言語間や階層間の対立を調整する役割を担い，問題の顕在化を抑制していた
ことを意味する。第2次世界大戦後にこの調整能力が弱まっていくにつれ，ベ
ルギーではとりわけ言語対立が顕著になっていくのである。

　柱は労働組合や協同組合といったサービスの提供によって組織化を進めたと
すでに示したが，カトリック党や社会主義政党が議会で影響力を行使するよう
になると，党は立法を通じて自らの所属する柱に公的資金を流すようになる。
例えばカトリック党は世紀転換期の改正共済組合法と労働者年金法とを通じて
カトリック系共済組合が有利になるように補助金を支給するようになった。ま
た労働者党は失業保険について労組の設置した金庫に補助金が流れるようにし
た。公的な資金が柱状化を一層推し進めることになったのである。そして組織
化されていった人々，つまりこれらの組織から便宜をうける人々は当然，その
組織の属す柱の党に忠実に投票したのである。こうしてカトリック党と労働者
党とは比較的安定した得票を得ることになった（中山 2002：44；中山 2016）。

カトリック教会と信徒──世界観（柱の中の支持）

　もっとも，物質的な利益の供与のみで柱の内部で支持が得られていたわけで
はなかった。とりわけカトリックについて，教会の精神的影響力は大きかった。

ここでは 2 点挙げよう。

　第 1 に，政党を除くカトリック系組織のそれぞれに，司教は指導司祭（proost）を任命した。指導司祭の役割はその組織がカトリックの教義から逸脱しないよう指導することにあった。指導司祭はしばしば組織の発展のために実働的な役割も果たしたため，組織のメンバーからの信頼も厚く，それゆえにカトリック信仰を維持させる働きをした。

　第 2 に，教会の支持はカトリック票を左右した。党はそれ自体でカトリック票をまとめきれてはおらず，教会の協力を必要とした。しかし同時に党は教会の介入を嫌い，両者の関係は必ずしも良好とは言い難く，常に協力関係にあったわけではなかった。そのためカトリック党はジレンマに苦しんだ。選挙での教会の影響力を示すには1936年総選挙と1937年の補欠選挙とを対比するのが分かりやすい。前者においては，教会の介入がないまま選挙が行われ，フランデレンではフランデレン民族党（VNV）が，フランス語圏ではレオン・ドゥグレル率いるレキシストがカトリック党の票を奪い，カトリック党は79議席から63議席へと惨敗を喫した。後者の補欠選挙においては，ファシズムの到来を危惧した教会がレキシストを非難する声明を出し，カトリック票が反ファシズムで結集した。

柱状化社会の政治システム――エリート合意

エリート合意構造の概観　　柱状化をエリート合意の文脈で説明する際には，オランダの政治学者アレント・レイプハルトの提唱した多極共存型民主主義の理論が常に参照される（Lijphart 1977；Deschouwer 1999）。レイプハルトはこの理論で，社会がイデオロギー別に分断されている国家においてエリート合意が実現するメカニズムを説き，オランダ，ベルギー，オーストリア，スイスの 4 カ国を典型国として挙げた。

　レイプハルトは多極共存型民主主義の特徴として，分断区画の自律性，比例性原理，大連合，相互拒否権の 4 点を示している（ベルギーについては，日野 2014：287-302）。分断区画の自律性とは，1 つの国家がイデオロギー別に複数の部分社会に分断されており，その内部で自治がなされていることである。ここでいえば，「柱」がそれぞれでその諸組織を通じて自治を行っていることを

さす。比例性原理とは，政府が財を配分する際に，議会の勢力に応じてそれぞれの部分社会に配分することをいう。大連合とは，主要政党すべてが連立政権に参加していることである。相互拒否権とは，多数決で決めるのではなく，どれか1つの主要政党でも反対すればその決定をなしえないということである。

　相互に自律的な部分社会がイデオロギー的に対立し，物理的な衝突の可能性もあるなかで，それぞれの部分社会の政治エリートたちがお互いの自治を守り，政府の財は勢力に応じて分配し，決定するときには少数派を排除せず合意に向けて議論することで対立を回避し，政治を安定させたのだ，とレイプハルトは考えた。

　この理論の意義は，議院内閣制が安定して機能するためには，イギリスのような2大政党制であるべきだという通説を覆したことにあった。この議論が発表された当時は，多党制は連立政権を招き政権内での合意が困難で崩壊しやすいが，2大政党制下において選挙で勝利したほうが政権をとる場合はこのようなリスクがなく，安定すると考えられていたのである。これに対して多極共存型民主主義の理論は，多党制でもエリート同士の合意によって安定した政治が実現しうることを示したことで，典型国とされた4つの小国の事例研究としてのみならず，政治学界に強い衝撃を与えた（田口 1977）。さらに，議会で過半数を占めた党が単独政権を握る，つまり数の多い方が勝つ制度（多数決型）であれば，少数派はそこから排除されてしまうが，多極共存型民主主義においては少数派も合意形成に参加する点で，デモクラシーの観点からも評価しうるという議論に発展した。

　多極共存型民主主義理論は，このように大きなインパクトを持った理論だったが，その一方で事実と一致しない部分も多い。ベルギーに関して言えば，第1に大連合が常態ではないという点が挙げられる。ベルギーの主要政党は自由主義・社会民主主義・キリスト教民主主義の各政党であるが，これらの政党がそろって政権に参加したのは戦争などの危機に際してであり，平時には例外的であった。むしろ激しい対立が生じた場合，主要政党の合意形成は政府の外で行われた。

　第2に，部分社会同士の対立が政治エリートを合意に駆り立てたという説明はベルギーの場合，正確ではない。最初のエリート合意といわれるロッペム協

定（後述）は部分社会である「柱」の完成前に結ばれたものであるし，近年「柱」の紐帯が失われつつある中でもなおエリート合意はなされている。

　以下では，エリート合意の構造を政党間合意とネオ・コーポラティズムにわけ，検討していく。ネオ・コーポラティズムは最盛期であった第2次世界大戦後に記述を譲り，ここでは連合形成のありかたを示そう。

政党間合意　まずは政党間合意である。そのもっとも重要なものは連合形成である。比例代表制をとるベルギーではいずれの党も議席の過半数を占めることができず，また選挙前に連合協定を結ぶ慣行がない。このような状況では選挙後の政党間交渉によって新政権が形成される。国王が情報提供者を任命する。情報提供者は各党から意見を聞き，どのような政権がありえそうかについて国王に報告する。国王は情報提供者の助言に従って組閣担当者を任命し，この組閣担当者が中心となって組閣を行う。組閣においては，閣僚人事やその政権で達成すべき政策リストである政権政策協定（regeerakkoord）がつくられる。

　閣僚人事では首相を除くオランダ語系，フランス語系の閣僚が同数であること，首相はオランダ語・フランス語をともに使いこなすことができることなど，それぞれの言語集団に配慮がなされている。この慣行は1993年の憲法改正によって制度化された。

　政権政策協定は連立与党の間で，政権の在任期間中に実現すべき政策について合意した文書である。重要性をもつようになるのは，1970年代にはいってからである。政権政策協定は拘束力を持ち，任期の間にはことあるごとに参照される。それゆえにしばしば「聖書」と呼ばれるほどである。与党間の対立を未然に防ぎ，政権を安定させる役割を持つ。政権政策協定は時代が下り政党間の対立が激しくなるにつれて詳細化し重要性も増していった（政権政策協定についてより詳細には，Timmermans 2003）。

　連合形成に加えてベルギーの政党間合意として挙げられるのは，政党間対立が否応なく高まった際になされる党の指導者たちの合意である。その決定に政府も議会も従う。これらの合意は制度の外でなされるアドホックな合意であるところにその特徴がある。後に見るロッペム協定や学校協定などはその典型である。

戦間期のエリート合意　第1次世界大戦中は挙国一致の大連合政権であった。多極共存モデルの端緒となったのは男子普通選挙の導入について合意した1918年のロッペム協定と言われている（Deschouwer 2009：5）。第1次世界大戦後，言語対立が激しくなる中で国民全体が結束する必要が生じ，国王アルベール1世のイニシアチブの下に党派対立を超えて自由主義，社会民主主義，カトリックの3党が合意に至った。

　戦間期のエリート合意としては，1935年に始まる3党の大連合政権が挙げられよう。1929年に始まる世界恐慌にベルギーも襲われた。不況と失業率の増大とによって社会不安が増大した。ベルギー・フランの平価維持に固執し，ポンドやドルが金本位制から離脱するなかでベルギー製品の国際競争力が低下した。ベルギー製品の国際価格を安く抑えるためにデフレ政策がとられ，経済危機はさらに深刻化した。デフレ政策により失業率が増加し，賃金が抑え込まれた結果，ストライキが続発し，政治不信も呼び起こした。

　この危機に対処するためになんらかの改革案が求められた。カトリック党では民主派である労働組合が改革案を提示していたが，党内で有力だった保守派がデフレ政策を支持しこれを抑え込んだため実現できなかった。社会民主主義政党においても，デフレ政策を追認する右派と革命志向の左派とで対立し，有効な改革案を示せていなかった。

　そこに現れた改革案が社会民主主義のデ・マン（Hendrik de Man）により1933年に発表された労働プランであった（津田 1999）。彼はデフレ政策に代えて国有化を中心とする経済への国家介入を提唱した。そして1935年にベルギーにおいて，デフレ政策批判という点でデ・マンと共通するファン・ゼーラント3党連立の挙国一致政権が成立したのである。政権は危機打開のためにベルギー・フランを切り下げ，金本位制から離脱した。デ・マンの主張するような国有化政策はほとんど実行されなかったが，政権が通貨切り下げへ転換したことでベルギー経済は回復へ向かった。

3　第2次世界大戦後の柱の構造

政労使による政策決定──エリート合意

　ネオ・コーポラティズムとは，賃金や社会保障政策など，さまざまな社会経済政策について，労働組合と使用者団体（両者を社会パートナーと呼ぶ）とが合意を結び，それに政府が拘束力をかけるという政策形成の方法である。

　ベルギーにおいては1944年に結ばれた社会協定が戦後の労使関係の基礎となった（van den Brande 1987）。戦後のベルギーの福祉国家はまさにこのネオ・コーポラティズムのシステムの中で，社会パートナーの合意によって作り上げられてきたものである。

　ベルギーのネオ・コーポラティズムの特徴は，全国レベルのみならず，セクター別・企業別に存在する無数の諮問機関で労使合意がなされる点にある。いずれのレベルでも合意に至れば（労働協約 collectieve arbeidsovereenkomst），議会の決議を経ることなく政府によって拘束宣言がなされ，労使の団体に参加していない労働者や使用者にまで拘束力が及ぶ。全国レベルでは1952年に全国労働協議会が設置され，ネオ・コーポラティズムが制度化された。

イデオロギー対立の激化──世界観（政党間対立ⓐ）

　ナチ支配を経て第2次世界大戦後のベルギーは政党政治の刷新が望まれながらも，旧来の3党がほぼそのまま復活した。カトリック党はキリスト教社会党（PSC）／キリスト教人民党（CVP）へ，労働者党は社会党 BSP/PSB へ，と名称を変更した。

　戦後1960年代までのベルギーにおける政党間関係は，カトリック政党対自由主義政党および社会主義政党という著しいイデオロギー対立構造によって特徴づけられていた。最も重要な例が君主制の存続の是非および学校の世俗性をめぐる問題であった。前者については第2章に譲り，ここでは学校問題を検討しよう。

　戦後政権についたカトリック党は，教育における選択の自由を促進するとしてカトリック中等教育に対する国家からの補助金を法制化した。これに対し，

1958年に反カトリックを旗印として発足した自由主義と社会民主主義の連立政権は，世俗的な教育政策へと転換した。しかしこの政策はカトリック界の反発を生み，20万人を動員するデモンストレーションへと発展した。1958年に世俗連立政権は選挙で手痛い敗北を期したのを契機として，「学校協定（Schoolpact）」の締結に向かう。学校問題について相互に一方的な政策を押し付けあうのではなく，3党の合意によって，決着された。

　学校協定の締結後は，それまでの教権―世俗の対立が失われる。自由主義政党もその主張の重点を世俗主義から経済的自由主義に移し，名称もそれまでの自由党から自由進歩党（PVV/PLP）に変更した。教権―世俗の対立が後背に退くと，経済利害の対立と言語間の対立とが前面に現われてくる。この2つの対立は重なり合っていた。60年代に入って，旧来の重工業が廃れると，経済の中心は重工業の盛んであったフランス語圏のワロニーからオランダ語圏のフランデレンへと移行し，衰退しつつあるフランス語圏対豊かなオランダ語圏という対立構造になったのである。これがその後の連邦化の要因となった。

世俗化の波——世界観（柱の中のイデオロギーⓑ）

　イデオロギー性が失われていったのは，政党間関係だけではない。とりわけカトリックでは，柱を構成する人々や組織も宗教性を失っていった（松尾 2015：45-46）。

　すでに戦後には次第に教義と政治的判断とを結びつける考え方が薄れつつあったが，それに決定的な影響を及ぼしたのは，1962年から65年に開催された第2バチカン公会議である。これをきっかけに，社会生活や政治的判断がカトリック教義に裏打ちされている必要がないという考えが浸透した。労働組合をはじめとする「柱」の諸組織では信仰に対する忠誠よりも専門性が重視されるようになり（Deschouwer 1999：83），またカトリック組織に対する指導司祭の実質的な関与がなくなっていった（Hellemans 1988：49）。さらに，都市化の進展もあり，単に教義と社会生活とが切り離されるだけでなく，カトリック信仰自体が衰退していった。これは礼拝出席率の低下や教会婚の減少などに表れた。

　専門性の重視の例として学校と病院の例を挙げよう（Dobbelaere 1982）。中等教育においては1951年法で教員に求められる教科の専門性が高くなった。こ

れにともない聖職者にかわり，カトリックの学校での非聖職者の教員の重要性が高まっていった。教員に求められる資質も，よきカトリック信徒であるかどうかではなく教科の専門性に重点が移り，公私の別が強調されるようになった。例えば教員が私生活でプロテスタントに改宗したとしても，それを理由として処分をすることはできなくなった。

　病院では，医学の進歩に伴ってカトリック教義と病院が正しいと考える治療との間に齟齬が生じるようになった。例えば，人工妊娠中絶の是非が挙げられよう。カトリック教会は受精のときから胎児を人としてとらえ，人工妊娠中絶を否定する。これに対して病院では妊娠の継続が母体を危険にさらしたり，強姦などによる望まない妊娠であったりした場合には人工妊娠中絶もあり得ると考えるのである。

　以上のように，カトリック信仰の衰退と専門化とによってカトリックの諸組織は次第に教義に影響されなくなっていったのである。

利益供与を通じた柱組織の強化

　以上の通り，柱状化社会を支えていたイデオロギー的な一体性は1960年代以降次第に薄れつつあった。そうであるにもかかわらず，ベルギーの柱は強固に維持された。これは隣国オランダの例とは対照的である。オランダでは1960年代に急速にそれまでイデオロギー別に形成されていた同じ部門の組織が統合していき，国家内にイデオロギー別の部分社会が存在するとは言えない状態になった（脱柱状化）。同時に既成政党に対する堅固な支持も薄れ，多くの浮動票が見られるようになったのである。

　もちろんベルギーの政党も世俗化のあおりを受けて1960年代後半からカトリック・社会民主主義それぞれの柱を代表する政党が支持を大幅に減らしていった。しかし70年代後半になると支持を持ち直し，しばらくは再び得票が安定するのである。

　ベルギーではなぜオランダと異なり政党への支持が持ち直したのだろうか。その理由の 1 つとして物質的利益が柱を通じて供与されていた点が挙げられよう（de Winter 1996 ; 2002）。ベルギーの利益供与のあり方は選挙での投票に対する見返りであり，しばしば個別的であった。もっとも顕著な例は公的セク

ターでの政治任用である。エリート・非エリート，全国・地方，国営企業・第3セクター，行政官僚・司法官僚を問わず，これらの職は多くが政党間で配分され，党の一存で任用された。

　また，議員は以上の公職等のあっせんも含め，地元でケースワークを積極的に行った。1980年代を頂点として，ベルギーの議員は地元の有権者に便宜を図っていたのである。その活動の重要性は，1983年に1人の議員が地元で集会に出る時間は平均して週に8.1時間，また有権者の相談に乗る時間は週に5.2時間と多くの時間を割いていたことからもわかる。

　ここで行われる利益供与の内容は，就職のあっせん，収入の問題，住宅などである。このような融通が利くのは，公務員が就職時に世話になった党に対して恩を返すために，あるいは昇進に有利になるように党に便宜を図ったためであった。利益供与の努力によって，この時期，党員数は減らない傾向にあったのである（Deschouwer 1999：89）。

　このように，ベルギーでは行政・立法・司法・社会のあらゆる領域において，政党が強い影響を行使し，それは80年代に頂点に達する。これを政治学では「政党支配体制（particracy）」と呼ぶ。公的セクターの人事や社会への浸透については既に見たので，行政・立法レベルを最後に見ていこう。

　ベルギーの政党でもっとも影響力がある人物は，党組織の議長と首相（輩出している場合）である（de Winter 1993）。これは例えばオランダでは党内最大の実力者が議員団長と首相であるのと異なる。ベルギーでは議会会派はほとんど影響力を持つことがない。党組織の議長は政府の外にあって，議長相互の話し合いによって連合形成を主導し，政権政策協定を策定する。政権政策協定を策定するということは，政権発足前に政府を拘束する合意の形成を意味し，それが時を経るにしたがって詳細化しているので，ますます党組織の議長が事前に政権に行使する影響力は大きなものとなっている。政権発足後は政策について閣僚と協議し，重要な争点については党組織の議長同士で合意して政府・議会による変更が事実上許されない。このように，与党の党組織の議長は政策形成でしばしば政府を上回るほどの権力を持っているのである。

4　さらなる脱柱状化へ

②世界観のレベルの脱柱状化についてはすでに言及したので，ここでは①組織と③エリート合意について説明しよう。

組織の弱体化

すでに見たとおり，柱の組織が弱体化したといってもベルギーでは隣国オランダと異なり，カトリックも社会民主主義も強固な組織を維持してきた。そのイデオロギー性は薄れていったとはいえ，人々はそれぞれの柱の労働組合や健保協会などに加入するし，加入の際にカトリックか社会民主主義かをアドホックに変えることは例外的である（Hooghe 1999）。

そうであるにもかかわらず柱の持つ統合力はかつてより弱まったということができるだろう。1つは労働者が必ずしも労組に忠実ではなくなったことである。たとえば，経済構造の転換が起きた70年代には，操業停止や労働環境に対する異議申し立てとして労組主導でない山猫ストが増加した。社会パートナーは次第に実態に合わなくなっていった全国レベルのコーポラティズムに対し反発するようになった（van den Brande 1987：114）。

もう1点として，柱の組織へ加入している人々が必ずしもその柱を代表する政党に投票しなくなったことが挙げられよう。前節で1980年代の利益誘導政治を検討したが，この政策はその後著しい財政赤字をもたらし維持できなくなっていた。1993年には政府債務残高が対 GDP 比で140％近くにまで及んだのである。1999年に EMU が発足し，共通通貨ユーロに参加するうえで，ベルギーは財政健全化の必要に迫られることになる。これによって，これまでのような個別的利益の供与は財政的に困難になっていった。

それまで物質的利益によって党を支持していた有権者は，次第に党から離れていく。しばしば彼らは既成政党批判に向かい，新右翼ポピュリスト政党を支持することにもなった（古賀 2009）。党員数も1980年代を頂点として急速に減少するのである（Delwit 2011：30）。

組織的に支持を調達することが困難になった党は，組織的利益を越えて有権

者に訴求する候補を求め，それまでのような同じ「柱」の組織からの候補を必ずしも優遇しなくなって，両者の関係が不安定になっていった。労働組合をはじめとする組織の側も，そのメンバーに同じ柱に属していることを要求しなくなり，内外が明確に区別される「柱」の比喩は次第に当てはまらなくなっている。

脱柱状化の中のエリート合意

①組織が弱体化し，②イデオロギー的な統制力も失って脱柱状化が進行する中でも，③エリート合意の慣行は政党間合意レベルでは継続している（松尾2015；Deschouwer 1999：107）。言語間対立が激しくなる中で多党化が進行し，連立政権も不安定化しているがゆえにより密な合意形成をせざるを得ないのである。

とりわけそれは組閣の長期化と政権政策協定の詳細化という政権発足前の合意形成の過程に表れているといえるだろう。つまり，政権をできるだけ長続きさせるためには，事前に争点を洗い出し，政権発足後に対立を蒸し返せない状態にする必要があるということである。

他方，社会パートナー同士の合意は必ずしもうまくいってはいない（Peirens 2000）。1970年代以降，石油危機を契機として，ネオ・コーポラティズムは質的な転換を遂げた。高度成長を前提とした所得政策や福祉の拡大はもはや維持できなくなったのである。社会パートナー同士は国際競争にさらされ，全国レベルの頂上団体による合意よりも，セクター内や企業レベルでの合意に重点をシフトした。頂上団体によるネオ・コーポラティズムは合意が困難になり，政府の役割はそれまでのような調整役から合意を促すための積極的な介入へと変化した。

この章のまとめ

本章ではベルギーの柱状化について，組織化・イデオロギー・エリート合意という3つの側面から歴史的変遷をたどった。ベルギー柱状化の特色は，戦後にイデオロギー的紐帯を失っても，組織を通じて公的資金を人々に供給することによって長らく柱が維持された点にある。そして，財政赤字と通貨統合に伴

表 4 - 1　柱を構成する政党と労働組合

カトリック	ベルギーキリスト教労働組合連合（Confédération des syndicats chrétiens, CSC/Algemeen Christelijk Vakverbond, ACV）
社 会 主 義	ベルギー労働総同盟（Fédération Générale du Travail de Belgique, FGTB/ Algemeen Belgisch Vakverbond, ABVV）
自 由 主 義	ベルギー自由労働組合総連合（Centrale Générale des Syndicats Libéraux de Belgique, CGSLB/Algemene Centrale der Liberale Vakbonden van België, ACLVB）

注：政党は第 3 章を参照。

い，この弥縫策を続けるのが困難になり旧来の柱という棲み分けが崩れつつある中でも，あるいはそうであるがゆえに政党間合意の伝統は困難ながらも続けられているのである。

読書案内

津田由美子（1992）「戦間期ベルギーにおける言語問題の展開」『国家学会雑誌』105 巻 5・6 号，491〜532頁。

──── （2001）「ベルギーの柱状化に関する一考察──第一次大戦前の組織化過程を中心に」『姫路法学』31・32号。

　＊第 2 次世界大戦前の柱状化の歴史を知るのによい。前者では柱状化が言語問題の顕在化を一定程度抑制していたことが分かる。後者は題の通り第 1 次世界大戦前の柱状化を階層別に示したもの。

松尾秀哉（2010）『ベルギー分裂危機──その政治的起源』明石書店。

──── （2015）『連邦国家ベルギー──繰り返される分裂危機』吉田書店。

　＊戦後の政党間合意についてはこの 2 冊。前者は60年代を中心に，後者は直近の政党間合意について扱う。後者の方が一般向けで平易。

Kalyvas, S. N. (1996) *The Rise of Christian Democracy in Europe*, Ithaca: Cornell University Press.

中山洋平（2002）「例外としてのフランス──なぜキリスト教民主主義政党は根付かなかったのか──世紀末の組織化の挫折と媒介構造の形成」『年報政治学 2001』33〜52頁。

　＊カトリックの組織化は，西欧諸国では一般的に見られた現象である。この 2 つの文献は比較の視座からベルギーの柱状化を考えたい場合によいだろう。

Deschouwer, K. (2009) *The Politics of Belgium. Governing a Divided Society*, Basingstoke: Palgrave Macmillan.

＊ベルギー政治の教科書。ベルギーの政治制度の中に柱状化をどう位置づけるかを考える際によい。巻末の文献案内も豊富。

参考文献

古賀光生（2009）「脱クライエンテリズム期における選挙市場の比較分析——西欧極右政党の動員戦略を通じて」『年報政治学 2009 - Ⅱ』246～268頁。

田口晃（1977）「『多極共存型_{コンソシエイショナル}』デモクラシーの可能性——最近のヨーロッパの小国研究から」『思想』632号，262～274頁。

津田由美子（1999）「マンの労働プランをめぐる政治協力の可能性——1930年代危機におけるベルギーのキリスト教民主主義と社会主義」『姫路法学』25・26号，199～232頁。

中山洋平（2016）「福祉国家と西ヨーロッパ政党制の「凍結」——新急進右翼政党は固定化されるのか？」水島治郎編『保守の比較政治学——欧州・日本の保守政党とポピュリズム』岩波書店，25～56頁。

日野愛郎（2014）「オランダ・ベルギー」網谷龍介ほか編『ヨーロッパのデモクラシー［改訂第 2 版］』ナカニシヤ出版，277～325頁。

van den Blande, A. (1987) 'Neo-corporatism and functional-integral power in Belgium', Ilja Scholten (ed.) *Political Stability and Neo-Corporatism. Corporatist Integration and Societal Cleavages in Western Europe*, Beverly Hills: SAGE.

Blom, J. C. H. (1981) *Verzuiling in Nederland in het bijzonder op lokaal niveau. 1850-1925*, Amstendam: Historisch Seminarium van de Universiteir van Amsterdam.

van Dam, P. (2013) *Staat van Verzuiling. Over een Nederlandse mythe*, Amsterdam: Wereldbibliotheek.

Delwit, P. (2011) 'Partis et systems de partis en Belgique en perspective', P. Delwit et (eds.) *Les partis politieques en Belgique 3ᵉ edition*, Bruxelles: Science Politique.

Deschouwer, K. (1994) 'The decline of consociationalism and the reluctant modernization of Belgian mass parties' R. S. Katz and P. Mair (eds.), *How Parties Organize. Change and Adaptation in Party Organizations in Western Democracies*, London: SAGE, pp. 80-108.

——— (1999) 'From consociation to federation. How the Belgian parties won', K. R. Luther and K. Deschouwer, *Party Elites in Divided Societies. Political Parties in Consociational Democracy*, London: Routledge.

Dewachter, W. (1987) 'Changes in a particratie: the Belgian party system from 1944 to

1986', in H. Daalder, (ed.) *Party Systems in Denmark, Austria, Switzerland, The Netherlands and Belgium*, London: Frances Pinter, pp. 285-363.

Dobbelaere, K. (1982) 'De katholieke zuil nu: desintegratie en integratie', *Belgisch tijdschrift voor Nieuwste Geschiedenis*, 13(1), pp. 144-149.

Gerard, E. (1995) 'Van katholieke partij naar CVP', in W. Dewachter et al. (eds.), *Tussen Staat en Maatschappij*, Tielt: Lannoo, pp. 13-27.

Hellemans, S. (1988) 'Verzuiling en ontzuiling van de katholieken in België en Nederland. Een historisch-sociologische vergelijking', *Sociologische Gids*, 35(1), pp. 43-56.

Hooghe, M. (1999) 'De persistentie van verzuiling op microniveau in Vlaanderen. Een analyse van surveydata over lidmaatschap, zuilintegratie, stemgedrag en maatschappelijke houdingen', *Res Publica*, 41(4), pp. 391-420.

Lijphart, A. (1977) *Democracy in Plural Societies*, New Haven: Yale University Press.

Peirens, W. (2000) 'Vakbonden en sociaal overleg in het laatste kwart van de XXe eeuw', *Res Publica*, nr. 1, pp. 105-117.

de Rooy, P. (1997) 'Farewell to Pillarization', *Netherlands Journal of Social Sciences*, vol. 33, pp. 27-42.

Timmermans, A. I. (2003) *High Politics in the Low Countries: An Empirical Study of Coalition Agreements in Belgium and the Netherlands*, Aldershot: Ashgate.

de Winter, L. (1993) 'The selection of party presidents in Belgium: Rubber-stamping the nominee of the party elites', *European Journal of Political Research* 24, pp. 233-56.

———— (1996) 'Party encroachment on the executive and legislative branch in the Belgian polity', *Res Publica*, 1996/2, pp. 325-351.

———— (2002) 'Belgian MPs. Between omnipotent parties and disenchanted citizen-clients', P. Norton (ed.) *Parliaments and Citizens in Western Europe*, London: Frank Cass.

Witte, E. (2003) 'The battle for monasteries, cemeteries, and schools: Belgium', in C. Clark and W. Kaiser (eds.) *Culture Wars: Secular-Catholic conflict in nineteenth century Europe*, Cambridge: Cambridge University Press, pp. 118-126.

第5章

EU 統合とベルギー政治

正躰朝香

─ この章で学ぶこと ─

　本章では，ヨーロッパ統合の深化がベルギーの国内政治にどのような影響を
与えているかを概観する。EU の主要機関が集中する「欧州の首都」ブリュッ
セルを有するベルギーは，自国を「欧州統合の中心」と自負している。ヨー
ロッパ統合を推進することは，独仏の狭間で翻弄されてきたベルギーにとって，
安全保障上必要であり，国益に適う自明の選択でもあった。小国でありながら
も，あるいは小国だからこそ，原加盟国として一定の役割を果たしてきたとい
える。

　また，ヨーロッパ統合の深化と拡大は，ベルギーの連邦化の進展とパラレル
に進行しており，言語集団間の対立での中で，国家としての統合と分化をめぐ
る政治力学にも大きな影響を与えてきたといえる。

　本章ではまず，ベルギー政治において EU の存在がどのように認識されてい
るのか，また，ヨーロッパ統合をめぐる意志決定や政策実行において，ベル
ギーが具体的にどのようなかたちで統合の進展に関わってきたかを概説する。
そして，EU 統合が進むことによって，ベルギー国家からヨーロッパ・レベル
へと権限が委譲されることが，ベルギー国内の意志決定過程や政策実施に対し
ていかなる拘束や影響をもたらしているのかを考察する。

　その上で，加盟国から EU への権限の委譲と加盟国内での分権化（ベルギー
の場合は連邦化）とが同時に進展する中で，ヨーロッパ統合の進展がベルギー
政治に与える作用について概観する。ベルギー政治を動かす重要な国際関係要
因としての欧州統合が，ベルギー政治やベルギーの連邦化に与えるダイナミク
スについて理解する。

1　ベルギー政治における欧州統合の位置づけ

　ベルギー政治においてヨーロッパ統合はどのように位置付けられているのだろうか。急速に進展してきた統合の深化と拡大に対して，ベルギーはいかに向き合ってきたのだろうか。

欧州の首都

　ベルギーの首都であるブリュッセルには，NATO（北大西洋条約機構）やWCO（世界税関機構）など国際機関の本部が多数おかれている。中でも EU（欧州連合）の主要機関がブリュッセルに集中していることは，ブリュッセルにヨーロッパ統合の中心，まさに「欧州の首都」としての看板を与えている。

　ブリュッセル中心部の東側，シューマン広場を中心とした「ヨーロッパ地区」と呼ばれるエリアには，ヨーロッパの国際機関が集中している。EU の執行機関である欧州委員会（European Commission），欧州議会（European Parliament）の一部に加えて，EU 理事会（The Council of European Union）と欧州理事会（The European Council）も集まる。2016年末には，この 2 つの理事会や，欧州理事会常任議長や加盟各国の常駐代表部オフィスが入った新しい巨大な「ヨーロッパ・ビル」も完成した。また欧州議会の本部はフランスのストラスブールにおかれているが，議員の移動や他機関との調整の便宜上，実質的にはブリュッセルで開かれることの方が多い（本会議のみはストラスブールで開催されることになっている）。

　ブリュッセルにこれほど EU 諸機関が集中することになった背景には，複雑な事情があったとされる。今日の EU に繋がるヨーロッパ統合の初期段階での諸機関，すなわち欧州石炭鉄鋼共同体（ECSC）やヨーロッパ経済共同体（EEC），欧州原子力共同体（EURATOM）の執行機関をどこにおくかをめぐる議論や， 3 機関が EC に統合されるときの本部をどの都市に置くかについての加盟国間の対立。これらの政治的思惑などが錯綜した結果の駆け引きと小国としての優位，交通の要衝であること，ベルギー首相でローマ条約に尽力したポール゠アンリ・スパーク（Paul-Henri Spaak）の影響力などが挙げられる。

　今日ではブリュッセルは他に類を見ないほどの国際機関の拠点都市として，とりわけ「EU の首都」としてのイメージが確立していて，国名よりも都市名の知名度が高いといわれるほどである。このようなブリュッセルの果たす役割は，ベルギー国家に対しても EU の中心，ヨーロッパ統合の象徴としてのアイデンティティを持たせていて，ブリュッセルの存在は，激しい言語地域間対立が続くベルギー政治においても重要な意味をもっている。

　ブリュッセルは連邦を構成する 2 種類の主体の 1 つで，経済や社会について管轄する 3 つの「地域」の 1 つ，「ブリュッセル首都圏地域」を支えている。言語境界線の北に位置し，オランダ語圏の中に浮かぶ 2 言語地域である。実態としてはフランス語話者の割合が圧倒的に多く，またオランダ語とのバイリンガルは勿論のこと，英語やドイツ語をはじめとする複数の言語を操る人も珍しくない。移民の割合が多く，ベルギーへの移民の出身国が旧植民地やマグレブ諸国など，フランス語圏が多いこと，そして先述した EU 諸機関で働く EU 官僚もフランス語話者が多い。結果としてブリュッセルはヨーロッパの言語的文化的多様性を象徴する場所であると同時に，オランダ語とフランス語の綱引きでいえば，ブリュッセルの担う「欧州の首都」としての役割は，この 2 言語の首都においてフランス語の優位を持続させることに繋がっているともいえる。

　フランデレンの立場で言語間関係とブリュッセルの機能を考えると，欧州の首都としての地位そのものが，ブリュッセルにおけるフランス語の優位を継続的に担保する状況となってしまっている。また国境を越えた人の流入は，オランダ語圏にあるブリュッセルの外縁をじわじわと拡大させる力を持っていて，フランデレンの一部にはブリュッセルの担う国際都市としての役割に不満をもつ意見もあって，言語対立の観点からいえば，2 言語地域としてのブリュッセルの行政上の境界などについて難しい議論が繰り返されてきた。

前提としての EU

　2 度の世界大戦の末，戦勝国も敗戦国もともに大きなダメージを受け，結果としてのいわゆる「西洋の没落」を経験したヨーロッパは，2 度と戦争を起こさない関係の構築という不戦への強い意志のもと，今日の EU に繋がる地域統合へと歩み出した。歴史的に敵対してきた 2 つの大国，すなわちドイツとフラ

ンスに石炭と鉄鋼の共同管理をさせることで，共通の目的のもとに共通のルールに基づいた主権の委譲プロセスであるヨーロッパ統合が始まった。協力，統合する政策領域やその程度を深め（統合の深化），加盟国を増やしながら（統合の拡大），時に停滞をしつつも今日の EU の姿へと統合を進めてきた。

　冷戦後の急激な加盟国の増加や政策領域の広がり，そして2000年代以降，急激に広がった人の移動とその結果の異文化間対立。テロの増加やイスラムフォビア（イスラム嫌い），統合の急激な進展に対するとまどいやグローバル化のネガティブな影響への無力感や怒り。これらのうねりが世界各国で他者への不寛容や排斥志向，自文化への執着といったかたちの反動となって急速に勢いを増している。

　英国の EU からの離脱決定や，環太平洋パートナーシップ協定（TPP）や大西洋横断貿易投資パートナーシップ（TTIP：EU と米国の包括的貿易投資協定）の進展の困難にみえる保護主義的傾向や，各国における極右政党の台頭などが喧しく報じられている。EU 加盟国でも，EU からの離脱，主権の尊重を声高に叫ぶ政党が力をもちつつある。

　しかしながら，ベルギーにおいてはEUからの離脱を主張するような政党はほとんど見られない。こと言語問題となると国政が停滞するほどの激しい応酬を繰り返すベルギーの政党政治であるが，そもそも外交政策については政党間の違いは大きくない。とりわけ，ヨーロッパ統合への積極的参加，EU 加盟国であることはいわば「前提」であり，国内政治の「所与条件」であるといっても過言ではない（Deschouwer 2009：218）。従って，ベルギーにとって EU の一員であることは議論にならないほど当然の選択であり，これまでのところ EU統合に積極的にかかわる姿勢が，ベルギーの国内政治において争点となることはほとんどなかった。

　例えば，加盟国市民の意識調査を行うユーロバロメーター（Eurobarometer）によれば，ベルギー国民の「ヨーロッパ人意識」は比較的高く，ほぼ同じ割合で「EU への帰属意識」をもっている。例えば，ヨーロッパ人意識のデータではかなり高い数字の出る北欧諸国では，EU への帰属意識になるとぐっと下がる傾向にある。すなわち EU 市民であることは余り受け入れられていないのである。この数字の差が少ないのもベルギーの特徴で，多くの国民がヨーロッパ

人意識をもち，そのうちの多くがあわせてEU市民であるという意識をもっていることがわかる。

　また，ベルギーは総選挙後に言語集団間の対立などで連立交渉がうまく進まず次の政権ができるまで非常に時間がかかることが少なくない。それまでは解散前の政権が暫定政権として政策実施を続けるわけだが（ベルギーは選挙後の内閣不成立のための長期暫定政権の世界記録をもっている），ECからEUへの大きな変化となったマーストリヒト条約の批准時においてもまさに選挙後の新連立政権不成立の時期であった。このため暫定の選挙管理内閣が批准手続きを進めたのだが，このことを問題視する議論は皆無であった。いかにベルギーにとってEUが「所与条件」であるか，加盟国であることに疑問の余地がないのかを表すエピソードである。

2　ヨーロッパ統合におけるベルギーの役割

　20世紀前半の苦難の歴史を経て，また2度の世界大戦を経て衰退したヨーロッパの復興を目指して始められたヨーロッパ統合のプロセスの中で，ベルギーはいかなる役割を果たしてきたのか。同様の歴史と地政学的な条件の近い「ベネルクス3国」と協力しつつ進めてきたヨーロッパ統合への貢献について概観する。

小国として

　ベルギーの外交政策，安全保障政策を考える上での前提は，「小国」であるということ，そしてフランスとドイツという大国に隣接したその地政学的な位置の重要性である。20世紀の前半，オランダやルクセンブルクと同様に中立政策を掲げていたにもかかわらず，あっけなくドイツの支配に屈した。仏独の対立と戦略を前に中立の無力さとヨーロッパの平和と安定が自国の安全保障上の絶対条件であることを痛感する。

　加えて，小国として，またヨーロッパの通商の交差点としても，より広い市場の確保によって経済的繁栄がもたらされることは言うまでもない。仏独の良好な関係に基づくヨーロッパの平和が，ベルギーの安全保障上の最大の国益で

あるという前提と，広範で自由な市場の確保が自国の繁栄には不可欠であるという，今日まで前提となる基本的戦略が，2度の世界大戦とその後の復興期を通じて確立したといえる。

　この目的を果たすために最も適した選択肢が，ヨーロッパ統合であり，シューマン・プランを具現化する ECSC に始まる地域統合に向けた歩みに，原加盟国として積極的に関与していくことを選択する。

ベネルクス3国

　ベルギー，オランダ，ルクセンブルクのいわゆる低地方の3国をあらわす「ベネルクス（BENELUX）」という表現が使われるようになったのは第2次世界大戦後であるとされる。狭義には，1960年に発足し，今日も継続する「ベネルクス経済同盟（UEB）」をさすが，地理的近接性と歴史的な繋がりに基づくこの3国を表すものとして定着した。

　ベルギーと同様に，小国あるいは極小国であり，大国間の対立に翻弄される厳しい経験をへたオランダとルクセンブルクにとっても，ヨーロッパの平和と市場規模の確保という目的と，それを現実化させるための手段としてのヨーロッパ統合への参加は，自国の安全保障にとって不可避の選択肢であった。とりわけヨーロッパ統合の初期の段階においては，ベルギーとオランダが一致した行動をとる傾向が強かったこともあって，ベネルクスの枠組みはヨーロッパ国際政治においては，重要なグループとして機能してきた。

　経済分野での協力で始まったヨーロッパ統合について，冷戦の深刻化や西独の再軍備問題などを背景に，安全保障や政治協力に向けた欧州防衛共同体（EDC）や欧州政治共同体（EPC）の構想がなされるが，フランスが国民議会で批准拒否を決定するなど，議論は難航し，1954年には失敗に終わった。このような状況の中で，ヨーロッパ統合に向けた機運を取り戻すためにベネルクス3国は結束して行動する。3国の外相が共同提出した「ベネルクス・メモランダム」や，これを実現するための「スパーク委員会」の立ち上げ，1957年のローマ条約の調印と EEC および EURATOM の設立へ向けた大きな役割を果たした。

　1960年代以降も，ベネルクス3国の枠組みを使いながら，ベルギーはヨーロッパ統合に積極的な関与を示してきた。とりわけ，統合に向けた勢いが失わ

れる局面，加盟国間の対立などで膠着，停滞する場面においては，打開にむけた提案や調停を主導的に行うことで，危機の回避に貢献してきた。大国フランスの強引な手法からいかに自国の利益を守るのか，小国でありながら（むしろ小国であることを活かして）いかに影響力を行使するかはベルギーのヨーロッパ政策において最重要課題であり，一定の成果を出してきた点でもある。

　例えばフーシェ・プランやイギリス加盟問題に関するフランスとの対立。より超国家的な統合へ向けたとり組みに対するフランスの強い抵抗（空席政策）への対処としてのルクセンブルクの妥協。1970年代の政治統合にむけた重要な報告書や提案，マーストリヒト条約に向けた「ベルギー・メモランダム」の呈示など，より積極的で強力な統合に向けたベネルクス3国の一致した働きかけは，1990年代頃まではかなり成果をあげてきたといえる。

欧州連邦主義の推進

　カール・ドイチェ（K. W. Deutsch）によれば，統合（integration）とは，「複数の政治的社会的集団が共通の目的達成のために相互の自主性を委譲し合い，共通の準則のもとでより大きな政治的社会的構成単位を形成する過程」である。ヨーロッパ統合についていえば，複数の主権国家（政治的社会的集団）が，不戦共同体の構築，広範で自由な市場という共通の目的のために，条約を積み重ねてより大きな構成単位（EU）を形成する「プロセス」である。

　この統合のプロセスは，超国家レベルの構成単位（EU）により積極的に権限を委譲し，EU・国家・下位国家主体という分権的な統合を進めるいわゆる「連邦主義」と，主権国家間関係を重視し，加盟国政府主導の意志決定を尊重する「政府間主義」という2つのイメージがあり，それぞれのタイプの統合を支持する勢力，あるいは政治環境の中でのせめぎ合いが繰り広げられてきた。前者を目指すいわゆる「欧州連邦主義」は，超国家レベルである欧州委員会の権限を強くする方向で，共通で政策を行う分野を拡大する方向で働きかける。一方で後者の立場にたつ加盟国にとっては，いかに主権国家間の協力というレベルに，市場や経済分野に統合をとどめておくかが重要な関心となる。

　また，「連邦主義」とは，「権力の集中を否定し，特殊性と普遍性，統一性と多様性という二重の目的を志向する」ものである以上，またドイチェの定義す

るように統合が「プロセス」である以上，超国家と主権国家のレベルでの権限の委譲は，行きつ戻りつしながら，その時点での最適な制度を目指して加盟国間が取り組んで維持する壮大なプロジェクトでもある。ヨーロッパ統合はひたすら超国家性を強めて権限を EU に委譲する方向ばかりに深化してきたわけではなく，EU の深化と拡大は，立場の異なる加盟国の志向性をすりあわせる国際政治の結果でもある。

　このようなヨーロッパ統合をめぐる綱引きにおいて，ベルギーはいかなるかたちでの統合を国益とみなしてきたのであろうか。統合のごく最初の段階，ECSC 設立時には石炭と鉄鋼という重要な産業において，自国の競争力の低下と仏独に市場が支配されることを懸念した。また実質的に強い影響力をもつ仏独の意向が反映されるかたちで超国家的な最高機関の権限が強くなりすぎることへの歯止めとして，閣僚理事会など加盟国レベルの主張が表明しやすい機関の設置を強く主張した。

　しかし，ECSC の設立交渉の時期をすぎ，さらに EPC が失敗に終わりヨーロッパ統合への勢いが失われそうになった1950年代半ば以後は，ベルギーはほぼ一貫して，超国家レベルの権限を強化するかたちでの連邦主義的な統合を強く推進してきた。とりわけオランダとベルギーの首脳の関係が緊密でベネルクスの枠組みが影響力を強めるかたちで機能している時期には，大国間の調停をしつつも大国の圧力に屈しない，ベルギーの志向する，より連邦主義的で超国家的なレベルを強化する方向でのヨーロッパ統合を目指す点において力を発揮してきた。

ベルギーの連邦化と連邦主義的 EU への関与

　1990年代には，EU として行う政策分野が広がり，従来は加盟国が独自で行ってきた政策について，ヨーロッパ・レベルでの協力や共通行動がさらに深まっていった。1993年発効のマーストリヒト条約においては，政策の 3 本の柱として，これまでの EC 分野に，共通外交安全保障政策や司法内務協力が追加された。また，同条約で導入された概念である「補完性原則（the principle of subsidiarity）」によって，EU レベル，加盟国レベルに加え，（加盟国の）下位国家レベルでの権限の分割の方針が明示された。これはより連邦主義的なかたち

でのヨーロッパ統合に勢いを与えることになった。

　また，この時期は加盟各国の国内において，分権化が進んだ時期でもあり，すでに連邦制をとっていたドイツ，オーストリアを始め，実質的に分権度の高いスペインや英国などを中心に，国内の下位国家主体（州，地域，自治州など名称と権限は多様）のレベルの権限強化の動きが同時期に進行した。ベルギーの国内政治にとって，EU 統合の進展やあり方は重要なテーマであり，もともと超国家レベルの強化と権限委譲による連邦主義的な EU を目指してきた。欧州全体の分権化の流れとも相まって，この傾向を一層強めるような働きかけが行われた。

　さらに，連邦化による国家再編にともなって，ベルギー連邦を構成する主体（すなわち，地域と共同体）への中央政府からの権限委譲という，国家から超国家レベルと下位国家レベル両方向への分権化が同時期に進んだ。結果として，ベルギーは，従来からの連邦主義的な欧州統合に加え，EU・加盟国・下位国家主体という 3 層でのより分権的な制度設計を支持していくことになった。

3　EU 統合による国内政治への影響

　ヨーロッパ統合が進展し，EU への権限委譲が進むなかで，ベルギーは言語集団間の対立を調停するために，単一国家（unitary state）から連邦制国家（federal state）へと国家の再編を進めた。本節では，超国家レベル，国家レベル，下位国家レベル（連邦構成主体レベル）という 3 つの層へと権限が分割，委譲される中で，どのような変化が起こっているかを概説する。とりわけEUへの権限の委譲が，ベルギーの国内政治に与える影響について考察する。

「ヨーロッパ化」とベルギー政治

　ヨーロッパ統合が深化し，加盟各国の国内制度が EU での決定の影響を受けて EU レベルの基準に収斂していくプロセスを「ヨーロッパ化（Europeanization）」とよぶ。これは EU から加盟国への一方的な影響としてではなく，同時に加盟各国から EU 法や EU の政策展開にも影響を与える現象とセットでおこる，双方向的，相互作用的な統合のプロセスである。

　ベルギーについても，EU 加盟国として当然，EU レベルでの決定を国内での政策実施として対応する義務があり，統合の進展とともにベルギー政治は「ヨーロッパ化」してきたということができる。

　EU は共通のルール，すなわち国際条約に基づいて加盟国の主権を委譲する統合体である。EU 法とは EU を設立する基本条約と修正条約や付随する議定書などに加えて，EU がこれまでに制定を積み重ねてきた法律や欧州連合司法裁判所の判例などの総体（acquis communautaire）である。EU 加盟国であるということは，これらの EU 法をすべて受け入れ，各主権領域内において実施する義務を負うことになる。

　EU で制定される法律には，すべての加盟国において自動的に適用され，直接各国で適用される「規則（regulation）」と，達成されるべき目的を EU で定め，この目的に沿うかたちで各加盟国が「国内法化」して適用する「指令（directive）」がある（具体的な方法は各国に任される）。

　EU と各加盟国との権限関係については，関税同盟や通貨政策，共通通商政策など，EU のみが権限をもつ「排他的政策権限領域」と，加盟国のみが政策権限を持つ領域，そしてその間にある「混合政策権限領域」がある。社会政策，環境政策など多くの政策領域が混合領域に含まれ，個々の政策領域について，どこまでをEUレベルで行い，どこまでを加盟国レベルで行うことなのかについては絶えず難しい緊張関係が存在する。さらにベルギーの場合は，連邦制をとっているため，国家が排他的もしくは部分的に権限をもつ政策領域について，連邦政府あるいは連邦構成主体のどちらが行うのかという権限分割に関する複雑な関係や緊張，対立が二重に問題となっている。

「補完性原則」と EU における多層統治の進展

　先述した補完性原則がヨーロッパ統合において明確に意識されるようになったのは1970年代後半以降のことである。ベルギー首相のティンデマンスがリーダーシップをとってまとめ，1975年に提出された「欧州連合に関する報告（ティンデマンス報告）」において，公式文書で初めてその概念が提示された。この報告は，1987年の「単一欧州議定書（Single European Act）」において援用され，以後欧州統合における共同体，加盟国，そして地域の関係を考えるうえで

重要な原則として注目されるようになっていった。

　1990年代に入り，EC から EU への再編が近づくなかで下位国家主体重視の気運がさらに強まるにつれて，補完性原則強化の議論が高まった。1990年3月に出された提言「ベルギー・メモランダム」は，EC から EU への統合の進展のなかで，EC 諸機関における機能効率の向上，民主的性格の強化と並び，不可欠な要素の1つとして基本条約での補完性原則の明文化を求めた。

　補完性原理は，EU 条約即ちマーストリヒト条約で初めて EU の基本法に盛り込まれ，EU 統合において具体的に EU，加盟国，加盟国の下位国家主体という3つのレベルに権限を分割するに際しては，この原則が大きな役割を果たしている。

　補完性原則では，共同体と加盟国の権限が競合する場合には，目的を達成するためにより適切なレベルで行うことを規定している。この原則は，基本的には EU と加盟国の権限関係を説明するものであり，この時点では加盟国内の分権化との関わりには明示的には触れていない。しかし，この原則の本来の思想的系譜から判断すると，基本的にはより個人に近いレベル，より下位のレベルでの実行を促していることになる。

　補完性原則の導入を強く働きかけていたのは，ドイツの州（ラント：Land），ベルギーの地域や共同体，あるいはトランスナショナルな組織であり，自国政府との関係において確保していた権限が EU に吸い上げられることによって，自己決定権が縮小することに対する危惧がその理由であった。ドイツでは，単一欧州議定書批准の過程においてすでに，州の権限を考慮したかたちで，権限領域については州の関与を批准法案に盛り込むことを認めさせていたし，さらにマーストリヒト条約の起草過程でも，連邦制の原則による今後の EU 構築，文化，教育，地域構造政策などにおける州の権限の確保を求める文書を採択していた。

　また，補完性原則を EU と国家のみならず地域にまで拡大したかたちで解釈しようとする動きは，EU 以外でもみられた。例えば，欧州審議会（Council of Europe）による「欧州地方自治憲章」においては，「公的な責務は一般に，市民に最も身近な地方自治体が優先的に履行する」とされ，補完性原則が国家と EU のみならず，地域・地方との関係においても適用することを主張する気運

がヨーロッパで生まれてきた。

　さらに EU の政策課題のなかで，加盟各国内の地域的不平等を解消するための地域政策の拡大や，地域の代表が直接ヨーロッパ・レベルで意志表示をできる「地域委員会（Committee of the Regions）」の設立など，EU が地域・地方などの加盟国内の下位国家主体に対する認識を強く持ち始めたことは明らかである。このような下位国家主体の EU 統合プロセスへのチャンネルの確保は，アクターの多様化と同時に，地域的多様性の維持，発展にも繋がるという点において意味深い。

　これまでみてきたように，「補完性原則」を EU，加盟国，下位国家主体のレベルで解釈する流れと，併行して進んだ加盟国国内での分権化の傾向（ベルギーでは連邦化）の結果として，EU における「多層統治（Multilevel Governance）」の制度化がもたらされたとみることができよう。実際，分野によっては下位国家主体を無視した政策の遂行は，EU レベルでも次第に困難になってきているのであり，EU における多層統治の顕在化は，補完性原則による各レベル間の権限分割，あるいは地域政策に見られるパートナーシップ原則に基づく各レベル間の政策協調の進展が，これを裏付けている。

EU におけるベルギー・ポジションの決定

　ベルギーの連邦化と EU の多層統治について考えるとき，重要な問題として，EU の閣僚理事会における下位国家主体の代表問題がある。閣僚理事会は，分野ごとに加盟国の代表を送りだして議論される，EU における政府間主義を具現化する組織である。しかしながら，EU の政策領域の拡大とともに，EU 内の連邦制国家の存在により，政策領域によっては，担当閣僚が中央政府の代表にはいないケースが生じるようになった。例えば，教育や文化政策を扱う外交交渉の場面において，もはやベルギーの連邦レベルにはこれを担当する大臣は存在しない。この分野を管轄するのは 3 つの「共同体」であり，大臣も 3 つの共同体政府の大臣としてのみ存在することになっているからである。

　この問題についていち早く活動してきたのが，連邦制の歴史の古いドイツの州であり，単一欧州議定書の批准の時点ですでに，国家主権の EC への委譲がドイツ連邦制における州の権限を侵害するおそれがあるとして，州の関与を保

障するよう求め，批准法において明記するという手続きをとっていた。さらに，マーストリヒト条約の起草にあたっては，閣僚理事会への州または地域の参加を認めることや，州と地域に欧州裁判所への提訴権を付与することを求めていた。同様に1993年から連邦制に完全に移行したベルギーも，マーストリヒト条約の起草段階において，連邦を構成する主体にも代表として閣僚理事会への出席を認めるよう，強力な働きかけを行った。

　その結果，マーストリヒト条約第146条によって，「理事会は，各構成国政府を代表する権限を与えられた閣僚級の代表により構成される」と規定され，国家としての共通見解を呈示できることを条件に，下位国家主体のEUの場での政策決定への関与が可能となった。これを受けて，ベルギーでは政策分野を4つに分けて，それぞれに代表をローテーションで送ることになっている。具体的には，①金融や予算，通信などの連邦政府の専管事項，②教育・文化，観光など構成体の専管事項，③農業，エネルギー分野などの双方が関与するが連邦政府が主導する事項，④産業，研究などの双方が関与するが構成体政府が主導する事項である。

　これについて重要な点としては，連邦政府と連邦構成体政府の間で権限を共有している問題については，両者の間で緊密な連携と協調が要求されることである。また，構成体政府の専管事項である政策領域についても，各構成体政府の間での意見調整が必要で，EUの閣僚理事会の場ではあくまでもベルギーとしての共通意志である「ベルギー・ポジション」として意志を表明し，交渉にあたらなくてはならないということである。

　従って，連邦制移行後のベルギーは，EUの閣僚理事会において地域や共同体が外交主体として活動するケースが珍しくないが，ベルギー・ポジションをまとめるために，連邦政府と構成体政府間の協力や立場の集約をめぐる取り決めが必要となった。

　このようにEUへの主権委譲にともなって，従来の国内の政策決定が「ヨーロッパ化」される。一方で，EUがより分権的な制度へと移行することと，加盟国内の下位国家主体レベルの権限が強化される分権化が同時に進行することで，EU，ベルギー，構成体政府という3つのレベルでの重層的な相互作用や多層統治という状況が生じている。

4　EU 統合とベルギー

　ベルギー政治は数十年にわたり，言語集団間の対立と共存への模索，そのための国家再編を争点として推移してきた。それでは，ヨーロッパ統合の進展は，連邦化をめぐる言語集団間の対立による国家の分裂傾向（遠心力）と双方が合意できる制度デザインのあり方を模索しようとする意志（求心力）という相反する力に対して，どのような影響を与えてきたといえるのだろうか。

ヨーロッパ統合と地域ナショナリズム

　2016年 6 月に EU からの離脱を国民投票で決めた英国において，離脱に強い反対票を投じた地域として，スコットランドがあげられる。スコットランドは2014年秋に英国から分離独立を問う住民投票を行い，一時は独立派の優勢が伝えられた。結果的には55％が反対票を投じ否決されているが，英国からの分離独立の主張を長く抱えてきた。また同じく2014年秋には，スペインのカタルーニャ州政府による独立を問う住民投票が行われ，8 割の賛成票を獲得した（スペイン政府によって非公式で非合法なものであるとされ，独立交渉には繋がっていない）。同様に EU 加盟国には独自の民族的アイデンティティや中央政府への不満を抱え，分離独立主義を強める地域が複数ある。ベルギーのオランダ語圏フランデレン地域も，その 1 つである。

　投票結果の背景や，各地域が抱える構造的共通性については割愛するが，ここで注目すべき点は，これらの分離独立を主張するエスノ地域（独自の文化的背景をもつ地域）が，いずれも独立後にも引き続き EU 加盟国としてヨーロッパ統合の枠組みにとどまることを前提とした運動を展開してきたことである。すなわち，独立後に人口や経済規模がかなり小さくなったとしても，欧州という広範で自由な市場へのアクセスが可能であり，外交や安全保障においても EU 加盟国としての安心が維持できることで，抑圧的であり不満の対象である各国家からの独立によるナショナリズムの達成と，その結果生じるかもしれないリスクを回避できると考えていることを意味する。

　実際には EU はスコットランドの独立投票にあたって，独立後には EU 加盟

国ではなくなるため，新たに加盟交渉が必要であり，加盟にあたってはすべて
の現加盟国の同意が必要になるという見解を示していたので，現実にどの程度
の実現性があるのかは不透明ではあった。しかしこれらの地域的な分離独立の
動きがここ数年強まっているのは，先述した EU 内での加盟国の下位国家主体
（地域など）への権限強化と無縁ではない。

遠心力としての EU 統合，求心力としての EU 統合

　EU 統合のなかでの地域ナショナリズムという観点でフランデレンの動きや
ベルギーの言語対立を考えてみると，EU の多層統治という構造的変化のなか
で「フランデレン」という主体が一定の力をえて，直接ヨーロッパの場で発言
や交渉ができるようになったことは大きな意味をもつ。ベルギー政府から独立
した主体として，EU の中で，ヨーロッパ国際政治の中で立ち回ることができ
るという自信と実績ができているからである。この点において，例えばフラン
デレンにとってベルギーという国家の存在価値は低下し，合意が困難で不合理
感が募るベルギー連邦制の継続にむけた努力を続ける必要性は薄れていくよう
に感じられる。結果として，ある時点までは表立って主張されることがなかっ
た「分離」「独立」「国家の分裂」という表現をためらいなく用いるようになっ
た。すなわち，EU 統合の進展はベルギー国家にとって「遠心力」として作用
しているとみることができる。

　一方で，加盟国から独立することが自動的に EU のメンバーシップをひきつ
げることにならないという欧州委員会からの発信は，EU 加盟国であることを
前提とした分離独立運動の勢いを大きくそぐものでもある。また構成体政府が
閣僚理事会などの場への参加が可能になったとはいえ，あくまでも加盟国レベ
ルでの意志統一が求められている。フランデレンはワロニー地域やフランス語
共同体と利益の調整を行い，「ベルギー・ポジション」を呈示する必要があり，
そのために構成体政府間，言語集団間での協力は避けられない。むしろ，その
ために必要な交渉や協力がかなりの程度行われることに繋がっていて，言語集
団間の接触や交渉が少ないベルギー政治において，両者を結びつける役割を果
たしているとさえいえる。

　また EU の首都であり，2 言語地域であるブリュッセルの存在も，その重要

性と象徴性ゆえにどちらにとっても譲れない存在であり，オランダ語圏にある
ブリュッセルを放棄しての分離独立がフランデレンにとって選択肢にない以上，
ベルギーの分裂は現実的な議論にはならない。こういった意味において，ヨー
ロッパ統合の進展と EU の存在は，ベルギーにとって国家存続に意味をあたえ，
結果的には共存のための制度模索を続けざるをえないという意味において「求
心力」として作用しているとみることもできる。

　ベルギーがヨーロッパの真ん中に位置し，首都であるブリュッセルが EU の
中心であるということは，ベルギー国家にとって重要な前提である。欧州統合
の原加盟国として常に欧州統合を支持し，その深化と拡大に積極的に関与する
中でベルギー政治は展開してきた。EU 自体が連邦主義的で分権的な統合体へ
向かう中で，ベルギー国家としての連邦化も進められてきた。

　「特殊性と普遍性，統一性と多様性という二重の目的を志向する」連邦主義
の動きが，ヨーロッパとベルギーで，同時並行的に進んだのである。EU 統合
の進展はベルギー政治にとって遠心力，求心力の両方として作用し，EU の制
度変化そのものが，直接的にベルギー政治に影響を与える重要な要因となって
いるといえる。

読書案内

Deschouwer, K. (2012) *The Politics of Belgium 2nd Edition*, Basingstoke: Palgrave Macmillan.
　　＊ベルギー政治全般について，歴史，制度，主要なアクター，国際関係などの観点
　　からわかりやすく概説している。
Vollaard, H. (2015) Beyers J., Dumont P. (eds.) *European Integration and Consensus Politics in the Low Countries*, Routledge.
　　＊ヨーロッパ統合によってベネルクス諸国に特徴的な合意政治がいかに影響を受け
　　ているかを明らかにしている。
正躰朝香（2007）「ベネルクス 3 国とヨーロッパ統合」坂井一成編『ヨーロッパ統合
の国際関係論　第 2 版』芦書房，141〜167頁。
　　＊ヨーロッパ統合のなかでベネルクス 3 国が果たしてきた役割や対外政策の特徴に
　　ついて分析している。

参考文献

坂井一成編（2007）『ヨーロッパ統合の国際関係論（第2版）』芦書房。

Beyers, J. & Bursens, P. (2006) "The European rescue of the federal state: How Europeanization shapes the Belgian state", *West European Politics*, 29-5, pp. 1057-1078.

Dandoy, R., Matagne, G. & Wynsberghe, C. Van (eds.) (2013) *Le fédéralisme belge: Enjeux institutionnels, acteurs socio-politiques et opinions publiques*, Academia L'Harmaattan.

Delwit, P., Pilet, J.-B., Van Haute, E. (eds.) (2011) *Les Partis Politiques en Belgique 3eme*, Bruxelles: Editions de L'Université de Bruxelles.

Delwit, P., J.-M. de Waele, P.Magnette, (eds.) (1999) *Gouverner la Belgique : Clivages et compromis dans une société complexe*, Paris: Press Universitaires de France.

Deschouwer K. (2012) *The Politics of Belgium 2nd Edition*, Basingstoke: palgrave Macmillan.

Featherstone, K. & Radaelli, C.M. (eds.) (2003) *The Politics of Europeanization*, Oxford University Press.

Rowe, C. (2011) *Regional representations in the EU: Between diplomacy and interest mediation*, Palgrave Macmillan.

Vollaard, H., Beyers, J., Dumont, P. (eds.) (2015) *European Integration and Consensus Politics in the Low Countries*, Routledge, pp. 173-192.

第Ⅱ部
ベルギーの主要政策

第6章

言語・教育政策

石部尚登

┌─ この章で学ぶこと ─────────────────────

　言語はそれを話す人々の紐帯，あるいは集団の境界標識として意識される。そのため，国内に複数の言語が存在し，さらにその言語集団間に顕著な社会的・経済的な格差が存在する場合，言語問題は政治化する。また，どの言語で，あるいはどの言語を教えるのかという点で教育は言語問題と密接に結びつくために，教育問題も政治上の重要な課題となる。

　本章では，ベルギーにおける連邦化以降の言語・教育政策について，制度およびその成立の背景を理解し，さらにそうした制度が抱える新たな問題にも目を向ける。

　まず，現在の言語・教育政策の説明に先立ち，その前提として，現在の制度が作り上げられた背景を確認する。ベルギーは独立以来の長い言語政策の歴史を有するが，その過程で政策のアプローチ自体を変化させてきた。そうした言語対立の調停に向けた試行錯誤から，言語問題の複雑さを理解する。

　次に，現在の領域性の原理に基づく地域別1言語主義の制度（分割した領域ごとに単一の言語の使用を求める制度），さらにその結果としての言語政策および教育政策の共同体化（政策権限の連邦構成体への移譲）について，具体的な制度とともに学ぶ。それは単に域内での排他的な政策を可能とするだけではなく，必然的に生み出される少数者の保護にも配慮がなされたものであることを理解する。

　最後に，連邦化以降，そうした制度が新たにいくつかの問題を生じさせている現状を確認する。それらは地域別1言語主義の言語政策を導入した際には意識されていなかった問題であり，言語集団間の対立の解決を目指し，長い歳月を費やして作り上げられてきた制度であっても，言語問題の完全な解決は困難であることを理解する。

└──────────────────────────────────

1　言語・教育政策史

　ベルギーの言語問題は，しばしば「言語戦争」というセンセーショナルな用語と共に紹介されてきた（増田 1978；西尾・金田 2010）。確かに，ベルギーでは，独立以来，オランダ語話者とフランス語話者の間で対立が続き，両者の調停を目的とした言語法が繰り返し制定されてきた歴史がある。それらは「ベルギーの法体系の中核」をなす「世界でもっとも複雑で入り組んだもの」（Blommaert 1996：206）とも称される。時代を通して様々な試行錯誤が重ねられ，言語政策のアプローチ自体を変遷させてきた。ベルギーの言語制度は，単に国内における言語のあり方を規定するのみならず，国家のあり方（制度）にも影響を及ぼしてきた。

フランス語国家としてのベルギーの独立

　1830年に独立を果たしたベルギーは，翌1831年に新しい憲法を採択した。思想や信仰などの一連の自由とともに，言語（使用）の自由も認められた。第23条には，以下のような言語規定が置かれていた（本条文は同じ文言で現行憲法の第30条に受け継がれている）。

> ベルギー国内で用いられている言語の使用は任意である。言語の使用は，公権力の活動および訴訟についてのみ，しかも法律によらなければ規律されることができない。

　とはいえ，この言語使用の自由はあくまで「個人」に関するものであった。公的な分野，たとえば軍隊における命令や官報の作成にはフランス語のみが用いられることとされ，大学でもフランス語（またはラテン語）で作成された学位論文しか受理されなかった。そもそも新国家における最初の国家組織ともいえる臨時政府の議論が，例外なくフランス語のみで行われた。

　フランス語が事実上の唯一の公用語として選択された背景には，独立を率いた指導者たちが共有していた言語観があった。彼らはみな，「安定した国家運

営のためには単一言語での統治が不可欠であるという信念」を有し，「文化言語としてのフランス語は他の言語よりも本質的に優れているという確信」に支えられ，「祖国愛のためにはかつての支配国の言語を捨て去らなければならないという感情」を抱いていた（Vos 1993：133）。

　19世紀，ヨーロッパに近代国民国家が出現し，単一の「国語」を通した「国民」の統合が進められていた。ベルギーの指導者層は，フランデレン人であるかワロニー人であるかを問わず，フランス語を介して結び付いていたために，そうした国民国家の創出にかかわる「1国家＝1言語＝1国民」のイデオロギーを受け入れることに困難はなかった。当時のベルギーにおける言語の境界線は，現在のような地理的あるいは民族的な境界線ではなく，むしろ社会（階層）的な境界線であった。

　独立のための戦いを主導し，新国家では政治家として国家運営にあたったシャルル・ロジエ（Charles Rogier）は，独立直後に，司法大臣に宛てたとされる書簡（ただしその真贋については論争がある）で以下のように書いている（Baudart 1945：38）。この短い言葉のなかに，先の「信念」「確信」「感情」が見事に現れている。

　健全な国家運営への第一歩はあるひとつの言語を独占的に用いることです。また，ベルギー人の唯一の言語といえばフランス語であることは明らかです。よって，正しく国を導いていくためには，市民生活や軍事に関する職務をワロニー人やルクセンブルク人に委ねることが欠かせません。そうすることで，それらの職務に付随する特恵を一時的に奪われたフランデレン人は，フランス語を学ばなければならなくなるのであり，結果としてベルギーにおけるゲルマン的要素を少しずつ破壊していけるのです。

言語政策のアプローチの変遷

　フランス語が公的機能を独占する単一言語国家として出発したベルギーであるが，国内ではフランス語以外のことばも話されていた。そうした状況は指導者層にも理解されており，独立後の早い時期から言語調査が行われてきた。最初の調査は独立から16年後の1846年に実施されている（表6-1）。その後1世

表6-1　各言語の話者比率

（単位：%）

年	第1言語			使用可能な言語						
	仏　語	蘭　語	独　語	仏　語	蘭　語	独　語	仏・蘭	仏・独	蘭・独	3言語
1846	42.17	57.04	0.79	—	—	—	—	—	—	—
1866	—	—	—	42.37	49.94	0.73	6.40	0.42	0.03	0.10
1880	—	—	—	42.64	47.52	0.76	8.10	0.67	0.06	0.25
1890	—	—	—	40.98	45.25	0.53	11.56	0.97	0.12	0.60
1900	—	—	—	40.59	44.49	0.45	12.64	1.05	0.11	0.68
1910	44.88	54.03	1.09	39.95	45.41	0.44	12.28	1.06	0.12	0.74
1920	46.03	53.38	0.58	40.14	44.85	0.24	13.63	0.64	0.03	0.48
1930	45.34	53.37	1.29	39.18	44.77	0.89	13.48	0.87	0.12	0.70
1947	43.94	55.10	0.97	35.61	43.49	0.72	16.22	1.02	0.29	2.64

出典：*Resencement 1846; 1866; 1880; 1890; 1900; 1910; 1920; 1930; 1947* を基に筆者作成。

紀にわたり両言語の話者比率に大きな変化がないことから，独立時にもオランダ語話者が過半数を占めていたと考えられる。それにもかかわらず，フランス語の単一言語主義的な政策がとられたのである。

　複数の民族が存在することが必然的に民族対立をもたらすわけではない（Fearon and Laitin 2003）。この比較政治学の知見を借りれば，複数の言語が存在することが必然的に言語対立をもたらすわけでもない。対立が生じるにはさらなる要因が必要となる。それもアイデンティティにかかわるような感情的な要因よりも，たとえば使用する言語の違いにより社会的栄達が果たせない，あるいは財産や生命に危害が生じるといった社会的，経済的な問題の方がはるかに重要となる。

　フランス語の専制に対するフランデレン側の不満や抵抗は，独立当初より見られた。しかし，初期の運動は文化的な色合いが強いものであった。運動を政治化させた直接の契機は，1860年代に頻発した司法スキャンダルであった。当時，裁判所ではオランダ語の使用が認められていなかった。フランス語を理解できない被告人は裁判で不利な立場に置かれ，そのために無罪の被告人が有罪判決を受ける冤罪事件も生じた。

　運動の結果として，1873年に司法，1878年に行政，そして1883年には教育と，市民生活に密接にかかわる諸分野で，オランダ語の使用を認める言語法が成立した。こうした2言語主義への流れは，最終的に1898年4月18日の「平等法」

（*MB/BS* 1898.5.15）をもたらした。はじめて国内全域を対象とする言語法で，ここに国家レベルでのオランダ語の公用語化がようやく実現した。

　法的にはフランス語とオランダ語の平等が規定された。しかし現実は，両言語の不平等な関係は解消されることなく，フランス語優位の社会は維持された。そうしたなかでベルギーは第1次世界大戦へ突入した。軍隊における命令言語はフランス語であったために，上官の命令を理解できない多くのフランデレン人の若者が前線で命を落としたとされる。こうした悲惨な経験を通して，2言語主義の言語政策の限界が明白になった。

　戦後，フランデレン人は，それまでのように自分たちだけがフランス語を学ぶという片務的な2言語主義ではなく，ワロニー人もオランダ語を学ぶ双務的な2言語主義を求めた。一方で，多くのワロニー人にとって，オランダ語を学ぶなどもってのほかで，あくまで現状維持を主張した。両者の主張が鋭く対立するなかで妥協案として持ち出されたのが，領域性の原理に基づく地域別1言語主義の政策であった。

2　言語政策の「共同体化」

　地域別1言語主義の言語政策は，言語を基準に領土を分割し，それぞれの「地域の言語」を排他的に使用することを原則とする。この政策を実行するためには，各言語が話されている領域が明確に画定されている必要がある。そうした領域が「言語圏（région linguistique / taalgebied）」である。ベルギーの基礎自治体はいずれかの言語圏に所属するとされ（憲法第4条），現在の言語政策に領域的な基盤を与えている。

言語圏と共同体

　言語圏の概念がはじめて法律に登場したのは，1921年7月31日の「行政における言語使用に関する法律」においてである（*MB/BS* 1921.8.12，用語としては「言語集団（groupe linguistique / taalgroep）」）。ただし，1919年のヴェルサイユ条約ですでに東部地域はベルギーに割譲されていたが，この時点ではドイツ語圏の創設は見送られている。また，地域の言語とは別のもう一方の「国語」を行

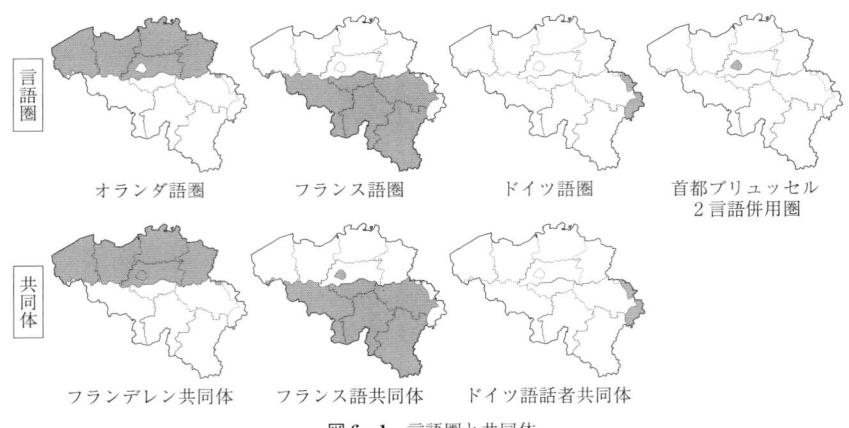

言語圏

オランダ語圏　　　フランス語圏　　　ドイツ語圏　　首都ブリュッセル
　　　　　　　　　　　　　　　　　　　　　　　　　　　　2言語併用圏

共同体

フランデレン共同体　フランス語共同体　ドイツ語話者共同体

図 6 - 1　　言語圏と共同体

出典：筆者作成。

政言語として付加的に用いる裁量権を自治体や州の議会に認め（第1条），さら
に20％の住民の請願があれば公報や通知を2言語で作成することを義務付ける
（第4条）など，現在の制度から見れば相対的に緩やかなものであった。

　その後，地域別1言語主義の制度は，1932年6月28日の法律（*MB/BS*
1932.6.29）や1962年11月8日の法律（*MB/BS* 1962.11.22）などの一連の言語法
を通して，段階的に整備，厳格化がはかられた。1962年の法律により言語境界
線が「凍結」されたことで，現在の形態の言語圏が成立した。その後の国家再
編，とりわけ2つの連邦構成体（「共同体」と「地域」）の創設に，言語圏は重要
な役割を果たした。

　「共同体（Communauté / Gemeenschap）」は，言語集団へ文化的自治権を認め
た1970年の第1次国家再編時に「文化共同体」として創設された。オランダ語
文化共同体，フランス語文化共同体，ドイツ語文化共同体という名称が示すよ
うに，その基盤として「言語」が明確に認識されていた。1980年からの第2次
国家再編で権限が大幅に拡大され，それにともない名称も「共同体」に変更さ
れた──フランデレン共同体，フランス語共同体（現在は「ワロニー・ブリュッ
セル連合」と自称），ドイツ語話者共同体（図6-1）。

　現在，ベルギーにおける言語政策は，原則として，連邦構成体の1つである
共同体の専管事項とされている。フランス語共同体とフランデレン共同体は，

自らの領域に関して，連邦レベルの法律に相当する共同体法（デクレ）をもって，行政，教育，企業（労使関係等）の各分野における言語使用を排他的に決定することができる（憲法第129条，ドイツ語話者共同体に関しては教育分野についてのみ第130条で規定）。また，「文化的事項」に関する政策も共同体の専管事項であるが（第127条，第130条），そのひとつとして「言語の擁護と顕揚」も挙げられている（1980年の特別法第4条，*MB/BS* 1980.8.15）。

　このように言語政策の権限が共同体へと移譲（以下，「共同体化」）されたことで，連邦レベルでの言語政策は，共同体の枠組みをこえて活動する機関や組織（たとえば連邦議会や政府）や，後述するブリュッセルや言語特例自治体での「言語的同数＝平等（パリテ）」の保証といったより象徴的な事項に限定される。具体的には，憲法で規定されている国務大臣のオランダ語話者とフランス語話者での同数（第99条）や，憲法の正文言語としての3言語の平等（第189条）などである。

言語的少数者保護のための制度

　分割した領域ごとに単一の言語の使用を要求する言語制度は，首都圏や言語境界線付近で，必然的に言語的少数者を生み出す。言語政策の「共同体化」にあたっては，そうした言語的少数者を保護するための制度も整備されている。

　そのひとつが首都のブリュッセルの扱いである。ブリュッセルは領域的にはオランダ語圏に位置しながらも，歴史的にフランス語話者の比率が高い──1842年の時点で37.62％（Quételet 1843）。そこでブリュッセルの19自治体は，領域と言語を1対1で厳格に対応させる他の3つの言語圏に対して，独自の「首都ブリュッセル2言語併用圏」を構成する。地域別1言語主義の「例外」として，その名が示すように，オランダ語とフランス語の使用が同等に認められている。

　また，それとは別に，言語的に特別な地位が付与されている自治体が存在する。一般的に「言語特例自治体（commune à facilités / faciliteitengemeente）」の名で知られる自治体である。そこでは地域別1言語主義を原則としながらも，言語的少数者に対して一定の言語使用上の「便宜」，すなわち行政，教育，司法の各分野で「地域の言語」とは異なる言語を用いることが認められている。

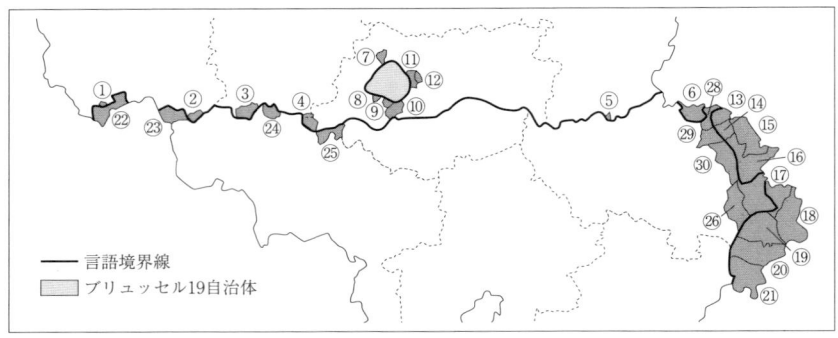

図6-2　言語特例自治体

出典：筆者作成。

	フランス語の便宜			フランス語の便宜
オ ラ ン ダ 語 圏	言語境界線自治体 ① Mesen / Messines ② Spiere-Helkijn / 　 Espierres-Helchin ③ Ronse / Renaix ④ Bever / Biévène ⑤ Herstappe ⑥ Voeren / Fourons	周辺自治体 ⑦ Wemmel ⑧ Drogenbos ⑨ Linkebeek ⑩ Sint-Genesius-Rode / 　 Rhode-Saint-Genèse ⑪ Kraainem / Crainhem ⑫ Wezembeek-Oppem	ド イ ツ 語 圏	ドイツ語圏自治体 ⑬ Kelmis / La Calamine ⑭ Lontzen ⑮ Raeren ⑯ Eupen / Néau ⑰ Bütgenbach / Butgenbach ⑱ Büllingen / Bullange ⑲ Amel / Amblève ⑳ Sankt Vith / Saint-Vith ㉑ Burg-Reuland

	オランダ語の便宜	ドイツ語の便宜	オランダ語とドイツ語の便宜
フ ラ ン ス 語 圏	言語境界線自治体 ㉒ Comines-Warneton / 　 Komen-Waasten ㉓ Mouscron / Moeskroen ㉔ Flobecq / Vloesberg ㉕ Enghien / Edingen	マルメディ自治体 ㉖ Malmedy / Malmünd ㉗ Waimes / Weismes	㉘ Plombières / Blieberg / Bleiberg ㉙ Welkenraedt / Welkenraat / 　 Welkenrath ㉚ Baelen ※　教育分野についてのみ

現在，言語境界線の周辺に27自治体，教育分野においてのみ特例が認められた
3自治体を含めると計30の言語特例自治体が存在する（図6-2）。

　なお，この言語的な「便宜」については，オランダ語話者とフランス語話者
の間に認識に違いがあることが指摘されている。オランダ語話者はそれを経過
的な措置と捉えるのに対し，フランス語話者は言語的少数者に対する保護措置
としての既得権，継続的な権利と見ている（正躰 2013：29）。実際に，特に連

邦化以降，フランデレン政府がフランス語話者に対する言語特例を縮小させようとする動きが見られる（Union des francophones 2008：20-24）。

言語政策の射程の拡がり

　言語政策の「共同体化」は，副次的に，従来のような言語対立の調停だけにとどまらない幅広い射程を持つ言語政策の展開を可能とした。

　たとえば，フランデレン共同体（当時はオランダ語文化共同体）の1973年の「オランダ語文化共同体で用いられる言語の公式名称に関する共同体法」（*MB/BS* 1974.4.10）はその典型である。それまで主に「フランデレン語」という用語が用いられてきた地域の言語の名称を，「オランダ語」に統一することを法的に確定した。また，1980年には，同じくフランデレン共同体の働きかけで，オランダ王国との条約に基づく公的言語機関「オランダ語言語同盟」が設立されている（*MB/BS* 1982.2.19）。

　一方，フランス語共同体では，それまでの公用語政策から離れて，言語政策の対象の拡大が見られた。1983年の「学校におけるワロニー地方の諸方言の学習に関する共同体法」（*MB/BS* 1983.3.15）がその嚆矢である。その後1990年には，フランス語共同体の言語政策において重要な意味を持つ言語法が成立している。法律の成立に尽力した共同体議会議員の名をとり「フェオー法」と通称されるこの共同体法（*MB/BS* 1991.2.1）は，1983年の共同体法では「方言」と呼ばれていたことばを「内発的地域語（langues régionales endogènes）」とあらたに定義し直し，その上で公用語であるフランス語とは異なる「言語」として公的に承認した。それらは共同体の「文化的遺産の一部」であり，ゆえに共同体はそれらを「保護し，また学術研究や，コミュニケーションの道具および表現を行う手段としての使用を促進する義務」を負うものとされた（第2条）。

　同共同体法では具体的な内発的地域語の言語名は挙げられていないが，翌1991年の共同体令により設立された内発的地域語評議会は，図6-3のような言語を挙げている。フランス語共同体内にも少数の話者がいるとして，ゲルマン語系の言語も挙げている。ただし，フランデレン共同体の見解はこの通りではない。オランダ王国との言語的協働を言語政策の柱のひとつとするフランデレン共同体の立場では，それらはあくまでオランダ語の内的変種に過ぎない。

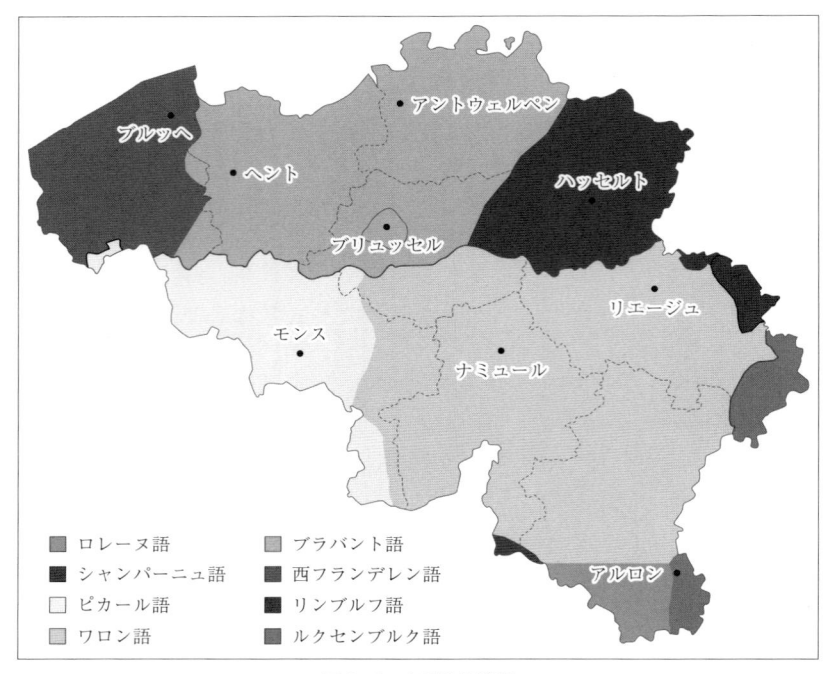

図6-3　内発的地域語

出典：CLRE（2001：51）を基に筆者作成。

　こうしたフランス語共同体の言語政策に見られる公用語以外の言語への働きかけは，先述のフランデレン共同体の言語政策と同様，かつての言語対立の構造においては実現が難しかった。言語間の争いを優位に進めるには，自らの地域における言語的な均質性とその言語の大言語性（言語の威信）を常に主張し続けなければならなかったためである。言語政策の「共同体化」により，それまでの常であった相手側との難しい折衝が不要になるという制度的な後押しがあってはじめて，本節で見たような新しい政策が可能となった。

3　教育政策の「共同体化」

　19世紀後半と第2次世界大戦後の1950年代の2度にわたり，ベルギーは国内を2分する「学校闘争（guerre scolaire / schoolstrijd）」を経験した。宗教的に中

立な公立学校と宗教（カトリック）学校の対立は，ベルギーの政治上の重要な課題のひとつであった。くわえて，どの言語で，そしてどの言語を教えるのかという点で，教育政策は言語（問題）とも密接に関係する。それゆえに，言語政策の展開と連動する形で，教育政策も段階的な「共同体化」を経てきた。以下，ベルギーの教育を特に言語との関連で見ていく。

共通の教育制度の枠組み

　独立以来，ベルギーでは長らく教育に関する事項は中央政府の管轄下に置かれ，1人の教育大臣が教育行政を担う中央集権的な教育政策を伝統としてきた。しかし，地域別1言語主義が厳格化されるのにともない，1968年から（国民教育・文化省の時代を含めれば1961年から）は，それぞれフランス語圏（およびドイツ語圏）の教育とオランダ語圏の教育を担当する2人の大臣が任命されることになった。また，1970年からは，それぞれの領域内における教育に関する権限は，上下院議員により構成される言語別の文化評議会が有することになった。

　最終的に1988年の憲法改正で，教育に関する権限は共同体に全面的に移譲された。現在，共同体政府ごとに任命される大臣が，各々の領域における教育政策に責任を負う。憲法では，フランデレン共同体とフランス語共同体については，第127条で教育が共同体の専管事項であることが，また第129条で「公権力により設置され，助成されまたは認可された施設における教育」における使用言語の決定も共同体の権限で行えることが規定されている（ドイツ語話者共同体については第130条でまとめて規定されている）。

　一方，「義務教育の開始と終了の決定」，「学位授与の最低条件」，「教員の年金制度」は，共同体の権限から除外され，連邦政府の権限として残された（憲法第127条）。義務教育の期間を6歳から18歳までの12年間とすることや，義務教育は初等教育と中等教育から構成されることなどは，連邦法により規定されている（*MB/BS* 1983.7.6）。この他，学校闘争の末に妥結された「学校協定」に含まれる無償教育や両親の学校選択の自由などの保証も連邦政府の責任とされている。

　教育政策の「共同体化」により，それぞれの共同体は教育内容，教育目標，学事日程，予算配分など実務的な学校運営に関する広範な事項について，独自

年　齢　　学　年

オプション				第3ステージ	18 17 16	中 等 教 育	7 6 5 4 3	オプション				
								第3ステージ			技・芸	技・芸
普通	技術	芸術	職業	第2ステージ	15 14			第2ステージ	普通	進学	資格	職業
(中等学校)			職業前	第1ステージ	13 12		2 1	第1ステージ	(中等学校)			職業前

	11 10 9 8 7 6	初 等 教 育	6 5 4 3 2 1	
(小学校)				(小学校)

| フランデレン共同体 | | | | フランス語共同体 |

図6‑4　フランデレン共同体とフランス語共同体の教育制度

出典：西尾・金田（2010：27）より一部抜粋。

の政策を行うことが可能となった。とはいえ，教育制度の根幹にかかわる枠組みは，たとえばフランス語共同体では初等教育が2年単位の3課程に分割されているなど細部にわずかな違いはあるものの，国内全域で共通である（図6‑4）。

教育の言語に関する政策

　「教育における使用言語」の決定は各共同体の専管事項である。しかし，その基本的な枠組みは，教育政策の「共同体化」以前の1963年7月30日の「教育における言語制度に関する法律」（*MB/BS* 1963.8.22）で示された原則が現在でも適用される。

　教育における使用言語には「教授言語」と「学習言語」の2つがある。「どの言語で教えるのか」にかかわる前者は，法律で「教育の言語（langue de l'enseignement / onderwijstaal）」として規定されている。「オランダ語圏ではオランダ語，フランス語圏ではフランス語，ドイツ語圏ではドイツ語」（第4条），またブリュッセルでは「フランス語あるいはオランダ語のいずれか」（第5条）

である。

　一方，「どの言語を教えるのか」にかかわる学習言語は，法律では「第2言語（tweede taal / seconde langue）」として，「オランダ語圏ではフランス語」「フランス語圏ではオランダ語」「ドイツ語圏については，ドイツ語系学校ではフランス語，〔特例として認められる〕フランス語系学校ではドイツ語」が（第9条），またブリュッセルでは「フランス語あるいはオランダ語のいずれか」（第11条）と規定されている。

　第2言語教育については，ブリュッセルと言語特例自治体では初等教育の第3学年から必修科目（第10条），それ以外の地域では原則として第5学年から選択科目として（第9条）実施されると規定されていた。この点については，教育政策の「共同体化」後，フランス語共同体は1998年に，フランデレン共同体とドイツ語話者共同体は2004年に，初等教育における第2言語教育を義務化した。それぞれ独自の決定であったが，結果として現在，初等教育の第1学年から選択科目として，ブリュッセルと特例自治体では第3学年から，それ以外の地域では第5学年から必修科目という共通の制度が実現している。

　教授言語については，地域別1言語主義の原則にかかわるものでもあり，教育政策が「共同体化」された後もその原則に変更はない。一方，学習言語については，文化共同体の創設直後の1975年に，フランス語（文化）共同体が第2言語を複数化している。つまり，1963年の法律の「〔第2言語は〕フランス語圏ではオランダ語」との文言を「フランス語圏ではオランダ語，ドイツ語，または英語」と置き換えることで，生徒は第2言語を3つ言語のなかから選択することができるようになった（*MB/BS* 1976.3.20）。

　フランス語共同体が第2言語を複数化した背景には，オランダ語以外の言語の重要性への配慮があった。法案を提出した議員は，「3つ目の文化共同体の言語」であるドイツ語や「国際言語」である英語を排除することは，「非論理的」であるのみならず，「差別」であるとすら述べている（*CRI* 1975.1.21）。いずれにしても，ブリュッセルのフランス語系の学校を除き，フランス語共同体の初等教育で，国内のもうひとつの公用語であるオランダ語が特権的な地位から外れることになった。

　ちなみに，フランデレン共同体とドイツ語話者共同体は，こうした第2言語

の複数化を行っていない。

4　新しい言語「問題」

　近年のベルギーの言語政策は，言語的少数者の存在に配慮しながらも，領域性の原理に基づく地域別１言語主義の徹底化を推し進めてきた。そうして作り上げられた制度は，言語話者間の対立をある程度は鎮静化させた側面があることも確かである。「言語戦争はもはや過去のもの」（van Istendael 2005：31）との評価もなされる。しかし一方で，その制度は「向こう側の共同体はほとんど外国も同然」（Dewachter 1996：136）と言えるような行き過ぎた分断を生じさせているのもまた事実である。最後に，言語・教育政策の「共同体化」以降に顕在化してきた新しい言語「問題」を３点指摘して本章を終えることにする。

相互言語学習主義の伝統のゆらぎ

　最初に取り上げる「問題」は，第２言語教育が共同体により異なることに由来するものである。前節で見たように，フランス語共同体は独自の教育政策として第２言語を複数化した。現在，フランス語共同体の初等教育では，第２言語をオランダ語に限定するブリュッセルを除き，第１学年からオランダ語，ドイツ語，英語のいずれかを選択科目（第５学年からは必修科目）として履修する。

　表6-2は，2006～2007学年度に初等教育に入学した生徒の，中等教育の第２学年までの，第２言語の選択比率をまとめたものである。まず，学年が上がるにつれてオランダ語の選択比率が低下する一方，英語選択の比率が上昇する傾向が読み取れる。また，そうした変化の画期が，第２言語学習が必修となる初等教育第５学年時と，中等教育への進学時の２回存在することも分かる。

　中等教育における言語教育は，第２言語を初等教育と同じ３つの言語から選択履修することが義務である。その際には，初等教育の第５，６学年時に選択した言語を引き続き学習することが原則とされているが，親権者の申し出により別の言語を選択することも認められている（1998年の共同体法第69条）。実際に，中等教育への進学を機に，第２言語をオランダ語から英語へ切り替える生徒が多く存在すると考えられる。

表 6-2　2006〜2007学年度入学者の第 2 言語の選択比率の推移　（単位：％）

	2006〜07年 初等第1学年	2007〜08年 初等第2学年	2008〜09年 初等第3学年	2009〜10年 初等第4学年	2010〜11年 初等第5学年	2011〜12年 初等第6学年	2012〜13年 中等第1学年	2013〜14年 中等第2学年
オランダ語	87.16	85.24	81.79	80.89	60.41	60.03	41.40	42.45
英　語	9.82	11.21	12.82	13.90	37.66	38.08	56.63	55.48
ドイツ語	3.03	3.56	5.39	5.21	1.93	1.90	1.97	2.08
履修者比率＊	21.47	22.88	25.25	25.91	98.73	98.86	98.87	99.96

注：＊全生徒に対する第 2 言語教育履修者の比率。
出典：MCF（2007：2008：2009：2010：2011：2012：2013：2014）を基に筆者作成。

　また、2013〜2014学年度を例に、フランス語共同体の初等・中等教育（ブリュッセルを除く）でオランダ語を学習している生徒の割合を見てみると、初等教育全体でオランダ語を学習している生徒は26.70％に過ぎず、第 2 言語学習が必修となる第 5、6 学年に限ってみても56.66％（英語は39.99％）である。中等教育ではその割合はさらに低下する。複数の言語の履修が可能であるため対象を第 4 言語まで広げても、オランダ語を学習している生徒の割合は全体の46.02％（英語は59.91％）にとどまる。義務教育の期間を通じて 1 度もオランダ語を学習しない生徒が、一定数存在することになる。

　連邦化以前、ベルギーではオランダ語話者はフランス語を学び、フランス語話者はオランダ語を学ぶことが、（その成果は別にしても）教育政策の柱のひとつであった。それは地域別 1 言語主義の導入によりもたらされる言語集団間の分断を乗り越えるための知恵でもあった。しかし現在、そうした伝統的な相互言語学習主義にゆらぎが見られる。

「合法的な」排他的言語政策

　次に、言語的な平和を目指して作り上げられてきた地域別 1 言語主義の制度が、一方で排他的な言語政策を支える根拠として利用されている「問題」である。

　2007年 4 月、北部フランデレンのリンブルフ州の主要都市ヘンク市（Genk）にある自動車部品会社が、従業員に工場や社員食堂の敷地内でのオランダ語以外の言語の使用を禁じたというニュースが報道された（De Standaard 2007.4.19；Le Soir 2007.4.19）。国外に出自を持つ従業員が大半を占める中で、

違反が発覚し3度警告を受けると解雇もありうるという厳しいものであった。

　また，2008年，ブリュッセルの北部に位置するヴィルヴォールド市（Vilvoorde）の広報誌に，市が管理する住宅の販売の案内が掲載された（*Vilvoordse Stadskrant* 2008.6：4-5）。そこでは「収入」や「資産」と共に，「言語」も購入の条件として挙げられている。オランダ語圏の教育機関の修了証書をもたない者は，オランダ語試験を受験し，それに合格することが必要とされた。言語試験の受験義務は，購入希望者だけではなく，そのパートナー（配偶者または法的共同生活者）にも適用される。

　さらに同年，ブリュッセル東部に位置し，域内にブリュッセル空港を擁するザーヴェンテム市（Zaventem）の市役所で，職員のオランダ語使用の徹底を伝える通知が貼り出された。そこにはオランダ語，フランス語，英語，ドイツ語，スペイン語，アラビア語の6つの言語で以下のように記されていた（*De Standaard* 2008.7.30；*Le Soir* 2008.7.30，強調は筆者）。

　　ザーヴェンテム市はベルギーのオランダ語圏に位置しています。市職員が市民の皆様にオランダ語以外の言語で対応することは，法律ならびに共同体法で明確に禁止されています。もしオランダ語がよく理解できないようでしたら，通訳の方と一緒にお越しください。

　いずれもオランダ語圏におけるオランダ語使用の徹底を意図したものである。しかしそれは同時に，非オランダ語（話者）の排除にもなっている。当初は「オランダ語を使用する」であったものが，次第に「オランダ語以外は使用しない」へと，同じ地域別1言語主義の枠組みのなかで主張の力点を変化させてきた。

　また，上の通知に見られるように，そうした主張のために地域別1言語主義の言語法が持ち出されている。言語対立の調停のために導入された言語政策が，排他的な政策を支えるために利用されるという皮肉な状況が生じている。

　なお，ここで取り上げた3つの自治体は，ブリュッセルや言語特例自治体といった地域別1言語主義の例外に属する自治体ではない。排他的な政策がもっとも先鋭化した形で現れているのは，唯一の「地域の言語」が厳格に定められ

た自治体であるというところに，この「問題」の難しさがある。

国家としての言語政策の不在

　最後は言語政策の主体にまつわる「問題」である。先述のように，大臣の言語ごとの構成比率など，連邦政府が責任を負う一部の事項を除き，現在のベルギーにおける言語政策の主体は各共同体である。こうした国家全体としての言語政策の不在は，国家単位での承認や批准が必要とされる（言語的）少数者の保護を目的とした多国間の枠組みに，ベルギーが参加できない，または制度的に参加が困難な状況を生じさせている。

　たとえば，欧州地域語少数言語憲章（ETS 148）へのベルギーの対応がそのよい例である。1992年にストラスブールの欧州評議会で採択された本憲章は，これまで十分な公的保護を受けてこなかった言語の保護を目的とするもので，ヨーロッパの多言語主義政策において画期をなした条約である。域内で伝統的に話されてきた地域語や少数言語をヨーロッパ共通の文化遺産と位置付け，そうした消滅の危機にある言語を保護することは「ヨーロッパの伝統と文化的な豊かさを維持し発展させることに貢献する」（前文）と，その価値を積極的に認める。

　条約は 5 カ国の批准をもって1998年 3 月 1 日に発効した。2017年 7 月現在，批准国は25カ国，EU 加盟国では28カ国中17カ国が批准を終えている。そうした中で西ヨーロッパの EU 加盟国では，アイルランドとポルトガルと共に，ベルギーは数少ない署名を行っていない国となっている（フランス，イタリア，マルタは署名済み）。

　本憲章が保護の対象とする「地域語または少数言語」は，第 1 条で「国家の公用語とは異なる言語」，かつ「国家の公用語の方言および移民の言語は含まれない」と定義されている。どの言語を対象とするかの判断は各国家に委ねられている。フランス語とは異なる言語として内発的地域語を承認しているフランス語共同体は，自らは「憲章の署名に乗り気である」のに対し，「フランデレン共同体とドイツ語話者共同体はそれが自分たちに関係した問題であるとは感じていない」と，その無関心さを批判している（CLRE 2001：49）。言語政策の主体が複数存在し，統一的な国家としての言語政策が不在であることが，憲

章へ署名できない要因のひとつとなっている。

　また，言語的少数者を含む国内少数者の保護を目的とするものとして，同じく欧州評議会が1994年に採択した民族的少数者保護枠組条約（ETS 157）がある。批准国は39カ国（EU 加盟国では24カ国）に及ぶ。ベルギーは2001年7月31日に条約に署名こそ行ったが，批准には至っていない。ここでも，先の憲章の場合と同様，国家としての統一政策の不在が影響していると考えられる。

　以上，本節で指摘した3つの言語「問題」は，いずれもかつての言語対立の状況と比較すれば取るに足らない「問題」と言えるかもしれない。しかし，それらは地域別1言語主義の言語政策を導入，推進する過程では意識されていなかったものであり，領域性の原理に基づく言語政策に必然的に付随する「問題」であるとも言える。

読書案内

石部尚登（2011）『ベルギーの言語政策——方言と公用語』大阪大学出版会。
　　＊独立以後に言語対立の調停を目的として繰り返しなされてきたベルギーの言語政策を，「方言」への影響の観点から論じている。
ドナルドソン，ブルース・C.／石川光庸・河崎靖訳（1999）『オランダ語誌——小さな国の大きな言語への旅』現代書館。
　　＊オランダ語の歴史的発展を解説する著作ではあるが，ベルギーにおける言語状況にも多くの頁が割かれている。
河崎靖，クレインス・フレデリック（2002）『低地諸国（オランダ・ベルギー）の言語事情——ゲルマンとラテンの間で』大学書林。
　　＊第2部で，ベルギーにおける言語境界線の成立過程についてこれまでなされてきた膨大な研究が簡潔にまとめられている。
McRae, Kenneth Douglas (ed.) (1986) *Conflict and Compromise in Multilingual Societies: Belgium*, Ontario: Wilfrid Laurier University Press.
　　＊刊行から月日が経過し幾分情報が古くなっている点もあるが，多くの図表を用いてベルギーの言語状況が詳述されている。
Witte, Els and Harry van Velthoven (1999) *Language and Politics: The Belgian Case Study in a Historical Perspective*, Brussels: VUB University Press.
　　＊ベルギーを代表する歴史学者の手によるもので，言語政策史が簡潔にまとめられている。蘭・仏・独・英の4言語で刊行されている。

参考文献

石部尚登（2010）「「領域性の原理」と単一言語主義——フランデレンの言語政策のナ
　　ショナリズム的側面について」『ことばと社会』，三元社，12，154〜177頁。

石部尚登（2011）「ヨーロッパにおける「言語の領域性」——ベルギーの政策的言語
　　境界線の生成と固定について」『多言語社会研究会大会年報』，6，85〜106頁。

石部尚登（2011）「多言語主義と相互学習主義——ベルギーにおける第 2 言語教育か
　　ら」『言語政策』，7，1〜23頁。

岩本和子（2005）「ベルギーの言語法」渋谷謙次郎編『欧州諸国の言語法——欧州統
　　合と多言語主義』三元社，269〜274頁。

正躰朝香（2013）「ベルギー連邦制の不安定化——「非領域性原理」の後退と求心力
　　の欠如」岩本和子・石部尚登編『「ベルギー」とは何か？ ——アイデンティティ
　　の多層性』，松籟社，19〜39頁。

武居一正（2000）「ベルギー国憲法」阿部照哉・畑博行編『世界憲法集　第二版』，有
　　信堂，377〜405頁。

西尾由利子・金田尚子（2010）「ベルギー：3 公用語，言語戦争の国」大谷泰照他編
　　『EU の言語教育政策：日本の外国語教育への示唆』，くろしお出版，25〜38頁。

増田純男編（1978）『言語戦争』大修館書店。

Baudart, E. (1945) *L'avenir de la Wallonie: Contribution à l'étude du problème wallon*,
　　Bruxelles: Éditions Universitaires.

Blommaert, J. (1996) 'Language Planning as a Discourse on Language and Society:
　　The Linguistic Ideology of a Scholarly Tradition', *Language Problems &
　　Language Planning*, 20(3), pp. 199-222.

CLRE [Conseil des langues régionales endogènes de la Communauté française de
　　Belgique] (2001), *Parva charta*, Ministère de la Communauté française.

*CRI = Compte rendu intégral, Conseil culturel de la Communauté culturelle
　　française*.

Dewachter, W. (1996) 'La Belgique d'aujourd'hui comme société politique', Alain
　　Dieckhoff (dir.), *Belgique: La force de la désunion*, Bruxelles: Éditions Complexe,
　　pp. 105-142.

Fearon, J., & Laitin, D. (2003) 'Ethnicity, Insurgency, and Civil War', *American
　　Political Science Review*, 97(1), 2003, pp. 75-90.

Ishibe, Naoto (2016) 'Le régime de territorialité linguistique et les langues non-
　　officielles en Belgique', Carme Junyent (ed.) *La territorialitat lingüística*,
　　Barcelona: Horsori Editorial, pp. 81-91.

MB/BS = Moniteur Belge / Belgisch Staatsblad.（ベルギー官報）

MCF [= Ministère de la Communauté française] *Statistiques des établissements d'enseignement, des élèves et des diplômes, Annuaire.*

Murphy, A. B. (1988) *The Regional Dynamics of Language Differentiation in Belgium: A Study in Cultural-Political Geography,* Chicago, University of Chicago Press.

Quételet, A. (1843) 'Le recensement de la population de Bruxelles en 1842', *Bulletin de la Commission centrale de statistique,* 1, Bruxelles: la Commission centrale de stafistique, pp. 27-164.

Resencement = Recensement general, Population.

Union des Francophones (2008) *Francophones de la Périphérie Bruxelloise, nos solutions,* Bruxelles: Luc Pire.

van Istendael, G. (2005) *Het Belgisch labyrint,* Amsterdam: De Arbeiderspers.

Vos, L. (1993) 'Shifting nationalism: Belgians, Flemings and Walloons', Mikulas Teich and Roy Porter, *The National Question in Europe in Historical Context,* New York: Cambridge University Press, pp. 128-147.

第7章

文化政策

井内千紗

この章で学ぶこと

文化とは何か——定義があいまいで多義的であるがゆえに，文化政策はその国や地域が重視する文化や，文化「観」を理解する手がかりを提供する。

文化は，ベルギーが連邦制に移行する過程で，言語とともに最初に分権化した分野である。政策の範囲は文化財，演劇，文学といった伝統的なものから，放送，映画，デジタルメディア，現代アートに至るまで多岐にわたる。大部分の政策決定を担う共同体政府は，半世紀近くにわたり制度化を進めるとともに，時代の変化に合わせて文化概念の拡大解釈を重ね，支援対象の範囲を広げてきた。

本章では，文化政策には芸術文化の支援と文化の民主化という2つの大きな役割があることを確認した上で，時系列にベルギーの文化政策の展開を追う。まず，前半では国家レベルで文化政策の形成が進められていた第2次世界大戦後までの展開を概括し，国民国家形成の過程で文化と政治がどのように関わるようになったのかを見ていく。後半では，1960年代に始まる文化の分権化のプロセスや構造を理解し，文化の概念拡大やグローバル化といった社会変化が，共同体に与えるインパクトについて学ぶ。

最後に，分権体制との摩擦を示す文化実践の事例として，ブリュッセルにおけるアートと，ベルギーが新たに導入した無形文化遺産の制度をめぐる動向を取り上げる。芸術家やコミュニティによる，体制の枠を超えた協同的取り組みを通して，制度と複層的な言語文化アイデンティティの関係にふれてみたい。

1　文化政策のなりたち

文化政策の2つの役割

　西欧における文化政策の理念的な起源は，ルネッサンス期以降の王侯貴族や富裕層によるパトロネージュの慣習にある。近代に入ると，優れた芸術文化は国家アイデンティティ形成のツールとして国による庇護を受け，支援の根拠となる制度が構築されるようになった。これが「芸術文化の支援」という，パトロネージュを継承する文化政策の第1の存在意義である。芸術作品を展示，発表するための博物館，美術館，劇場といったいわゆるハコモノの供給・運営，芸術家と文化事業の活動を支えるための資金提供や芸術文化を守るための規制など，政府は自国の名誉や威信，文化の持続的発展のためのファシリテーターとしての役割を担う。

　芸術文化の支援が文化発信者や作品に関わる施策だとすれば，それとは対照的な施策に文化の受容者，すなわち市民を対象とする「文化の民主化」がある。文化の民主化とは，芸術文化を富裕層の特権にとどめず，広く市民が享受できる体制を整備する取組みである。これは，先述の支援行政が重視する文化の芸術的側面や芸術性の追求とは異なり，文化の教育や福祉サービス的側面に比重が置かれる。身近なところでは，芸術文化に関する教育を奨励し，図書館や文化施設を設置・開放したり，市民に対し博物館・美術館の入館料や芸術作品の鑑賞料金を安価に設定することで，文化へのアクセスをうながしている。

　このように文化政策は，芸術文化の発信者側の支援と芸術文化を受容する市民への普及や支援という2つの大きな役割のもとに成り立っている。

国家アイデンティティの形成と文化政策

　ベルギーの文化政策は，文化大国フランスをはじめとする近隣諸国の社会文化的影響を受け発展しており，国際化や時代的変化の中にあっても，その方向性や本質は周辺国とさほど大きく変わらない。それは1960年代以降，文化の権能が共同体政府に移行しても同様で，連邦構成体によって全く異なる方針が示されることもなく，欧州統合が進む中でその傾向は益々強くなっている。しか

し，やはり言語を軸とする政治対立や妥協の歴史は，国家または共同体の政策のあり方に影響を及ぼしてきた。ここでは分権化が始まるまでのベルギーの文化政策の大きな流れを，特に言語と密接に関わりベルギーの政策の傾向があらわれやすい舞台芸術を軸に紹介する。

　ベルギーの国家独立は，オペラに端を発する。1830年8月25日，ブリュッセルの中心部に位置する王立モネ劇場（Théâtre royal de la Monnaie/ Koninklijke Muntschouwburg, 当時の名称は「モネ劇場」）では，スペインの専制君主に対するナポリ民衆蜂起を描いたオペラ『ポルティチのもの言わぬ娘』（フランス人のダニエル・オベール〔Daniel Auber〕作曲）が上演されていた。この作品を見た観客は，街に出て市民を煽動してオランダからの独立を要求し，その後，翌月には独立戦争が勃発，翌々月には独立宣言へとつながる歴史的事件へと発展した。このようにまさに国民国家を象徴するような出来事の舞台となった王立モネ劇場でさえも，1960年代に入るまで国有にはなっていない。フランスの劇場を模範に組織体制は整えられ，ブリュッセル市の管轄下にはおきつつ，半官半民の運営体制が続いた（岩本 2004：40-42）。これには，ベルギーが独立した19世紀の間は，まだ国民国家として文化を公的に支援する体制が整っていなかったことが，少なからず影響している。

　国家独立後，王立モネ劇場のように，芸術文化事業の公的支援の主体は自治体政府が担っていた。また，パトロネージュや柱状化社会の影響の下，芸術文化は伝統的に民間レベルで個別に支援を受けるものとされてきた。そのため，国民国家形成の途上期にあっても，国家レベルにおいて，文化事業に対する公的助成や政策枠組みが具体化することはなかった（Claeys 1986）。

　しかしそれは，政府が自国の芸術文化に無関心だったことを意味しない。1858〜1914年の間には，フランス語，オランダ語と言語別に国家戯曲賞を設置してロマン主義的な表現活動が奨励され，1883年には内務省内に音楽，フランス語演劇，フランデレン演劇を担当する3つの委員会が設置された。国家としての施策は示されずとも，19世紀の時点で少なくともフランス語による表現活動とオランダ語による表現活動は，ターゲットが異なることもあり，すでに別ジャンルと見なされていたことが分かる。

　その後，ベルギーの文化政策の具体的な進展を見るには，第2次世界大戦後

まで待たねばならない。戦後復興の過程で，欧州各地で都市計画が進み，戦争の経験から国家による文化保護や維持への関心が高まったこともあり，西欧各国で文化政策が急速に発展した。ベルギーにおいてもその流れの中で，国民国家としてのアイデンティティを維持，推進するべく，ベルギー人の手による国家的威信や名誉を表象するような「高級文化」に関わる芸術家や機関を支援するための制度づくりが始まる。舞台芸術の分野では1952年にオランダ語圏，フランス語圏からそれぞれ3つの劇場が「国立」の劇場に指定され，一定の割合でベルギーの劇団による公演やベルギーの作品を上演する任務が課せられた。また，国内の演劇組織は教育を目的とする民話，文芸作品，前衛的作品と上演作品の内容によって3つのカテゴリーに分類されるなど，国家による公的支援の枠組みは，戦後から1960年代初めにかけて徐々に整備されていった。

2　文化分権体制の成立

分権化のプロセス

今日のベルギーにおける文化政策は，1960年代に始まる分権化以降のものを土台としている。1958年にピエール・アルメル（Pierre Harmel）が初代文化大臣に就任して間もなく，使用言語を境界とする分権化は始まった。

1960年代に入るとまず文化部門の予算が言語別に二分され，1930年代に国家事業として始まった公共放送も同じ建物内に拠点を置いたままフランス語系，オランダ語系と2つの組織に分離した。1965年にはフランス語文化，オランダ語文化と大臣のポストも言語別に分かれ，文化の領域では共同体政府成立に先んじて，実質的な分権化が進んでいた。

この分権化の過渡期にあったベルギーの文化政策は，フランスの影響を強く受け形成されている。当時，フランスでは初代文化大臣となったアンドレ・マルロー（André Malraux）主導のもと，文化の民主化と地方分権を主軸とする政策を立案し，国内各地での「文化の家」設置が進んだ。文化の家とは，コンサート，演劇，展覧会，講演会など，あらゆる文化事業を実施する複合施設である。ベルギーの各共同体では，この「文化の家」構想が初期の政策のヒントとなった。立案にあたり，両共同体で共通の懸案事項となったのは，「労働時

間の減少による市民の余暇の過ごし方」や「教養のための文化をいかに市民に伝播するか」である（Van Mechelen 1965；Wigny 1968）。フランスにおいては，芸術的価値の高いプロの作品を市民に提供することが，文化の民主化と捉えられていたのに対し，ベルギーでは，青少年教育や生涯教育も文化政策の軸を成していた。そのため，ベルギー版文化の家とも言える文化センターには，プロの芸術家による作品発表の場に加え，市民による表現活動も奨励するような役割が与えられていた（Wigny 1968：18）。

　フランデレンの文化センター構想をめぐっては，オランダ語圏ならではの問題意識を垣間みることもできる。例えば，フランデレンの文化政策の基礎を築き，1968年から1972年まで文化大臣を務めた社会学者フランス・ヴァン・メッヘレン（Frans Van Mechelen）は，オランダ及びベルギーのフランス語圏，という両文化圏の板挟みにより醸成される，フランデレンにおける自己の文化に対する劣等感の克服を政策課題の 1 つに掲げている（Van Mechelen 1965）。

　以上のような文化の民主化に重きをおく政策が形成された10年の移行期を経て，1970年の第 1 次国家再編により，フランス語とオランダ語の共同体は言語と文化に関する権能を得るに至る。

連邦構成体の権能

　文化の分権化は1970年に一区切りをむかえ，現在に至るまで共同体政府が法整備の主体を担っているが，唯一，国家としての基本方針を示す法文に，1973年に成立した「イデオロギー及び思想の保証に関する法」，通称「文化協定法」がある。文化の憲法とも称される同法は，イデオロギーや思想による差別を妨げ，国家のバランスを保つことを主眼としている。政策決定の協議には，異なる「柱」や政治団体の代表者が関わり，文化の「現場」では，文化機関の代表者や職員雇用におけるバランスへの配慮が求められるというものである（Vanommeslaeghe 2011）。

　さらに同法では，各政府の政策立案において，以下 7 つの指針を遵守することが定められている。

①　文化政策の検討及び実施への参加（第 3 ，6 ，7 条）

表7-1　各連邦構成体の文化分野管轄事項

連邦政府	**機関**　王立モネ劇場，国立オーケストラ，芸術宮，王立美術館，王立歴史博物館，王立図書館，王立中央アフリカ博物館，王立自然科学研究所，王立文化財研究所，他 **管轄事項**　文化に関わる労働，社会保障，課税，知的財産に関わる特定の政策事項
地域政府	記念物及び不可動文化財（歴史的景観，考古遺跡）
共同体政府	言語の保護と表現，研究者の育成，美術，文化財，博物館及び関連する人文科学機関（記念物と不動産遺産を除く），図書館，ラジオ及びテレビ放送（ただし，連邦政府の通信を除く），出版，青少年・生涯教育，文化活動，体育，スポーツ，屋外活動，余暇と観光，幼児教育，成人教育，芸術教育，知的・道徳・社会教育，社会的上昇，職業訓練，専門教育及び起業予定の雇用主による労働者の人員配置，他

出典：Council of Europe/ERICarts（2014）を参考に筆者作成。

②　文化機関の管理運営への参加（第8，9条）

③　文化インフラの活用を保証（第4，5，15，16，17条）

④　日常的な文化活動に対する助成の保証（第10，11，12条）

⑤　個別の活動に対する奨励の保証（第13，14条）

⑥　表現のための手段を活用することを保証（第18，19条）

⑦　文化事業に従事する人材の保証（第20条）

　また，ベルギーにおける文化の分権化により，全ての文化が共同体政府の管轄下に置かれるわけではない点も，連邦制下の文化を理解する際，留意する必要がある。表7-1に示す通り，連邦政府や地域政府も部分的にではあるが，文化の政策主体を担っており，これもまたベルギーの文化政策を特徴づけるものであると言えよう。

　中でも，ベルギー連邦制の特徴を如実に表しているのが，文化財をめぐる分権体制である。個人的事項の権能を有する共同体政府は，有形文化財のうち，美術品，工芸品，考古資料などの動産文化財を担当し，歴史的建造物，景観，遺跡や記念物といった「不可動」の文化財は，領域性の原理に倣い，地域政府の管轄下に置くことを原則としている。フランデレンの場合，共同体と地域政府の統治機構は一体化しているものの，この原則に従い，共同体の管轄に置か

れるものについては文化・青少年・スポーツ・メディア省，不可動文化財に関しては都市・地方計画・住居政策・不可動文化財省と政策担当の部門が分かれている。例えば，フランデレン地域を代表するアントウェルペンの演劇組織トネールハウス（Toneelhuis）は，共同体政府の助成を受け事業を運営しているが，活動拠点となっている1834年築のブルラ劇場（Bourlaschouwburg）は，フランデレンの不可動文化財として，地域政府の管理下で建造物が保存されている。

共同体政府の政策

　分権化以降，すでに約半世紀の時を経た共同体政府の文化政策には，それぞれどのような特徴がみられるのだろうか。ここで，やや乱暴にではあるが，分権化以降の各共同体政府の傾向をまとめて紹介する。

　フランデレン運動の政治化が実を結び，フランデレンは連邦構成体として政府を樹立させるに至ったが，その過程で民族アイデンティティを象徴する言語と文化が政策分野として何より重視されたのは，その歴史的経緯から容易に想像できる。地域の経済的繁栄も追い風に，政府は文化資源に積極投資し，事業や組織の規模を問わず手厚い支援システムを構築している。人口1億2,000万余りをかかえる我が国の文化予算が約1,030億円であるのに対し，人口約640万のフランデレンでは，ここ数年は毎年約500億円規模の文化予算が充てられている事実からも，その充実ぶりがうかがえる。

　他方，フランス語の共同体にとって，文化の分権化は，主要な芸術文化機関が集中する首都ブリュッセルとワロニー地域の文化環境の差異を顕在化させた出来事として認識されている（Jaumain 1981：26）。そのため，脱中心化や地域間のバランスが政策検討の際の懸案事項となり，1990年代以降は文化機関の地方分散にも取り組んできた（Feaux 1988；Council of Europe/ERICarts 2014）。しかし，2015年の予算配分を見ると，補助金全体の44％がブリュッセル首都地域の文化事業に充てられ，2番目に額の大きなリエージュ州でさえもブリュッセルの半分に達していない。少なくとも文化の財政面においてのブリュッセルとワロニーの地域格差は，依然埋まっていないのが現状としてある（Fédération Wallonie-Bruxelles 2016）。

　ドイツ語話者共同体は，憲法第139条のドイツ語共同体の権能に関する規定により，「ドイツ語話者共同体議会およびワロニー地域圏議会がドイツ語圏地域でワロニー地域圏の権能の全部または一部を行使すると，合意により決定することができる」。これにならい，1994年には記念物と景観の保護，2000年には発掘事業も移管されるなど，共同体政府として唯一，文化財に関して包括的な政策を実施している（Parlament der Deutschsprachigen Gemeinschaft 2016）。しかし，1995年にようやくドイツ語公共放送局 BRF（Belgischer Rundfunk）の制作拠点が，非ドイツ語圏のブリュッセルからドイツ語圏最大の都市オイペンへ移された事実に象徴されるように，1990年代以降，共同体政府としての文化政策や文化に関連する法制の整備に着手したとはいえ，他の共同体と比較して文化支援のシステムは依然，構築途上の段階にある。

3　分権化以降の政策の展開

文化概念の広がり

　第1節では，支援行政と文化の民主化が文化政策の大きな役割であると説明したが，これらの役割のあり方は，1980年代以降，文化の概念そのものの問い直しやグローバル化の影響を受け徐々に変化してきている。

　1980年代，文化について討議する学界や行政の中で文化そのものの捉え方が広がりを見せ，西欧諸国の文化政策は大きな転機をむかえた。旧来のいわゆるエリート主義的な高級芸術を「文化」の中心に据える考えを批判的に捉え，文化は社会生活全般にかかわる概念として捉え直された。その結果，大衆文化や伝統的なジャンルに留まらない新しい文化生産も公的支援の対象に含むための制度づくりが，先進国を中心に進められていった（井内 2013：De Pauw 2007）。

　このような文化のパラダイム転換は，フランス語圏，オランダ語圏の文化政策にどのような影響を与えたのか。フランス語共同体においては，1978年に始まる財政難により，政策自体の停滞と支援の規制強化が強いられていた。そのため，政策に大きなインパクトを与えることはなかった（Dumont et al. 1998：81-85）。

　他方，フランデレンではキリスト教人民党（Christelijke Volkspartij：CVP）所

属の大臣が文化政策を主導した1961〜81年，1992〜99年の間は，市民に対する文化の普及が重視されたが，1981年から10年あまりの間は，自由進歩党（Partij voor Vrijheid en Vooruitgang：PVV）所属の大臣が文化政策を担当した。その影響で，1980年代の政策では，文化の創造や革新性に重点が置かれるようになる。日本でも人気の高いアンヌ・テレサ・ドゥ・ケースマイケル（Anne Teresa De Keersmaeker）やヤン・ファーブル（Jan Fabre）といったパフォーミングアーツを中心とするフランデレン出身の若手芸術家の国際的な活躍も，政策の転換をさらに後押しした。その結果，芸術家の育成や作品発表を行う拠点として芸術センターがフランデレン各都市に設置され，新たな表現活動に対する支援の門戸が開かれた。市民を支援するための文化センター，芸術家を支援するための芸術センターは，1960〜1990年代のフランデレンの文化政策の2つの流れを象徴していると言えよう。

　さらに1999年から10年間，文化大臣を務めたベルト・アンショー（Bert Anciaux）主導による文化事業への支援強化策は，フランデレンの芸術文化事業の域内外での活性化を促進した。在任10年の間に文化予算は倍増し，支援体制を強化するための新たな計画が次々と立案された。特に，共同体政府による政策が始まって以来，分野別の細分化が進んでいた芸術と文化財関連の法制をそれぞれ一元化し，ジャンルの特定が困難な表現活動に対する支援を可能にしたことは，刻々と変化する時代のニーズに沿った政策形成につながっている。

グローバル化のなかの文化政策

　文化政策の検討において，ポスト冷戦期以降，グローバル化を背景とする文化の経済的な価値は，政府にとって無視できない存在となっている。商業性の高い映画，デジタルメディアや書籍（主に文学作品や漫画）といった文化産業の発展を公的に支援する助成枠組みが新たに形成され，政策の対象はますます多元化する傾向にある。また，各政府は日常生活における文化消費の実態調査を実施し，文化の需要と供給の関係や，文化事業の評価が新たな政策課題として加わるようになった。

　例えば，1970年代末以降，文化政策が停滞していたフランス語圏では，2004〜2014年に文化担当大臣を務めたファディラ・ラナーン（Fadila Lanaan）

によって政策が見直され，時代に見合った戦略的な基本方針が打ち出された。「自由化」という大目標のもと，政策では多様性と文化へのアクセスの確保をミッションに透明性，質，平等，相互文化交流，参加，そして文化ネットワークを重点実施項目に挙げている（Communauté française de Belgique 2005）。このような政策の立て直しも手伝い，近年は特にデジタルアート，映像産業やマンガといった，地域の経済発展と密接に関わる文化産業に対する支援枠組みの構築に力が注がれている。

　またグローバル化には，文化の多様性や多文化共生を意識した事業支援を促す側面もある。特に，異文化理解や交流を重視するインターカルチュラリズムや多様性が，2000年代以降，新たなキーワードとして共同体の文化政策に導入されている。

　各共同体の対外的な取組みにも目を向けてみたい。フランデレンは国際文化交流の相手国として，同じ言語圏のオランダを重視している。アムステルダムとブリュッセルに文化交流拠点を置き，オランダ語という共通項を強みに文学や舞台芸術を中心に密接な文化関係を構築している。オランダ以外では，アメリカ合衆国（ニューヨーク）と日本（東京）にもフランデレンの文化に特化した拠点をおく他，協力相手国としては，南アフリカ共和国との関係に重点を置いた政策を実施している。

　他方，ワロニー・ブリュッセル連合における国際的な文化活動は，ジャンルを問わず「ワロニー – ブリュッセル・アンテルナシオナル（Wallonie-Bruxelles International）」という独立した政府機関が一括して支援を行っている。ワロニー・ブリュッセル連合だけでなく，ワロニー地域，COCOF の国際部門を一手に担うこの機関は，文化に関しては，映像，ファッション，デザインといった産業と密接に関わるジャンルの文化に特化したエージェンシーを国内に置き，国外への普及活動を支援している。また，フランデレンと同様，同じ言語圏との文化交流にも重きを置いており，フランスのパリとコンゴ民主共和国のキンシャサに文化センター，演劇祭で有名なフランスのアヴィニョンにはドム劇場を設置し，ワロニーやブリュッセルの文化を発信している。

　このように，各共同体では分権体制が確立されて以来，それぞれの政治事情や文化的背景をもとに対外的な文化関係を築く一方，共同体間の協力は考慮の

対象とされてこなかった。しかし，21世紀に入ると両共同体の政策においてインターカルチュラリズムの名目で，共同体間の協力が政策課題として浮上するようになった。そして，2012年にはついに，フランデレン政府とワロニー・ブリュッセル連合が文化分野での協力協定の締結を実現させた。2016年からは両共同体の共同出資により，フランス語系，オランダ語系の文化組織による協同事業を支援する枠組みが新たに形成され，2017年は18件のプロジェクトが助成を受けている。約半世紀の間，場合によっては周辺国以上に接触の機会が少なかった各共同体の文化政策は，近年分権体制の新たな時代をむかえている。

4　文化実践にみる超域的展開

連邦制の中のブリュッセルとアート

ベルギーの首都ブリュッセルは，連邦制のもとではフランス語による文化活動はワロニー・ブリュッセル連合と COCOF，オランダ語についてはフランデレン政府と VGC の管轄下に置かれ，ハイブリッドな都市文化は二分されている。それゆえ，言語が異なるとはいえ，図書館や文化センターといった市民サービスの「二重行政」や，同じ移民コミュニティに対して異なる施策が取られるといった問題が取りざたされてきた（Genard et al. 2009：2）。

現代アートフェスティバル，クンステンフェスティバルデザール（KunstenFESTIVALdesarts〔オランダ語とフランス語での「芸術」を「祭」でつないだ造語〕）は，まさにそのようなブリュッセルを取り巻く文化環境への問題提起から生まれたアートプロジェクトである。アントウェルペンにある芸術センターの元芸術監督フリー・レイセン（Frie Leysen）は，1994年，ベルギーにおける複数の共同体をつなぎ，世界に向けてブリュッセルあるいはベルギーの文化の豊かさを発信することを目的にこの企画を始動させた（De Pauw 2007：58）。フェスティバルでは言語，民族，ジャンルを問わず国内外から先鋭のアーティストが集い，ブリュッセルにある20以上の文化施設や場所を利用して，毎年30あまりの作品が3週間にわたって発表されている。共同体政府間の協力が不在の時期から，各政府から支援を受けることに成功し，現在は欧州有数の芸術フェスティバルへと成長している。フェスティバルのウェブサイトには，パー

図7-1　クンステンフェスティバルデザール（2017年）の政府パートナー

（左上から，フランデレン，ワロニー・ブリュッセル連合，ブリュッセル首都地域，COCOF，VGF，フランコフォン・ブリュッセル，EU，国民宝くじ，ワロニー－ブリュッセル・アンテルナシオナル）

出典：http://www.kfda.be/nl/over/partners

トナーとして39の機関が名を連ねる。筆頭に並ぶ政府パートナーのロゴは，ブリュッセルを取り巻く文化と政治の複層性を体現していると言えよう（図7-1）。

　政府主導の事業としては，2000年に実施された欧州文化首都事業も，ブリュッセルにおける統治機構と文化環境の複雑な関係を改めて浮き彫りにしたという点において，1つの転機と捉える必要がある。同事業はそれまでほとんど交流のなかったブリュッセルのフランス語系，オランダ語系の文化組織による共同作品の発表や，2言語による情報発信・作品公開など，他の言語話者への配慮や，「共同体間」の交流・協力を増加させるきっかけとなった。

　その流れの中で，2002年にはブリュッセルの芸術組織が文化をめぐる課題について対話し，協力するためのプラットフォームづくりが始まった。「ブリュッセル芸術ネットワーク（Réseau des Arts à Bruxelles/ Brussels Kunstenoverleg）」と名付けられた言語別2団体で構成されるこの民間組織には，2016年12月の時点で170の団体がメンバーとして参画し，ブリュッセル内に芸術文化の「超域的な」ネットワークを形成している。2009年には34の提言を含む「ブリュッセルのための文化計画」を発表し，ブリュッセルをめぐる文化と政治の関係の問い直しを試みている（Réseau des Arts à Bruxelles asbl et al. 2009）。

無形文化遺産

　2016年11月から12月にかけて開催されたユネスコ無形文化遺産保護条約政府間委員会において，「ベルギーのビール文化」がユネスコ無形文化遺産の代表リストに記載された。特定の地域ではなく，「ベルギー」のビール文化を「世界」の無形文化遺産にするには，まずは共同体レベルでビール文化を「遺産

化」し，フランデレン，ワロニー・ブリュッセル連合，ドイツ語話者共同体，ブリュッセル首都地域の4政府が協働して国際レベルの登録手続きに臨むというプロセスを経る必要がある。単にビール文化といっても，ベルギーにおいては文化遺産という制度が介入すると，体制の複雑さを乗り越えるプロジェクトと化すことを忘れてはならない。

ユネスコ「無形文化遺産の保護に関する条約（以下，「無形遺産条約」）」によると，無形文化遺産とは「慣習，描写，表現，知識及び技術並びにそれらに関連する器具，物品，加工品，及び文化的空間であって，社会，集団及び場合によっては個人が自己の文化遺産の一部として認めるものを言う」。ベルギーでは1998年にユネスコが採択した「人類の口承及び無形遺産に関する傑作の宣言」，続く2003年の無形遺産条約を受けて，各地域の民俗文化，文化的習慣や伝統技術を新たに遺産として再価値化し，国際規範に倣い保護を推進するための法整備や目録作成が始まった。この条約では，遺産の担い手であるコミュニティが保護活動の主体であることが重視されるため，有形の遺産とは異なり，共同体政府は，市民コミュニティが目録作成に参加できるようなシステムを構築している。

その新しい制度のもと，ベルギーは2016年12月時点でユネスコのリストに13件の無形文化遺産を記載している（表7-2を参照）。しかし，国家レベルの目録が存在しない上に，現在ユネスコは1締約国あたりの申請を毎年1件に制限している。その影響から，2012年にはワロニー・ブリュッセル連合による「フランデレンと交互に1年おきに案件を申請するべきである」との主張もあり（Commission du Patrimoine Oral et Immatériel 2012），無形文化遺産の分野においては，国際レベルにおける共同体間バランスの維持が課題となっている。

その現状に呼応するかのように，2015年にはフランデレン政府とワロニー・ブリュッセル連合が，共同で鐘楼文化の保護活動を優良保護事例として推薦するという初の試みを行なった。続いて記載されたのが先ほど述べたビール文化であり，さらに，2014年には「フリット屋台の文化」（フリットは日本のフライドポテトに似たビンチェ芋のフライであり，ベルギーの街角には専用の屋台がある）の無形文化遺産登録を求める署名運動が愛好家団体主導で展開され，各共同体での目録記載が進められている。上記のユネスコの定義にあるような多様な価値

表7-2　ベルギーのユネスコ無形文化遺産

記載年	名　称	記載リスト	申請した連邦構成体
2008	ベルギーとフランスの巨大とドラゴンの行列*	代表一覧表	ワロニー・ブリュッセル連合
	バンシュのカーニバル	代表一覧表	ワロニー・ブリュッセル連合
2009	ブルッヘの聖血の行進	代表一覧表	フランデレン
2010	ヘラールツベルヘンの伝統的なパンと火の祭り	代表一覧表	フランデレン
	シント-リーヴェンス-ハウテムの冬の畜産市場	代表一覧表	フランデレン
	アールストのカーニバル	代表一覧表	フランデレン
2011	ルーヴェンの年齢に関する儀礼	代表一覧表	フランデレン
	フランデレン地方の多様な伝統ゲームを保護するプログラム	優良保護事例	フランデレン
2012	サンブル川-ムーズ川の行進	代表一覧表	ワロニー・ブリュッセル連合
	鷹狩り*	代表一覧表	フランデレン，ワロニー・ブリュッセル連合
2013	オーストダインケルケの馬乗りエビ漁	代表一覧表	フランデレン
2014	鐘楼文化の保護：保存，継承，交流及び普及活動	優良保護事例	フランデレン，ワロニー・ブリュッセル連合
2016	ベルギーのビール文化	代表一覧表	フランデレン，ワロニー・ブリュッセル連合，ドイツ語話者共同体，ブリュッセル首都地域

注1：2016年12月時点，名称和訳は筆者が作成。
　　2：＊他国と共同申請した案件。
出典：https://ich.unesco.org/en/state/belgium-BE?info=elements-on-the-lists。

観を重視する無形文化遺産の制度は，文化政策における文化概念の解釈のあり方を，今後さらに拡大させる可能性がある。

　分権化により平等，公平さを重視するベルギーの文化政策は，芸術家や市民がグローバルな枠組みでの活動に関わることで，時として国家統合的なアプローチを求められる。今後，共同体間文化協力の活発化が予想される中で，ブリュッセルの事例や無形文化遺産に見られる一見ローカルでありながら超域的な文化実践は，政治的にますます見過ごせない現象となっていくことだろう。

読書案内

根木昭（2010）『文化政策学入門』水曜社。

＊文化政策の意義，理念，法制などを解説しながら，理論形成途上にある日本の文化政策学の体系化を試みる。

平田オリザ（2013）『新しい広場をつくる――市民芸術概論綱要』岩波書店。

＊国内外での劇作家としての活動と，日本の文化行政に関わった経験をもとに「市民のための芸術」とは何かを問う。

後藤和子（2005）『文化と都市の公共政策――創造的産業と新しい都市政策の構想』有斐閣。

＊文化の創造性と経済の関係について，オランダや北欧の事例もまじえながら多角的に紹介する。

Janssens, Joris, and Dries Moreels (2007) *Metamorphoses: Performing Arts in Flanders since 1993*, Brussels, VTi (http://vti.be/sites/default/files/booklet.metamorphoses.pdf)

＊1993年舞台芸術法の影響下，フランデレンとブリュッセルの舞台芸術がどのように発展したのかを総合的に分析する。

Genard, J.-L., E. Corijn, B. Francq and C. Schaut (2009) "Citizens' forum of Brussels: Brussels and culture", Brussels Studies, Synopsis nr. 8. (http://www.brusselsstudies.be/medias/publications/EN_78_CFB8.pdf)

＊フランス語話者とオランダ語話者の研究者が，ブリュッセルをとりまく文化と政治の問題を幅広く紹介する。

参考文献

井内千紗（2013）「フランデレンの文化行政と1980年代の『フランデレンの波』現象」岩本和子・石部尚登編『「ベルギー」とは何か？――アイデンティティの多層性――』松籟社，184～205頁。

岩本和子（2004）「ベルギー王立モネ劇場の歴史的役割（1）――社会変革とオペラ，『ポルティチのもの言わぬ娘』事件まで」『近代』第93号，神戸大学近代発行会，31～58頁。

武居一正（2000）「ベルギー国憲法」阿部照哉・畑博行編『世界の憲法集（第2版）』有信堂，377～405頁。

藤井慎太郎（2012）「演劇と国家――ベルギーの連邦化の過程と舞台芸術」早稲田大学大学院文学研究科紀要，第3分冊，5～23頁。

文化庁（2016）『平成28年度 我が国の文化政策』（http://www.bunka.go.jp/tokei_hakusho_shuppan/hakusho_nenjihokokusho/h28_bunka_seisaku/pdf/h28_bunka seisaku_zenbun.pdf）（アクセス日　2016年12月28日）。

Anciax, Bert (2000) *Beleidsnota Cultuur 1999-2004*, Stuk 149 (1999-2000) Nr. 1 CSJM. (http://www.cjsm.vlaanderen.be/cultuur/downloads/beleidsnota1999-2004_cultuur.pdf）（アクセス日　2016年12月28日）.

Anciax, Bert (2004) *Beleidsnota Cultuur 2004-2009*, Stuk 100 (2004-2005) Nr. 1, CSJM. (http://www.cjsm.vlaanderen.be/cultuur/downloads/beleidsnota2004-2009_cultuur.pdf）（アクセス日　2016年12月28日）.

Claeys, U., E. Baeten, and H. Teuchies (1986) *Kunst en beleid: een toekomst voor theater- en dansbeleid in Frankrijk, Nederland en Vlaanderen*, Leuven: Sociologisch Onderzoeksinstituut K.U. Leuven.

Commission du Patrimoine Oral et Immatériel (2012) *Bilan de l'année 2012*, Fédération Wallonie-Bruxelles (http://www.patrimoineculturel.cfwb.be/index.php?eID=tx_nawsecuredl&u=0&g=0&hash=7ef1a2353491b07f5d467dafe3495c82d959751c&file=fileadmin/sites/colpat/upload/colpat_super_editor/colpat_editor/documents/Documents_Pat/Patrimoine_oral_et_immateriel/Bilan%202012.pdf）（アクセス日　2016年12月29日）.

Communauté française de Belgique (2005) *Priorités Culture: Conclusion des Etats Généraux de la Culture*.

Council of Europe/ERICarts (2014) "Compendium of Cultural Policies and Trends in Europe," 15th edition. (http://www.culturalpolicies.net)（アクセス日　2016年12月27日）.

De Pauw, Wim (2007) *Absoluut Modern: Cultuur en beleid in Vlaanderen*, Brussel: VUB Press.

Dumont, Hugues, Alain Strowel (eds.) (1998) *Politique culturelle et droit de la radio-télévision*, Bruxelles: Presses de l'Université Saint-Louis.

Genard, J-L., E. Corijn, B. Francq, C. Schaut (2009) "Citizens' forum of Brussels. Brussels and culture," *Brussels Studies*, Synopsis nr. 8, 26 january. (http://www.brusselsstudies.be/medias/publications/EN_78_CFB8.pdf）（アクセス日　2016年8月15日）.

Feaux, Valmy (1990) "Les Politique culturelles dans la Communauté française", Présence et Action culturelles (ed.) *Quelle politique pour quelle culture?*, Closset & Thomas, pp. 13-15.

Fédération Wallonie-Bruxelles (2016) *Focus Culture-Faits et Tendance*.

Jaumain, Michel (1981) *Le théâtre dramatique francophone: cadre institutionnel et statut juridique depuis 1945: Courrier hebdomadaire n° 911-912*, CRISP,

Bruxelles.

Laermans, Rudi (2002) *Het Cultureel Regiem. Cultuur en beleid in Vlaanderen*. Tielt: Lannoo.

Parlament der Deutschsprachigen Gemeinschaft (2016) *Die Deutschsprachige Gemeinschaft und ihr Parlament,* Eupen. (http://www.pdg.be/PortalData/34/Resources/dokumente/broschueren/Broschuere_DG_DE_Neu_2016. pdf)（アクセス日　2016年12月28日）.

Réseau des Arts à Bruxelles asbl (2009) Brussels Kunstenoverleg vzw, *Cultural Plan for Brussels.* (http://rabbko.be/uploads/Publications-ies/Cultuurplan_Plan-cultu rel/cultural_plan_for_brussels_EN.pdf) （アクセス日　2016年12月28日）.

Van Mechelen, Frans et al. (1965) *Zalen bestemd voor kulturele doeleinden : overheidsinitiatieven in Nederland, Frankrijk, Engeland en Duitsland,* Leuven: Acco.

Vanommeslaeghe, Stéphane (2011) *Etat de la question : Le Pact Culturel,* Bruxelles, Institut Emile Vandervelde. (http://www.cultuurpact.be/fr/elaboration-d%E2%80%99une-politique-culturelle/7-principes)（アクセス日　2016年12月25日）.

Vlaams Ministerie van Cultuur, Jeugd, Sport en Media, *5 jaar Cultuurforum 2020 (2009-2014),* Brussel.

Wigny, Pierre (ed.) (1968) *Plan quinquennal de politique culturelle (1968-1971): Vol. 1 Centres culturel et Centres sportifs,* Ministère De La Culture Française.

第8章

社会保障政策・家族政策

千田　航

── この章で学ぶこと ──

　本章では，ベルギーの社会保障政策と家族政策を学ぶ。比較福祉国家研究において，ベルギーを含む大陸ヨーロッパ諸国は社会保険からなる社会保障や，使用者団体と労働組合などによる社会保障の管理・運営といった特徴から保守主義レジームとして説明されてきた。こうした保守主義レジームでは男性労働者を中心に社会保障政策の制度設計が行われる。しかし，近年では労働市場で安定して働き続けることが困難になるだけでなく，男性のほかに女性も労働市場に参加するようになり，社会保障の担い手・支え手の関係に変化が生じている。これらの変化に沿って，ベルギーでも新しい対応が必要になり，すべての人々の貧困に対応する最低所得保障や福祉と就労を結びつけるアクティベーションに力を入れるようになっている。その一方で，ベルギーの連邦制は福祉国家にも影響を与え，社会保障財政の分権化などからベルギー特有の動きもみられる。

　それでは，ベルギーの社会保障政策・家族政策はどのようになっており，いかにして人々を支えているのだろうか。本章では，ベルギーの社会保障政策・家族政策の位置づけや現状，改革動向をみていくことにしたい。第1節では比較福祉国家研究におけるベルギーの位置づけについて，保守主義レジームに位置づけられるものの連邦制の影響を中心としたベルギー固有の特徴がみられることを確認する。続く第2節では社会保障政策の形成過程と管理運営体制について概観することでベルギーの社会保障政策の特徴をつかむ。第3節では社会保障の個別施策を取り上げ，現状をみていきたい。第4節では特に家族政策を取り上げ，ベルギーが多様な施策によって家族を支えようとしていることを確認する。

1　ベルギー福祉国家の位置づけ

　まず，具体的な政策を説明する前に，ベルギー福祉国家が他国と比べていかなる特徴をもっているのかをみておく必要があるだろう。

　エスピン＝アンデルセンは1980年代の社会保障や雇用の状況から福祉国家をアメリカに代表される自由主義レジーム，ドイツに代表される保守主義レジーム，スウェーデンに代表される社会民主主義レジームの3つに分類した（エスピン＝アンデルセン 2001）。大陸ヨーロッパ諸国からなる保守主義レジームの特徴はリスクの共同負担（連帯）と家族主義に最も顕著に現れる（エスピン＝アンデルセン 2000：125）。リスクの共同負担は，使用者と労働者の拠出による社会保障の運営や，職業ごとに分立した社会保険，職業の帰属に応じた所得比例型の給付を生み出した。また，キリスト教の影響を受けながら，社会保障が就労を前提としているために労働市場で働いていた男性が稼ぎ手として家族を支える家族主義も伴うことになった。

　ベルギーもこれらの特徴をもっており，ドイツやフランス，オランダなどの大陸ヨーロッパ諸国とともに保守主義レジームとして位置づけられる。第2節や第3節でも説明するように，現在でも社会保障は使用者と労働者がともに社会保険料を拠出し，同数ずつの代表を送り込んで管理運営を行っている。ここから生じる労使の合意形成によって戦後のベルギー福祉国家は安定的に発展することが可能だった。また，社会保障制度は一般の労働者と自営業者，公務員で職業ごとに分立したものになっている。第3節の失業給付や退職年金などをみれば，ベルギーが所得比例型の給付を行っていることもわかるだろう。ただし，家族主義に関しては，男性稼ぎ手のみを支援する家族政策ではなくなっているため，現在のベルギーのものが強固であるとまではいえないが，子どもをもつ家族への手厚い支援はフランスでもみられるものであり，税制での家族の優遇を含めてフランスやドイツなどと類似する点は多い。

　しかし，この保守主義レジームは1980年代以降，低成長や失業者の増加，不安定な雇用の拡大などの要因に伴って少なくとも3つの点で困難に直面している（Häusermann 2010：2）。第1に，社会保険制度が賃金とは異なる拠出である

ため社会保険料の上昇が労働者の生活を苦しめることが挙げられる。安定した雇用が確保されていた時代には，その雇用にもとづいて社会保険料を拠出することで社会保障の適用を受けていたが，雇用が不安定になり失業者が出始めると，雇用が安定している労働者や使用者の中から社会保険料を拠出しなければならないだけではなく，労働コストも上昇してしまうという問題が生じる。第2に，男性稼ぎ手中心の制度が女性の労働市場参加の抑制と低い出生率を招いていることが挙げられる。これら 2 つの構造的特徴は福祉国家の財政的な持続可能性に制約を与える存在であるために問題となる。第 3 の困難は，保守主義レジームが社会保険料を基盤として所得比例型の給付を行うことから生じる。パートタイム労働者や失業者，専業主婦などは社会保険料を拠出しないか不十分にしか拠出できず，結果的に手厚い社会保障から外れた存在になってしまう。以上のことから，1980 年代の保守主義レジームは「明らかに袋小路に陥っている例」（エスピン = アンデルセン 2003a：40）とまでいわれる存在であった。

　保守主義レジームはこうした困難に対処するため，人件費の高い年配の労働者の早期退職を促進し，その穴を若者の雇用で埋めて失業者を減らすことにした。その結果，閉鎖的で厳格な内部労働市場に囲われた男性稼ぎ手に手厚い社会保障を提供する一方で，不安定な雇用と社会保障が存在する外部労働市場に若年労働者と女性労働者を押しやる労働市場の二重化が生じることになった（エスピン = アンデルセン 2003b）。保守主義レジームは近年に至るまで困難への対処がなかなかうまくいかなかったといえる。

　しかし，ここ最近は，すべての人々を対象とした普遍主義的な社会保障を用意することで職業ごとに分立する制度を乗り越える取り組みもみられ，新しい対応から保守主義レジームの困難を脱する動きがみられる。既存の社会保障政策の改革も行われ，雇用政策を転換して失業保険制度で就労と福祉を結びつけて人々の雇用可能性を高める「アクティベーション（活性化）」の観点を取り入れ，年金に任意加入の個人年金を付け加えるほか，医療に保険者相互間や保険者と医療サービス提供者間に競争の条件を準備するようになった（平島 2014：140）。ベルギーでも，1980 年代後半からすべての人々を対象とした最低所得保障や就労と福祉を結びつけるアクティベーションによって労働者の就労や貧困を支えようとしている。

　社会保障を 2 つに類型化した場合，拠出や管理運営方式などの違いからビスマルク型とベヴァリッジ型に整理することができる。ビスマルク型は，これまで述べてきたような保守主義レジームの方式であり，社会保険料を支払う労働者が社会保障の主な対象となり，職業で分立した所得比例型の社会保障が提供される。一方，ベヴァリッジ型は主に税金によって資金調達が行われる。税金はすべての国民から徴収するため，社会保障の管理運用方式は労使などの社会団体ではなくすべての国民を統合しうる政府が行うことになる。また，働いている人のみが社会保障の財源を拠出するわけではないため，社会保障の適用対象も普遍主義的に国民全体となり，所得比例型ではなく一律の給付額によって社会保障が展開される（Palier et Bonoli 1995：672）。

　2000年代以降の大陸ヨーロッパ諸国の社会保障をビスマルク型かベヴァリッジ型かという評価からみた場合，ベルギー，オランダ，フランスともにビスマルク型とベヴァリッジ型の中間にあるという説明が共通して現れる（Hemerijick 2003；Palier et Bonoli 1995；メリアン 2001）。ベルギーの場合，年金は拠出に応じて比例するビスマルク型である一方で，医療はすべての国民を対象としたベヴァリッジ型として説明でき，最低所得保障などの社会扶助（social assistance）からもベヴァリッジ型の特徴をもつと考えられる（SPF Sécurité sociale 2016：14）。

　以上の国際比較からみたベルギーの特徴以外に，ベルギー固有の特徴も確認できる。それは連邦制による福祉国家への影響である。第 2 次世界大戦後，ワロニーよりもフランデレンの経済的地位が優位になるにつれて，福祉国家の拡大から生じる社会保障の財政負担がフランデレンの人々の剥奪感や不平等感を高めることになった（松尾 2015：27-30）。フランデレンの家庭がワロニーの家庭に対して 5 年ごとに新車を 1 台買い与える程度に社会保障による所得移転が行われているという試算もあるという。その結果，近年では地域ごとの社会保障制度の分離や社会保障の財政的自主権が主要な争点となっており，権限移譲を求める豊かなフランデレンと連邦政府からの援助に依存するワロニーという構図が形成されている（津田 2010：188-189）。2014年の選挙戦でも年金や失業保険などの分権化が主要な争点となっており，連邦制のもとでの福祉国家改革のゆくえ次第では，これまで同一制度で整備されてきた社会保障制度でも，地

域ごとに給付額や制度が異なるという結果が生じるかもしれない。現在，社会保障制度が地域ごとに異なるということはないが，財政面では分権化が進んでいる。それゆえに中央レベルでの社会保障財政のコントロールが十分には効かないという問題も生じている。

　また，第3節でみていくように，個別の施策においてもベルギー固有の特徴がいくつか確認できる。岡伸一はベルギー福祉国家の特徴として，失業給付に支給期間の制限がないことや年金制度の枠内に最低年金保障額を設定していること，年次有給休暇制度が社会保険のひとつとして運用されていることを挙げる（岡 1999：76）。これらの特徴は現在でもみられる。

　これまでの説明をまとめると，ベルギー福祉国家はフランスやドイツなどとともに保守主義レジームの特徴をもち，いくつかの固有の政策的特徴がみられるものの，基本的な社会保障制度には第2次世界大戦後からの連続性が確認できるといえる。しかしその一方で，連邦制の影響を受けて財政面を中心とした分権化が進んでおり，フランデレンとワロニーの経済的な関係からベルギー福祉国家の固有の特徴を捉えることができる。

　ヘメレイクとマルクスはベルギーとオランダの社会保障改革を比較して，それぞれの共通点と相違点を指摘する（Hemerijck and Marx 2010：129-130）。ベルギーとオランダは小国であることや労使団体がしっかりと組織されていること，産業ごとの団体交渉といった点で共通点がみられる。その一方で，オランダに比べれば，ベルギーは連邦制の影響から賃金交渉における政府介入が抑制されており，労使などの「社会パートナー」がばらばらに存在しているために労使協調によるコーポラティズムでの幅広い社会協約を新たに打ち立てることが難しいという。こうした視点からは，連邦制の影響から財政面で分権化が進められながらも，社会保障政策の内容そのものにはあまり変化がないベルギー福祉国家という説明が可能であり，オランダよりも微細でインフォーマルな制度改革にとどまっている傾向が指摘できるだろう（Hemerijck, Unger and Visser 2004）。

　以下では，福祉国家の形成や管理運営体制などを確認したのち，具体的な政策の現状と改革動向からベルギーの社会保障政策・家族政策の特徴をつかんでいきたい。

2　福祉国家の形成と管理運営体制

　ベルギーの社会保障は1860年頃から民間主導での共済組合の運営によって始まっていたが，1886年のストライキによって生じた危機から民間ではない政府介入の必要性が明確になった（SPF Sécurité sociale 2016：10-11）。1903年には労災に関する初めて強制加入の社会保険が創設され，強制加入による社会保障が徐々に拡大していった。この時期の強制加入は給与所得者を中心に年金や家族給付などで実施されており，自営業者の強制加入は1937年からの家族給付のみであった。

　1944年，労使間の社会的な和解と連帯を軸とした社会協約（social pact）が労働組合と使用者団体，政府当局との間で締結された。この社会協約で，失業や医療，就労不能といった社会保険がすべての労働者に強制的に適用されることになった（Reman et Pochet 2005：122-124；Marx 2009：49；SPF Sécurité sociale 2016：11）。ただし，税金によって実施される障がい者政策や，民間保険で解決された労災と職業上疾病は社会協約の条項に含まれなかった。また，「国家社会保障局（RSZ-ONSS）」が社会保険料を徴収する部門として中央政府に創設された。現在も RSZ-ONSS によって社会保険料を管理しており，連邦制の流れの中で家族手当や失業者支援などを分権化しながらも，主要な社会保障はベルギー全体で同じ内容となっている。さらに，社会保障は労働者と使用者などの同数代表によって管理運営されている。

　以上のように社会協約によって今日に至る社会保障の原型が作られたといえるだろう。なお，1944年時点でも社会協約は給与所得者にのみ適用され，自営業者への適用は1956年の年金保険の強制加入やその8年後の医療保険の強制加入，1967年に既存の仕組みを統合した「自営業者社会スキーム」の創設，1971年の就労不能時の保障を積み重ねることで実現されていった（SPF Sécurité sociale 2016：11-16）。現在，ベルギーの社会保障の管理運営体制は，以上のように給与所得者と自営業者が別々の仕組みで行われるだけでなく，公務員も別の仕組みで行われている。

　1974年には普遍主義的にすべての人々の生活を保障する最低生活保障

表8-1　ベルギー社会保障改革の動き

変化の類型	背　景	分　析	政策文脈	改　革	帰　結
増分的拡大 （1970年代）	経済停滞 大量失業 ベビーブームと女性の労働市場参加 労働市場での大きな不均衡	社会給付が危機の犠牲者を救うべき	寛大な給付の急増 新しい給付枠組み，特に早期退職	増分的拡大 コーポラティズムによる合意	給付依存者の大量流入 社会支出の急拡大 財政不均衡の増大
選択的な拡大と縮減：最低所得保障への移行 （1980年代半ば）	労働市場での不均衡の継続	社会給付は危機の犠牲者を救うべきだが，支出は抑制すべき	想定されるニーズに応じて対象を絞り込む 保険原理の放棄	漸進的改革 コーポラティズムによる合意，ただし対象の絞り込みが増えることに労働組合からの抵抗を受ける	給付依存者の継続的な流入 社会支出の安定，しかし拠出基盤の縮小 労働なき福祉の頂点（高い福祉依存者と低い貧困率）
選択的縮減 （1990年代）	経済状況の好転，しかし需要と供給の不均衡は残る 深刻な公的財政状況 経済通貨統合（EMU）での要請	公的財政と労働コストの観点からの支出抑制	より強固な対象の絞り込み 給付水準の停滞 長期給付依存者の削減努力	賃金設定と給付の領域での政府の積極的行動 労使と政府との緊張関係 社会協約の合意形成の失敗	給付依存者のわずかな低下，しかし高いまま 貧困の増大 システムの正統性への揺らぎ
アクティベーションへの煮え切らない移行 （1990年代半ばから2000年代後半まで？）	良好な経済状況の継続	避けられないアクティベーション	給付依存者削減への慎重な努力（特に早期退職者） 積極的労働市場政策への支出増大	合意による真の変化への失敗の継続 労使関係や政治領域での分断や紛争の増加	雇用と貧困での良くも悪くもない状況 行き詰まり

出典：Hemerijck and Marx 2010：150-151, Table 5.1.

（subsistence minimum）が創設され，今日の統合所得へとつながっている（SPF Sécurité sociale 2016：12）。1980年代以降は，失業者と失業保険受給者の増大に伴って社会保障費用が増大したため，給付の引き下げや保険料の引き上げを行ってきた。また，1999年には付加価値税を利用して歳入の一部を社会保険料から租税へと取り換えることで，使用者の社会保険料負担を低めて国際競争力を強化する取り組みもみられる。

表8-2　労働者・使用者の拠出割合の概要（2016年，単位：％）

社会保障スキーム	労働者割合	使用者割合
年　　　金	7.50	8.86
医療サービス	3.55	3.80
医療給付	1.15	2.35
失　　　業	0.87	1.46
職業上疾病	—	1.00
労　　　災	—	0.30

注：使用者はさらに6.00％を年次休暇に拠出し，10.27％が売り上げ
通知（avis de débit）から徴収される。
出典：SPF Sécurité sociale 2016：22.

　近年の改革の方向性については，ヘメレイクとマルクスが表8-1のように
整理している。本章では現状の社会保障政策の具体的な内容に紙幅を割いてい
るため時間軸での改革の動きを詳細に検討できないが，ベルギーでは1980年代
後半から最低所得保障やアクティベーションによって労働者の就労や貧困を支
えようと試みているものの，財政状況の悪化などから大規模な改革によって福
祉国家全体が転換したというよりは漸進的に改革が進められていることがわか
るだろう（Reman et Pochet 2005：134-144；Marx 2009：57-62）。

　また，給与所得者に関する RSZ-ONSS への社会保険料拠出をまとめると表
8-2になる。ベルギーでは1995年から「包括財政管理（overall financial
management）」と呼ばれる仕組みを導入し，社会保障セクターごとのニーズに
応じた財政管理を行っているため，実際には表に示した固定率よりも柔軟な数
値になる（SPF Sécurité sociale 2016：21-25）。給与所得者の社会保障は主にこの
社会保険料拠出にもとづいて運営されるが，連邦政府による補助や付加価値税
による歳入から財政を一部代替することで拠出の負担を軽減している。

3　社会保障の個別政策

　ベルギーの社会保障政策に関しては，連邦社会保障省（FPS Social Security）
が毎年パンフレットを出しているため，それにもとづいて2016年の社会保障政
策の内容を確認していきたい。

表 8-3　受給資格

年　齢	就労日数	参照期間
36歳未満	312日	21カ月
36〜49歳	468日	33カ月
50歳以上	624日	42カ月

出典：SPF Sécurité sociale 2016：56.

失　業

　ベルギーで失業給付を受けるためには，参照期間（reference period）中に一定期間就労していることが前提となる。表 8-3 に示したように，参照期間や就労日数は年齢に応じて異なる。これ以外にも，①給付期間中にあらゆる賃金を受け取っていないこと，②賃金や利得につながる仕事をしないこと，③失業が個人の意思とは無関係であること，④就業希望者として登録されていること，⑤働ける状態にあること，⑥ベルギーに居住していること，⑦教育が必要な年齢や年金受給対象の65歳以上ではないことが失業給付を受給するために求められている（SPF Sécurité sociale 2016：56-59）。

　支給額は，①子どもなどの家族のいる労働者，②1人暮らし労働者，③同棲を含めた同居している労働者という 3 つの給付カテゴリーに応じて異なる（SPF Sécurité sociale 2016：60-62）。それだけではなく，第 1 期，第 2 期，第 3 期という受給時期によっても異なる。第 1 期は受給開始最初の12カ月であり，①〜③の家族状況にかかわらず，最初の 3 カ月は従前賃金の65％，4 〜12カ月までは従前賃金の60％が支給される。

　第 2 期は失業から13カ月以降で，①家族のいる労働者は従前賃金の60％，②1人暮らし労働者は従前賃金の55％，③同居労働者は従前賃金の40％を最初の 2 カ月間で支給する。この期間は最大で10カ月間まで延長される。その後，第 3 期までに家族状況にかかわらず 4 段階に分けて徐々に給付が削減されていく。なお，これまでの第 1 期と第 2 期の失業給付には所得制限がある。

　最大48カ月を経過して以降の第 3 期は定額の給付金が支給される。①家族のいる労働者は月額1,157.52ユーロ，②1人暮らし労働者は月額972.14ユーロ，③同居労働者は月額513.50ユーロが支給される。第 1 節で述べたように，失業給付には給付期間の制限はなく，給付金が減額されるのも55歳に到達した際の

限定された金額にとどまっている。こうした長期にわたる定額の支給は最低所得を保障するニーズを想定しているとも考えられる（Marx 2009：53-54）。

　年　金

　ベルギーの年金は退職年金と遺族年金の2種類から構成されるが，ここでは退職年金をみていきたい。

　退職年金の通常の支給開始年齢は65歳である。ベルギーは保守主義レジームに属してきたためビスマルク型の拠出に応じた給付を行っており，特に男女間の給付格差が大きかった。2009年になって，ようやく年金支給開始年齢が男女等しく65歳となった（SPF Sécurité sociale 2016：12-13）。また，2011年には年金の支出削減改革が行われ，年金支給開始年齢を2025年に66歳，2030年に67歳へと引き上げることになっている。

　年金支給額の計算は給与所得者と自営業者，公務員のそれぞれで異なる（SPF Sécurité sociale 2016：73-75）。給与所得者の場合，インフレーションを考慮した年額給与の75％か60％に在職期間を乗じ45で割った金額が支給される。もし世帯主で配偶者が給与所得者の扶養に頼っている場合には75％になり，それ以外の単身者は60％が適用される。

　自営業者の場合，主には実際の所得にもとづいて年金支給額を決めるが，賃金所得者のように単身者か家族かの状況に応じて支給額が変化する。公務員の場合，参照給与に在職などの期間を乗じ，60で割った金額が支給額となっている。参照給与は在職などの期間によって多様に設定される（SPF Sécurité sociale 2016：75-76）。

　また，これらの年金支給額が低額になるのを避けるために最低年金が存在しており，給与所得者は15年就業した場合に最低年金の資格が与えられ，公務員の場合は20年の就業をもって最低年金が保障される。最低年金保障によって，ベルギーはビスマルク型の年金制度をもちながらも，多くの人が社会保険料拠出を通じた権利を直接には獲得しないで事実上の社会保険給付を受けることになる（Marx 2009：52-53）。

医療サービス・疾病給付

　医療サービスのための疾病保険は強制加入となっており，失業者や退職者，障がい者，学生，配偶者，子どもなども加入する（SPF Sécurité sociale 2016：89-91）。医療サービスを受けた際には疾病保険から支払われるが，一般的に自己負担分（patient fee）が25％あり，この金額は治療の種類に応じて上下する。

　医療サービスとは別に，病気になった際の収入喪失分を補償する疾病給付（sickness benefits）がある（SPF Sécurité sociale 2016：103-107）。これは私的な活動中の疾病に適用されるため，労働災害とは異なる。この疾病給付も給与所得者と自営業者，公務員で異なる。

　給与所得者の場合，6カ月の期間中に120日の労働をしていなければ受給資格を得られず，社会保険料を支払っている必要がある。疾病給付は，所得制限があるものの就労不能（incapacity）期間中に保険制度から給与の60％が支給される。この給付が1年続いた後には，それぞれの家族状況の違いに応じて，子どもを含めた家族のいる場合には喪失した所得の65％，1人暮らしの場合は55％，同居している場合は40％の就労不適当（invalidity）給付が支給される。

その他給付

　これらの主要な社会保障の他にも，労働災害，職業上疾病，年次休暇といったものが整備されている。

　すべての給与所得者は労働災害や通勤中の災害が保障対象となり，公務員も独自の仕組みをもっているが，自営業者はこれら規制の対象とはならない。完全な就労不能の場合には日額賃金の90％を被害者の給与所得者は受け取ることができる。部分的な就労不能の場合でも労災前との賃金差額と同等額が保障される（SPF Sécurité sociale 2016：115-121）。

　職業上疾病は仕事に起因する病気であるかどうかの定義が難しいものの，職業上疾病だと認められれば労働災害と類似した仕組みのもとで給付される。職業上疾病も公務員は独自の仕組みをもち，自営業者は対象とならない（SPF Sécurité sociale 2016：123-127）。

　年次休暇給付金（annual vacation fee）はベルギーの社会保障政策の特徴として挙げられる。年次休暇給付金はホワイトカラー労働者とブルーカラー労働者

で支払われる方法が異なり，前者は使用者から直接支給され，後者は国家年次休暇局（National Office for Annual Vacation）から支給される（SPF Sécurité sociale 2016：129-136）。ホワイトカラー労働者は使用者からの支給であるため，社会保障制度の介入はない。ホワイトカラー労働者は年間で20日（週5日勤務）か24日（週6日勤務）の年次休暇が与えられている。年次休暇給付金は，休暇中に賃金が継続して支払われるのに加えて，追加金も受け取ることができる。この追加金は休暇を取得した月の賃金の92％の金額となっており，もし労働者が休暇を取っていない場合には年間賃金の15.34％の金額が支払われる。ブルーカラー労働者の場合はやや複雑で，使用者と労働者が休暇期間中にも社会保険料を支払わなければならず，この支払いが年次休暇基金の支出となるべきではないため，社会保険料は賃金の108％を基本として計算し，そのうちの8％を休暇中の賃金支払い分，そのうちの7.38％を追加金として支給する。この年次休暇金は公務員にも年額賃金の1.1％に相当する金額で支給される。

社会扶助

　ベルギーにはすべての人々への最低所得保障からなる社会扶助が存在する。具体的には，障がい者給付，保証家族給付，高齢者所得保障，統合所得である。

　このうち，統合所得は，社会的統合を目的として，ベルギーで生活していることや就労意欲があることなどを条件に25歳以上に支給される（SPF Sécurité sociale 2016：157-161）。社会的統合への権利を有するためには，①ベルギーでの居住，②ベルギー国籍をもつかそれに準じていること，③成人年齢に達していること，④生きていくために十分な手段をもち合わせていないこと，⑤働く準備をしていること，⑥最後のセーフティネットを受けるために手当への自分の権利を行使することが具体的に求められる。25歳以下の場合，統合所得よりもまずは雇用によって解決されることが優先され，統合所得を管理する社会福祉センターも対象者に仕事を提供することになる。支給額は表8-4に示したとおりである。

　社会保障の失業手当だけではなく，社会扶助の統合所得でも就労と福祉を結びつける試みを進める背景には，石油危機以降の失業問題の複雑化への対応があった。ヘメレイクとマルクスは，経済停滞によってベルギーでも早期退職を

表8-4　統合所得の支給額（2016年）　（単位：ユーロ）

カテゴリー	年　額	月　額
同　居	6,669.69	555.81
1人暮らし・社会統合計画で受給資格を得たホームレス	10,004.54	833.71
扶養家族と住む人	13,339.39	1,111.62

出典：SPF Sécurité sociale 2016：161.

中心とした雇用対策で乗り越えようとしてきたが，構造的失業の問題に対処できず，最低所得保障への変容を遂げてきたと指摘する（Hemerijck and Marx 2010：140-141）。最低所得保障の導入は，失業者の貧困の改善だけではなく，労働者のコストカットにもつながった。また，ベルギーの労働組合は，社会保険機能を維持することよりも，安定した給付期間の存在を優先し，それが最低所得保障導入の要因となったといえる。

　1990年代以降，ベルギーは最低所得保障と普遍主義を強調し，それまでの社会保険中心のビスマルク型から離れ，ベヴァリッジ型も取り入れるようになった。2000年には，低賃金労働者の社会保険料拠出の削減を行い，その結果，最低賃金に近い給与で働くことへの魅力が増大した。2005年には，社会保険料拠出の削減と税額控除を合わせた「ワーク・ボーナス」と呼ばれる制度を導入するだけでなく，庭仕事や掃除など給与所得以外の仕事でも給付を行う「給付のアクティベーション」も実施してきた（Hemerijck and Marx 2010：142-143；Houwing and Vandaele 2011：143）。

　以上の統合所得への取り組みからベルギーの就労と福祉の関係は新たな局面を迎えているようである。しかし，未だにベルギーの特徴として残る無期限の失業保険給付は早期退職の継続を可能にし，2010年時点での55歳から65歳の高齢者の就業率は40％未満と低い状態にあるため，問題も残っている。その対策として2005年に早期退職年齢を58歳から60歳に引き上げたが，これがどの程度まで効果をもたらすのかは注視する必要があるだろう。

4　家族政策

家族政策の改革動向

　家族政策をみていくと，保守主義レジームのなかでベルギーとフランスがひとつの特徴をもつグループとして析出できる。たとえば，エスピン＝アンデルセンは，「家族と福祉国家の結びつきを問題にするかぎり，フランスやベルギーを（保守主義レジームの――筆者注）それ以外の国から分離する提案のほうが理にかなっている」（エスピン＝アンデルセン　2000：102）と指摘する。確かに，フランスとベルギーでは教育を目的として 3 歳からの就学前教育（幼稚園）が早くから整備されてきた点でドイツやオランダとは異なっていた。1970年代後半から 3 歳未満の保育所などの整備が発達したのは出産奨励を目的とした対応であった（Morel 2007：622-623）。ただし，1990年代以降はこれら 4 カ国でも女性の労働市場参加に対応した家族政策での同じような対応がみられた。

　ベルギーでは1968年に女性の社会進出と家族主義の両方を発展させることになった。社会主義政党とキリスト教民主主義政党が連立を組んだ際，女性の労働市場参加を促進するための家族への公的サービスの発展と，自分の子どもを育てる母親に支払われるために女性の労働市場参加を抑制する可能性をもつ社会教育手当の両方を試みたと指摘される（Morel 2007：628）。これは，社会主義のもつ保育サービスの発展を通じてジェンダー平等を達成したいという要求とキリスト教民主主義のもつ伝統的な家族主義を強化したいという要求を同時に満たすものであった。社会教育手当は予算の制約のために修正され，実施されることはなかったが，そのアイディアは形を変えて1984年の自発的活動休暇（voluntary career break）へとつながったとモレルは主張する。自発的活動休暇は理由を問わず 5 年を上限として休暇を得られる制度であったが，政府が想定していたのは主に育児を理由とする休暇であった。

　それでも1980年代後半からは保育サービスの整備が行われ，在宅保育への補助金や，保育サービスにかかった費用への所得控除などを実施した（Morel 2007：629）。1990年代後半にはよりジェンダー平等を志向したものになり，両親のそれぞれに 3 カ月の育児休業資格を与えたが，給付額は一律かつ定額で

あったため男性の育児参加には効果的ではなかった。それでも2001年には父親の出産休暇を 3 日から10日に拡大し，自発的活動休暇も仕事と家庭の調和を目指し男女対等の権利として家族への休暇を取れるようにした。

　保育サービスは施設によるサービスを中心に就労する親を優先して低所得者が無料となるよう実施されている（中島 2012：63）。2001年時点で 2 歳までの子どもの30%が公的な保育サービスを受けているものの，不足する状態は続いており，時間外保育とともに課題となっている（Marx 2009：56）。

出産給付

　2016年の出産給付は給与所得者と自営業者，公務員で異なっている（中島 2012：64-65；SPF Sécurité sociale 2016：109-113）。給与所得者女性の出産休暇は産前 6 週（多胎は 8 週），産後 9 週が認められており，産前 5 週は産後に回すこともできる。給付額は，賃金の上限があるものの，雇用契約がある場合には最初30日に賃金の82%を受け取ることができ，それ以降は75%を受け取ることができる。それ以外の場合，最初の30日に賃金の79.5%を支給し，以降は75%となる。既に述べたように父親の出産休暇も10日間あり，最初 3 日間は通常給与全額，残り 7 日間は82%が支給される。

　自営業者の女性の場合， 3 週間は休暇を取得しなければならず，最大で 8 週（多胎は 9 週）の休暇を取得する資格がある。新生児が 7 日間まで病院にいる場合には休暇が延長されうる。給付額は 1 週間につき449.32ユーロとなっている。公務員の女性の場合，給与所得者同様に15週間の休暇となり，給与分全額が支給される。

家族給付

　家族給付は，①出産手当，②養子手当金，③普通家族手当，④子ども引き受け一括手当，⑤孤児手当，⑥補足手当の 6 種類に整理することができる。家族給付は，2014年 4 月 4 日の包括的家族給付法によって給与所得者と自営業者，公務員をひとつにまとめた一律の制度となっている（SPF Sécurité sociale 2016：43-53）。

　①出産手当（maternity fee）は，妊娠から 6 カ月後か出産予定 2 カ月前から

請求することができる出産に向けた手当である。第1子の場合には1,223.11ユーロを支給し，それ以外の場合には920.25ユーロを支給する。多胎の場合にはそれぞれの子どもに対して第1子の金額が親に支給される。②養子手当金（adoption fee）は，一定の条件のもとで子どもを養子として引き受けた場合に支給される。第1子の出産手当と同等額の1,223.11ユーロが支給される。

　③普通家族手当（ordinary family benefit）は，日本の児童手当に相当し，第1子には月額90.28ユーロ（自営業者は月額84.43ユーロ），第2子には月額164.05ユーロ，第3子には月額249.41ユーロを支給する。家族給付を受けられる子どもは必ずしも親との直接的な血縁関係を要しない。養子や里子，孫や甥姪，兄弟姉妹，裁判所の決定で認められた家族に引き受けられた子どもなど，多様な子どもと受給者との関係から給付を受けることが可能である。

　④子ども引き受け一括手当（lump sum allowance for children placed with private person）は，公的機関の指示を通じて個人が子どもを引き受けた場合に特定条件下で一括の給付金を支給する制度である。支給額は通常60.58ユーロであるが，自営業者の場合は第1子で30.81ユーロ，第2子以降で60.58ユーロとなっている。⑤孤児手当（orphan's allowance）はひとりになった親が新しいパートナーをみつけて同居しない限り支給されるものである。支給額は定額で月額346.82ユーロとなっている。

　⑥補足手当（supplementary allowances）は，これまでの手当の上に補足的に支給されるものであり，5種類の手当から構成されている。第1に，年齢手当は子どもの年齢に応じて普通家族手当に補足的な手当である。6歳から12歳，12歳から18歳，18歳以降という3つの年齢分けが行われている。第2に，1人親家族補足手当は，1人で子どもを育てる親の普通家族手当に対して，第1子の場合は45.96ユーロ，第2子の場合は28.49ユーロ，第3子以降の場合は22.97ユーロを補足的に付加する。支給の条件としてパートナーがいないことだけではなく所得要件もある。第3に，普通家族手当と孤児手当への年次補足手当である。これは毎年6月に年齢に応じて20〜80ユーロの間で支給される。孤児手当などを受け取っている場合には27.60〜110.42ユーロとなる。第4に，社会補足手当は，家族給付の支給対象であって退職年金や失業手当の受給者である場合に支給される。第1子の場合，45.96ユーロ（失業と年金受給の場合）

か98.88ユーロ（就労不能の場合）の支給があり，それ以降は5〜28.49ユーロの間で支給される。この手当には所得要件がある。最後に，病気や障がいをもつ子どものための補足手当があり，それぞれの症状や状態に応じて79.17〜527.80ユーロが支給される。

以上の多様な施策を組み合わせて様々な家族を支えている。同じように家族給付の種類が多い国として隣国のフランスが挙げられる。ベルギーの家族給付は第1子のみの家族よりも第2子や第3子をもつ家族のほうが手厚く，給付額は年齢とともに増加することに特徴があるといえる（Marx 2009：54）。

5 ベルギー福祉国家のこれから

これまでみてきたように，ベルギーには失業や最低所得保障で特徴的な改革が確認できるだけではなく，保守主義レジームに共通する社会保険を中心とした社会保障や，フランスに似た多様な家族給付の仕組みなどがみられる。

今後のベルギー福祉国家がどのような方向に進むのかは定かではない。ベルギーでは，社会保険にもとづく拠出や一般労働者・自営業・公務員で異なる管理運営など保守主義レジームの要素を残しながらも，就労と福祉を結びつけたり，仕事と家庭の調和を推進したりしながら，それまでいわれてきた保守主義レジームの困難からは脱出しつつあることも読み取れるだろう。

一方で，連邦制の動きからもベルギー福祉国家は変化するかもしれない。2012年のワロニー地域の社会党ディルポを首相とする連立政権ではワロニーやブリュッセルへの補助金交付のかわりに，失業保険や疾病保険，家族給付等で165億ユーロの社会保障財源を地方政府と共同体政府に移譲する分権改革を進めた（松尾 2016：100）。第1節でも述べた通り，近年の選挙でも社会保障の分権化が主要な争点となっており，将来的にベルギー国内であっても地域によって別々の社会保障制度を適用することがないとはいい切れないだろう。

それに加えて，手厚い社会保障を行うための財源は不足している。2014年10月，改革運動（MR）のシャルル・ミシェルを首相とする連立政権は，財政悪化を理由に，退職年金の受給年齢の引き上げや福祉サービス予算の削減，企業の社会保険料負担の軽減を打ち出した。こうした改革は反発を招き，労働組合

を中心にデモが行われ，女性権利団体のメンバーからはフライドポテトやマヨネーズをかけられる騒動も起きている（*Le Soir*，2014年12月23日）。

　現代の福祉国家は，多かれ少なかれ，社会保障財政の悪化という問題を抱えながら就労と福祉を結びつける改革を行っており，ベルギー福祉国家も例外ではない。こうしたなかで，ベルギー福祉国家は固有の特徴として連邦制による影響が挙げられ，連邦制のもとでの政策競争の動きが福祉国家を発展，再編させる可能性を常にはらんでいるといえるだろう。

読書案内

エスピン＝アンデルセン，イエスタ，渡辺雅男・渡辺景子訳（2000）『ポスト工業経済の社会的基礎――市場・福祉国家・家族の政治経済学』桜井書店。
  ＊ベルギーへの記述は多くないが，家族と福祉国家との関係を中心にベルギーの比較福祉国家研究上の位置づけを学ぶことができる。
新川敏光編著（2015）『福祉レジーム』ミネルヴァ書房。
  ＊ベルギーは取り上げられていないが，ドイツやオランダ，フランスの近年の改革動向から保守主義レジーム内でのベルギーの位置づけを考える一助になる。
平島健司（2014）「歴史の長い影――ビスマルク型福祉国家改革と政治過程」『社会科学研究』第66巻第1号，139〜161頁。
  ＊保守主義レジームでの改革動向を政治学から検討した論文であり，ベルギーに対する記述はないものの保守主義レジーム全体の動きを捉える日本語文献として重要である。
Palier, Bruno (ed.) (2010) *A Long Goodbye to Bismark?: The Politics of Welfare Reform in Continental Europe*, Amsterdam University Press.
  ＊ベルギーも含めた保守主義レジームの近年の動向をしっかりと捉えるには本書を読み進めたうえでベルギーの具体的な政策をみる必要がある。
FPS Social Security (2016) "Social Security: Everything you have always wanted to know," (http://www.socialsecurity.belgium.be/sites/default/files/alwa-en.pdf).
  ＊本章で何度も引用した連邦社会保障省作成パンフレットの英語版である。社会保障政策の詳細はこのパンフレットで確認できる。

参考文献

エスピン＝アンデルセン，イエスタ，渡辺雅男・渡辺景子訳（2000）『ポスト工業経済の社会的基礎――市場・福祉国家・家族の政治経済学』桜井書店（Esping-

Andersen, Gøsta〔1999〕*Social Foundations of Postindustrial Economies*, Oxford: Oxford University Press）。

エスピン＝アンデルセン，イエスタ，岡澤憲芙・宮本太郎監訳（2001）『福祉資本主義の三つの世界――比較福祉国家の理論と動態』ミネルヴァ書房（Esping-Andersen, Gøsta〔1990〕*The Three Worlds of Welfare Capitalism*, Cambridge: Polity Press.）。

エスピン＝アンデルセン，イエスタ（1996）「黄金時代の後に？――グローバル時代における福祉国家のジレンマ」エスピン＝アンデルセン，イエスタ編，埋橋孝文監訳（2003）『転換期の福祉国家――グローバル経済下の適応戦略』早稲田大学出版部，1〜51頁（Esping-Andersen, Gøsta〔1996〕"After the Golden Age ?: Welfare State Dilemmas in a Global Economy," Esping-Andersen, Gøsta〔ed.〕, *Welfare States in Transition: National Adaptations in Global Economies*, London: SAGE, pp. 1-31）。

エスピン＝アンデルセン，イエスタ（2003）「労働なき福祉国家――大陸ヨーロッパ社会政策における労働削減政策と家族主義の袋小路」エスピン＝アンデルセン，イエスタ編／埋橋孝文監訳『転換期の福祉国家――グローバル経済下の適応戦略』早稲田大学出版部，107〜140頁（Esping-Andersen, Gøsta〔1996〕"Welfare States without Work: the Impasse of Labour Shedding and Familialism in Continental European Social Policy," Esping-Andersen, Gøsta〔ed.〕*Welfare States in Transitions: National Adaptations in Global Economies*, London: SAGE, pp. 66-87）。

岡伸一（1999）『欧州統合と社会保障――労働者の国際移動と社会保障の調整』ミネルヴァ書房。

津田由美子「ベルギー」馬場康雄・平島健司編（2010）『ヨーロッパ政治ハンドブック［第 2 版］』東京大学出版会，180〜194頁。

中島園恵（2012）「ベルギーにおける子ども関連の休暇制度と所得保障――就業・雇用形態による違いとタイムクレジット制度に着目して」『人間福祉学研究』第 5 巻第 1 号，61〜72頁。

平島健司（2014）「歴史の長い影――ビスマルク型福祉国家改革と政治過程」『社会科学研究』第66巻第 1 号，139〜161頁。

メリアン，フランソワ＝グザヴィエ，石塚秀雄訳（2001）『福祉国家』白水社。

松尾秀哉（2015）『連邦国家ベルギー――繰り返される分裂危機』吉田書店。

松尾秀哉（2016）「ベルギーにおける多極共存型連邦制の効果――2014年の連立交渉を中心に」松尾秀哉・近藤康史・溝口修平・柳原克行編『連邦制の逆説？――効果的な統治制度か』ナカニシヤ出版，91〜107頁。

Hemerijck, Anton and Marx, Ive (2010) "Continental Welfare at a Crossroads: The Choice between Activation and Minimum Income Protection in Belgium and the Netherlands," Palier, Bruno (ed.), *A Long Goodbye to Bismark?: The Politics of Welfare Reform in Continental Europe*, Amsterdam: Amsterdam University Press, 2010, pp. 129–155.

Hemerijck, Anton, Unger, Brigitte, and Visser, Jelle (2004) "How Small Countries Negotiate Change Twenty-Five Years of Policy Adjustment in Austria, the Netherlands, and Belgium," Scharpf, Fritz W. and Schmidt, Vivien A. (eds.) *Welfare and Work in the Open Economy: Diverse Responses to Common Challenges*, Volume II, Oxford: Oxford University Press, pp. 175–263.

Houwing, Hester and Vandaele, Kurt (2011) "Liberal Convergence, Growing Outcome Divergence?: Institutional Continuity and Changing Trajectories in the 'Low Countries'," Becker, Uwe (ed.) *The Changing Political Economies of Small West European Countries*, Amsterdam: Amsterdam University Press, pp. 125–148.

Kuipers, Sanneke (2006) *The Crisis Imperative: Crisis Rhetoric and Welfare State Reform in Belgium and the Netherlands in the Early 1990s*, Amsterdam, Amsterdam University Press.

Marx, Ive (2009) "The quest for sustainability, legitimacy and a way out of 'welfare without work'," Schubert, Klaus, Hegelich, Simon and Bazant, Ursula (eds.) *The Handbook of European Welfare Systems*, London: Routledge, pp. 49–64.

Morel, Nathalie (2007) "From subsidiarity to 'free choice': child and elderly-care policy reforms in France, Belgium, Germany and the Netherlands," *Social Policy & Administration*, Vol. 41, No. 6, pp. 618–637.

Palier, Bruno et Bonoli, Giuliano (1995) « Entre Bismarck et Beveridge « Crises » de la sécunté sociale et politique(s) », *Revue française de science politique*, Vol. 45, No. 4, pp. 668–699.

Reman, Pierre et Pochet, Philippe (2005) « Transformations du système belge de sécurité sociale », Vielle, Pascale, Pochet, Philippe et Cassiers, Isabelle (dir.) *L'État social actif: Vers un changement de paradigme ?*, Bruxelles: P.I.E., pp. 121–148.

SPF Sécurité sociale (2016) « La sécurité sociale: Tout ce que vous avez toujours voulu savoir » (http://socialsecurity.belgium.be/sites/default/files/alwa-fr_1.pdf).

第9章

移民政策

中條健志

─ この章で学ぶこと ─

　本章のねらいは大きく分けて3つある。1つ目は，ベルギーの移民受け入れ政策を歴史的，制度的に概観しながらその背景にあるものを理解すること。2つ目は，今日のベルギーが抱える問題の一端を知るために，移民政策を統合政策を通して検討し，統合とは何かについて知ること。そして，この2点を出発点として，ベルギーにとどまらず広く「移民問題」について考えることである。

　はじめに，ベルギーにおける外国人と移民の現状および両者の定義について確認した後，今日までの移民の歴史をふり返る。そこでは，建国以後，第2次世界大戦以後，石油危機以後の3つの時代を設定し，それぞれの時期にどのような社会的背景のもとで移民が受け入られ，どのような政策がおこなわれたのかをみる。その結果，イギリスやオランダ，ドイツ，フランスといった国々と同様に，ベルギーがヨーロッパにおける主要な移民受け入れ国であることが明らかになる。次に，連邦制の導入によって分権化された移民政策が，地域ごとにどのような機関を通じて実施されているかについて，その権限と役割から確認する。そして，ベルギーにおいて統合政策が制度化されるまでの過程をふり返り，連邦化後，地域ごとにどのような形でそれが実施されているのかをみることで，統合政策が地域ごとに対照的であることを知る。最後に，「移民問題」という観点から，ベルギーにおける統合政策の課題を提示する。また，2015年にパリで，2016年にブリュッセルで発生したテロ事件をもとに，社会参加を前提としたアイデンティティの構築という意味での統合政策の可能性について考える。

1　ベルギーにおける移民

　2016年のベルギーの総人口（1,126万7,910人）に占める外国人の割合は11.5％であった。近隣諸国と比較するとオランダが4.6％，ドイツが11.0％，フランスが6.6％，ルクセンブルクが46.7％である。そして，入国した移民は15万8,049人を数えた。1995年が7万1,563人，2005年が13万2,810人であり，その数は増加傾向にある。国内に居住する外国人を国籍別にみると，129万5,660人のうち，上位からフランス（16万2,482人：全体の12.5％），イタリア（15万7,227人：12.1％），オランダ（15万2,084人：11.7％）である。その後にモロッコ（6.4％），ルーマニア（5.7％），ポーランド（5.5％），スペイン（4.8％），ポルトガル（3.4％），ドイツ（3.1％），トルコ（2.8％）が続く。つまり，欧州出身者が大半を占めている。

　これは国籍別にみた数字であるが，国籍取得すなわち帰化についても考慮する必要があるだろう。例えば，先にみた外国人比率を「外国籍をもって生まれた者」を含めて算出すると20％となる。およそ9％のベルギー国籍取得者が含まれるからである。では，外国人と移民の違いは何だろうか。

　ここでいう移民とは，外国で生まれ，ベルギー国内に居住する者を指す。すなわち出生地が国外であるかどうかが指標となり，結果として移民には外国籍をもつ者と，ベルギー国籍をもつ者（帰化者）の2種類が存在することになる。一方で，出生地がどこであるかを問わず，ベルギー国内に居住し，ベルギー国籍をもたない者が外国人である。ただし，外国籍とベルギー国籍をもつ者（二重国籍者）は，統計上は外国人ではなくベルギー人とみなされる。したがって，外国人であるかどうかの指標は国籍である。ちなみに，ベルギーの国籍法は出生地主義にもとづいている。

　移民を論じる際には，これらの区別を前提としながらも，そこにとどまらず，どういった人々が移民とみなされているかについても考えなければならない。例えば，しばしば用いられる「移民系」や「移民出身者」という表現は，上の定義における移民ではなく，多くの場合，移民の子ども世代を語る際に想定されるような，親や祖先が移民である人々を意味する。このことを考える手がか

りの 1 つが統合政策である。

2　移民受け入れの歴史

建国以後

　ヨーロッパにおける国民国家の成立とそれにともなう産業化の展開は，農村部から都市部への労働者の移動を促した。ベルギーも例外ではなく，とりわけ建国以降，19世紀には多くのフランデレン人たちが，当時ヨーロッパでもっとも産業化した地域のひとつであったワロニー地方に炭鉱労働者として移住した。そこでは，外国人とみなされた彼らが差別を受けることもあった。

　一方で，「ヨーロッパの十字路」であったベルギーは国外からも労働者を受け入れる。例えば，オランダからは使用人や雑役人として，ドイツからは炭鉱・製鉄労働者として移民が入国した。また，未熟練労働者以外にも，周辺のヨーロッパ諸国からビジネスマンや銀行家，卸売業者，留学生を受け入れた。首都ブリュッセルは，ヨーロッパの交易の拠点となる。

　当初，ベルギー人と外国人との区別は曖昧であった。例えば，ベルギーへの入国にパスポートや入国査証は必要なく，外国人は短期間の滞在で居住資格（兵役義務を含む）を得ることができた。しかし，1880年代を通じて社会的規制を行う国家の役割が確立されるにつれ，ベルギー人と外国人の制度的区別が検討され，ベルギーに滞在する外国人は，住居をもち，職に就いていることが前提となる。

　第 1 次世界大戦が勃発し，ドイツ軍の侵攻を受けると，約100万人のベルギー人がイギリスやオランダ，フランスに亡命するが，終戦とともに彼らの大半は帰国した。ベルギーがヨーロッパの主要な移民受入国となるのはこの時期からである。そこでは，とりわけ炭鉱業の分野での労働力不足を背景に，企業が国外に労働者を求める。対象となったのは，フランス，ポーランド，イタリアで，1920年～1930年に約17万人の労働者が入国した。それと同時に，移民受け入れ政策が本格的に検討されはじめる。

　1929年に起こった大恐慌の影響はベルギーにも及び，外国人労働者を制限する措置がとられた。1930年12月15日のアレテは，外国人の労働に司法省の許可

を必要とし，1933年には入国査証の取得と労働許可証の提示が義務付けられた。以降，移民政策は労働市場を規制するものとなり，それまでは企業が担っていた外国人労働力の調達は，国家の管理の下におかれる。

　戦間期は，反ユダヤ主義を背景に多くのユダヤ人が入国する。1920年代にはポーランドから，1933年以降はナチス政権から逃れた人々がドイツから亡命した。その一部はアメリカ大陸に渡ったが，ベルギーに留まった人びとも，国内におけるゼノフォビアや反ユダヤ主義の高まりからは逃れることができなかった。ドイツ占領期（1940～1944年）には，およそ2万5,000人のユダヤ人が強制収容所に送られる。

第2次世界大戦以後

　1945年，労働力不足のためにベルギーの石炭産出量は戦前の半分程度になり，戦後の復興の妨げとなっていた。実際，1940年におよそ14万人いた炭鉱労働者が，終戦の時点では約9万人となっていた。原因は，戦争による人口の減少だけでなく，仕事が辛く危険なものとみなされていたことにもあった。1945年2月12日，当時の首相アヒレ・ファン・アケル（Achille Van Acker）はこうした状況への対策を「石炭の闘い」と述べ，労働条件や環境の改善をすすめる。しかし，炭鉱労働に従事するベルギー人のリクルートは容易ではなかった。

　以降，政府は国家間協定をもとに外国人労働者を積極的に雇用するようになる。最初の協定締結国はイタリアで，1946年6月に結ばれた協定は，35歳以下を対象とし，期間は1年間であった。当初は5万人の労働者の受け入れが想定されていたが，予想を大幅に上回り，1948年までのあいだに約7万人が入国する。1952年にECSC（欧州石炭鉄鋼共同体）が設立された際，加盟6カ国のなかで外国人炭鉱労働者をもっとも多く抱えていたのがベルギーであった。

　しかし，一部の労働者がかつての捕虜収容所に住まわされるなど，住居に関して受け入れ体制が不十分であり，労働環境も劣悪だったことから，イタリア政府は移民の送り出しを中断する。原因の1つは，1956年8月8日に発生し，死者262名を出したマルシネル鉱山（エノー州）での火災事故である。そのなかには136名のイタリア人労働者が含まれていた。

　その後，経済成長期を通じてベルギー政府は他の国々とも受入協定を結ぶ。

1956年にスペイン，その後ギリシャ（1957年），モロッコ（1964年），トルコ（1964年），チュニジア（1969年），アルジェリア（1970年），ユーゴスラビア（1970年）と，ヨーロッパ内外から労働者を呼び寄せる。国ごとに若干の違いはあったものの，これらの協定は社会保障や家族呼び寄せの権利を規定していた。また，急激な労働力不足への対応策として，移民を労働者ではなく旅行者として入国させ，彼らが職を見つけた後に滞在許可証を付与する措置も一時的にとられた。

　一方で，1960年代前半からのエネルギー革命によって，移民労働者たちは従事する産業セクターの転換を迫られる。そこでは，彼らは主に金属業，化学業，建設業，輸送業に職を求めた。そして，移民の増加とともに彼らはブリュッセルやアントウェルペン，ヘントといった都市部にも居を構えるようになる。国内各地にはイタリア人だけでなく，スペイン人やポルトガル人の集住地区が誕生する。モロッコ人は主にブリュッセルやアントウェルペン，メヘレン，トルコ人はブリュッセルやアントウェルペン，ヘントの他に，リンブルフ州の炭鉱街に集まった。

　当時，国外からの移民は労働力不足を補うだけでなく，人口バランスを回復させる存在とも見なされていた。高齢化が社会問題となりつつあり，とりわけワロニー地方においてそれが著しかったためである。そこで，移民政策は家族呼び寄せを奨励するようになる。1965年には，配偶者や未成年の子ども（3人以下）とともに入国する移民に対し，同伴者の旅費の半額を補助する措置が実施された。このことは，移民政策がその家族を含む移民たちの定住を前提としていたことを意味する。同年刊行された，移民労働者の家族向けに書かれたリーフレットでは，ベルギーの家族手当や社会保障システム，信仰の自由が解説されていた。この頃から移民の社会統合が議論され始める。

　しかし，1960年代後半から景気は後退し，炭鉱の閉鎖が相次ぎ，失業者が増加したため，ベルギー政府は労働市場への移民のアクセスを見直すようになる。1967年以降，労働許可は滞在許可証を予め取得している移民に限定され，1969年3月には，職をもたない移民を出身国に帰国させる措置が検討される。結果的に，この措置は移民や労働組合からの大きな反発を受け，撤回されるにいたるのだが，このことは，移民たちが労働力の調整弁であることを明らかにした

のだった。また，1967年の EC（欧州共同体）発足以降，移民たちは 2 つのカテゴリーに区別された。すなわち，入国査証や労働許可証の取得が不要な加盟国の出身者と，EC 域外からの移民である。欧州統合の動きは，一部の移民たちの地位をそれまでと大きく変えた。

石油危機以降

　さらに，石油危機以降の不況も移民政策に影響する。1974年 8 月 1 日法では，新たな移民労働者の入国を制限する措置がとられた。しかし，移民の入国はそれまでとは別の形で展開される。移動の自由が保障された欧州域内からの労働者の入国がその理由である。オランダやフランスを中心に，他の EC 加盟国出身者が増加したのだった。

　一方で，家族呼び寄せによる移民の増加もこの時期からの主要な特徴である。正規の資格をもってベルギーに滞在する外国人には，出身国から彼らの家族を呼び寄せる権利があった。当初，ベルギー社会は移民たちを一時的な存在とみなしており，移民たちもまた自らの状況を一時的な出稼ぎと考え，いずれは出身国に戻ることを想定していたため，こうした状況はすぐには問題化しなかった。

　しかし，1970年代後半からの労働市場の著しい悪化により，移民労働者の雇用はかつてないほど不安定になる。1974年に2.8％だった失業率は，その後4.7％（1975年），6.2％（1976年），7.1％（1977年），8.5％（1980年）と上昇を続けた。同時に，移民たちに対して排他的，差別的な眼差しが向けられるようになり，人種差別やゼノフォビアにもとづく行為を罰する1981年 8 月18日法（反レイシズム法）の制定へと至る。この年，失業率は10％を超えた。

　1984年 6 月28日法で規定されたアレテでは，外国人人口の増加が予想されるコミューンにおいて，新たな外国人の定住を一定期間にわたり禁止できるようになる。都市部への外国人人口の集中を避けることをねらったこの措置は，ブリュッセルやリエージュの一部のコミューンで実施された（2003年に廃止）。同時に，移民の帰国を促進する政策（1985年 8 月 1 日法）も実施され，移民の存在が社会問題化していく。

　1990年代以降は，家族呼び寄せの他に庇護申請者や非合法労働に従事する移

民が増加し，出身国も東欧や西アフリカ諸国を中心に多様化する。庇護申請および難民の地位に関する規定は1980年代から議論されており，申請者は増加しつつあったが，それが顕著となったのが1990年以降である。1990年に 1 万4,580人であった庇護申請者は，1993年には 2 万6,882人となり，1997年までの減少期をはさんで， 2 万1,965人（1998年）， 3 万5,778人（1999年）， 4 万2,691人（2000年）と急増していく。

　また，機械化や合理化が進んだ一部の産業セクターを除き，外食産業や建設業，清掃業，農業では労働力不足が続いており，インフォーマルな形で移民労働者が雇用されるケースが増える。彼らの多くは，正規の滞在許可をもたないいわゆるサン＝パピエや庇護申請を却下された人々であった。

　この時期以降のベルギーにおける移民の状況を考えるうえで，1993年の EU（欧州連合）の発足と連邦化の影響は大きい。欧州統合の動きは，拡大する域内における移動の自由を保障する一方で，域外からの移動を厳しい管理のもとにおき，それだけでなく，不法滞在者の送還が移民政策の柱の 1 つとなる。そして，連邦化によって移民政策は地域ごとに異なった方向性をもつようになる。

3　移民政策の分権化

連邦レベル

　連邦国家であるベルギーでは，移民政策に関する権限は連邦政府内の行政機関および地域ごとに付与されている。したがって，移民政策に関する意思決定を担う 1 つの政府機関は存在しない。2008年に創設され，連邦政府におかれた移民・難民政策担当大臣のポストは，もっぱら移民政策を統括するためのものではあるが，各部局に対する排他的な権限は有しておらず，スーパーバイザー的なものとなっている。

　連邦政府に設置された移民政策を担当する部局は，次の 8 機関である。

　①内務省

　外国人事務局（Office des étrangers）と難民・無国籍者総局（Commissariat général aux réfugiés et aux apatrides）の 2 部門をもつ。前者は入国，出国，滞在，定住，送還を担当している。主な業務は外国人の出入国管理であるが，移民の

家族呼び寄せに関するものも含まれる。後者は庇護申請を管理する部門で，申請の審査と認定を行う。なお，申請者による審査に対する不服申し立ては外国人争訟委員会（Conseil du contentieux des étrangers）を通じて行うことができる。

②社会統合省

連邦庇護申請者受入局（Agence fédérale pour l'accueil des demandeurs d'asile）がおかれ，庇護申請者の受け入れを担当している。国内の収容施設間の連携と，人道的配慮にもとづいた受け入れ活動の促進をその主な任務とし，NGO や赤十字などの民間組織とパートナーシップを結んでいる。

③外務省

外交政策としての移民政策を担当し，国際的な人身売買の監視も行う。また，移民政策の外務的側面に関して，各地域の方針を調整する任務も担う。

④雇用・労働・社会的対話省

外国人労働者の雇用に関する法的枠組みや，市民性，ジェンダー，公共サービス，宗教の4分野における文化的多様性の維持，促進を検討する。ただし，法制化自体は各地域の権限となる。

⑤司法省

保護局（Service des tutelles）と国籍局（Service du droit de la nationalité）の2部門をもつ。前者は，保護者のいない未成年の外国人の保護を担当する。滞在のサポート，医療ケア，就学支援が主な任務となる。また，彼らに必要な法的手続きをサポートする。後者は，国籍取得および喪失手続きを担当する。

⑥経済省

外国人被雇用者の雇用契約書等の書類の審査や，外国人の自営業者，自由業者，ビジネスマンの商業活動を管理する。

⑦連邦警察

国境警備，不審者の身元確認，不法滞在者の取り締まりなどを行う。

⑧機会均等連邦間センター（Centre interfédéral pour l'égalité des chances）

独立機関であり，反差別と機会均等の促進を目的に，次の点をミッションとして掲げている。すなわち，差別を受けた人からの相談を受け，彼らに付き添うこと，差別行為に関する調査と報告を行うこと，雇用主に反差別法についての情報を提供すること，当局への勧告を行うこと，問題の当事者や支援者との

協議を行うことである。

地域圏レベル

移民政策に関して各地域に与えられた権限は，大きく分けて労働許可，統合政策，人身売買対策に関するものである。

ブリュッセル首都圏地域　労働許可証の交付に関する権限をもっている。一方で，移民の社会統合については，オランダ語共同体委員会とフランス語共同体委員会の２つの機関に権限が分割されており，それぞれが市民団体と連携し，支援を行っている。代表的な市民団体として，オランダ語共同体委員会ではフォワイエ（Foyer），フランス語共同体委員会ではブリュッセル異文化間活動センター（Centre bruxellois d'action interculturelle）などが挙げられる。また，共同体共通委員会が，人身売買を監視する市民団体に助成を行っている。

フランデレン地域　雇用や労働許可証の交付は，フランデレン政府に設置された雇用局が担当する。統合政策に関しては，統合局（Agentschap Integratie en Inburgering）が政策を立案，実施する。また，それをサポートする機関として民族的・文化的マイノリティー各省間委員会がおかれ，移民労働者やニューカマー，不法滞在者，移民の若者，キャラバン生活者たちの社会統合を支援している。委員会の名前からも分かるとおり，フランデレン地域における統合政策は，民族的，文化的マイノリティーを対象としているのが特徴である。その他には，外国人や庇護申請者の社会福祉を担当する部門がおかれ，また，人身売買を監視する非営利組織に対する助成も行われている。

ワロニー地域　ワロニー地域では，労働許可証の交付は地域政府に設置された雇用省の管轄であるが，ドイツ語共同体地域のみ，ドイツ語共同体政府が担当している。統合政策はワロニー地域政府の保健・社会福祉・機会均等省の管轄となっているが，フランデレン地域とは異なり，ローカル・レベルでの取り組みに委ねられている。そこでは，地域内に８つの統合地域センター（Centre régional d'intégration）がおかれ，外国人あるいは外国に出自をもつ者を対象に，政府と市民団体のネットワークとを連携させながら，統合の支援が行われている。また，人身売買を監視する非営利組織への助成も行

表 9-1　移民政策の分権化

連邦レベル	連　邦　政　府			
	内務省　社会統合省　外務省　雇用・労働・社会的対話省　司法省 経済省　連邦警察　機会均等連邦間センター			
地域レベル	ブリュッセル首都圏地域 （労働許可）		フランデレン地域	ワロニー地域
	オランダ語 共同体 （統合政策）	フランス語 共同体 （統合政策）	フランデレン政府 雇用局 統合局	ワロニー地域政府 （労働許可） （統合政策） ドイツ語共同体政府 （労働許可）
その他	コミューンなどのローカルなレベルにおかれた各種団体			

出典：筆者作成。

われている。

その他のローカルなレベル

　この他にも，よりローカルなレベルでいくつもの団体が移民政策にかかわっている。例えば，各コミューンには公共社会福祉センター（Centre public d'action sociale）がおかれ，雇用や所得保障を通じた統合の促進や，経済支援，医療ケア，法律相談，文化活動の提供などを通じた社会福祉活動を行っている。

　また，代表的な非政府組織としては，CIRÉ（難民と外国人のための連絡行動委員会：Coordination et initiatives pour réfugiés et étrangers），フラームス・マイノリティー・センター（Vlaamse Minderhedencentrum），医療ケアを行うメディミグラン（Medimmigrant），赤十字社，カリタス・ベルギー，ADDE（外国人の人権のための団体：Association pour le droit des étrangers），非合法移民労働者連合（Organisation pour les travailleurs immigrés clandestins），ベルギー難民支援委員会（Comité belge d'aide aux réfugiés）などがある。

4　移民の統合

　移民政策には受け入れや家族呼び寄せ，庇護申請，送還など，様々な側面がある。本節では，長きにわたって移民受け入れの歴史をもつベルギーが，その

結果としてもたらされた移民の定住や子ども世代の問題をどのように抱えているのか，言い換えれば，移民や移民に出自をもつ人々の社会参加について検討するために，統合政策に焦点を当てる。

制度化以前

　移民受け入れの歴史は決して浅くないベルギーではあるが，彼らの社会統合が制度化されるのは1980年代からである。すでに述べたように，当初は移民たち自身もホスト社会の側も，ベルギーへの移民を一時的なものと考えていた。移民現象はもっぱら経済的な理由によるものとみなされており，住宅や教育，文化面での受け入れ体制は，長いあいだ不十分なままであった。

　しかし，社会統合が制度化される以前にも，移民たちは様々な手段でベルギー社会への参加を試みていた。代表的なのは，彼らの仕事場におけるものである。1960年代，彼らは仕事仲間と連携し，また労働組合，市民団体とのかかわりあるいはその設立を通じて連帯し，雇用主や当局との交渉を通じて雇用条件や労働環境の向上を目指した。

　一方で，教育現場ではこの頃すでに移民の子どもたちの就学が問題となっていた。彼らへの教育，とりわけ言語教育がほとんど整備されていなかったためである。彼らの親たちの仕事場がある種の統合の場であったのに対し，学校はその役割を十分に果たしていなかった。教育の遅れは，移民の子どもたちをしばしば職業教育へと向かわせ，それが彼らに挫折をもたらした。この影響をもっとも受けたのは，非ヨーロッパ出身者であったモロッコ人やトルコ人の若者である。

　1970年代に入ると，経済危機を背景に移民の統合が政治レベルで議論されるようになる。移民が労働力不足を解消し，国の経済成長に貢献しているとみなされているあいだは，彼らに対して否定的な眼差しが向けられることは少ない。しかし，炭鉱業や製鉄業，繊維業，化学業など，エネルギー革命にともなう産業構造の変化や機械化，合理化によって雇用が不安定になり，失業者が増えるとそうした状況は一変し，ベルギー人と移民との関係は必ずしも良好なものではなくなったのであった。

　何よりもその犠牲となったのは移民たちである。そこでは，欧州域内出身者

ではなく，とりわけ北アフリカ出身者がレイシズムの対象となり，彼らの存在自体が異論をよぶ。また政治家たちの一部は，彼らの帰国奨励策を主張した。

　1960年代から1970年代にかけてのこの時期を，ベルギーにおける統合を考える上での前段階とみなすことができる。例えば，1960年代中頃から移民や労働組合，市民団体の呼びかけで法律相談や語学教育が行われるようになる。また，1968年から1975年にかけて，「移民週間」とよばれる催しが毎年各地で開催され，文化交流や政治討論が行われた。この催しの目的は，ベルギーにおける移民労働者の存在と，彼らの出身国の文化への関心を高めることであった。

　1970年には，警察による外国人の監視活動が問題となり，警察法の下で管理されていた滞在許可証の交付と国外退去措置を廃止する運動が展開される。学生運動と連携したこの運動はその後も継続され，1980年12月15日に「入国・滞在・定住・送還法」が採択される。それ以降，外国人は自らの滞在の正当性に関する当局の判断に異議申し立てをすることが可能になる。

制度化

　統合政策の制度化は，1980年代を通じて行われる。1981年に反レイシズム法が施行されたのはすでに述べたが，そのことからもわかるように，移民が政治的論争の俎上に載せられる。そこでは，移民があらゆる党派にとっての政治キャンペーンの材料となり，彼らはしばしば雇用問題のスケープゴートにされた。しかし，移民はすでにベルギー社会の主要な構成員となっており，政府は対応を迫られる。

　その代表的なものは1984年6月28日法である。これは1932年以来の国籍法の改正であり，そこでは国籍取得に関する出生地主義の導入と，帰化手続きの簡略化が規定された。一方で，帰化申請の際には「統合の意志」を表明しなければならなくなる。また，手続きのなかで申請者自身の滞在期間や，服装や食事の仕方といった文化的な事柄に関する質問への回答が義務付けられた。この法改正によりベルギー国籍取得者は急増し，1984年まで1万件以下だった帰化件数は，翌年には6万件を超える。

　1989年，王立移民政策委員会（CRPI：Commissariat royal à la politique des immigrés）が創設される。委員会の目的は，移民政策を議論し改善することで

あったが，その背景には，フランデレン地域を中心とした極右政党の台頭や，それに関連した移民排斥の動きがあった。同時に，移民たちによる反差別，反レイシズムを掲げた運動も各地で展開され，移民政策の争点はそれまで以上に彼らの社会統合のあり方へとシフトする。

　1990年代に入ると，特定の地域の再開発や，その地域に住む子どもたちの就学支援を行う教育優先地域（ZEP）の指定，また外国に出自をもつ若者の就業支援といったアファーマティブ・アクションが実施される。また，1993年2月15日法によってCRPIが機会均等・反レイシズムセンター（Centre pour l'égalité des chances et la lutte contre le racisme）に再編される。この組織名からも，移民たちが抱えていた問題をうかがい知ることができる。前節で取り上げた機会均等連邦間センターはこの組織を受け継いでいる。

連邦化以後

　統合政策の方向性は連邦化を経てより地域的な特徴をもつようになる。雇用や教育，住居，保健衛生，文化など様々な分野に関連する統合政策であるが，移民政策とおなじく地域ごとに異なったアプローチをもっており，連邦国家としての統一された方針はない。むしろ，南北の2地域で対照的ですらある。

ブリュッセル首都圏地域　先述したように，統合政策に関する権限はフラマン語共同体委員会とフランス語共同体委員会にそれぞれ分割されている。前者は，フランデレン地域の方向性を概ね共有しており，移民やエスニック・マイノリティーを支援する市民団体の活動をサポートしている。一方で，統合には個人の意志が尊重される。

　フランス語共同体委員会の管轄下では，連邦化以降，当初はローカル・コミュニティーの統合と共存が政策の柱であったが，2004年4月30日のデクレを経て，移民やエスニック・マイノリティーを支援する方針に転換した。このデクレは同地域における社会的凝集（cohésion sociale）の向上を規定しており，市民意識を高め，社会的かつ文化的な多様性を維持することがその目的とされている。また，ニューカマーの受け入れも重要視され，社会福祉サービスへのアクセスや，とりわけフランス語教育に関する取り組みが奨励されている。

　以下からも分かるように，ブリュッセル首都圏地域では，フラマン語共同体

委員会がフランデレン地域，フランス語共同体委員会がワロニー地域の方針に
そのまま重なる訳ではなく，双方の要素が部分的に取り入れられている。

フランデレン地域　フランデレン地域における統合政策へのアプローチは，
オランダやドイツに代表される多文化主義モデルに近い。
地域政府の発足以降，移民支援を行う市民団体を公認し，サポートする政策が
とられたが，その目的は，移民の社会参加を促進するだけでなく，彼らの民族
的アイデンティティを認め，尊重することであった。1996年になると，移民政
策はマイノリティー（Minderhedenbeleid）政策ともよばれるようになる。そこ
では，民族集団や特定の文化的属性をもった集団の存在が前提とされていた。
1998年4月28日のデクレは，とりわけ社会福祉，保健衛生，教育の分野におけ
る「民族文化的マイノリティー」の社会統合を規定している。2003年以降は，
オランダ語教育や法制度，社会制度へのアクセスに関する支援も行われている。

　2004年，地域政府は統合政策を「多様性のなかで共に生きる」ためのものと
して掲げた。そこでは，対象となる「移民」がニューカマー，滞在1年以上の
者，宗教司宰者の3種類にカテゴリー化されている。ニューカマーに対しては，
ベルギー社会に関する知識やオランダ語の教育が行われる。そして1年以上の
滞在者に対しては，それらが不十分な場合に再教育が実施される。宗教司宰者
は彼らが属するコミュニティの模範的人物とみなされ，そうした人々を統合プ
ログラムの中に組み込むことが重要とされている。

ワロニー地域　ワロニー地域の統合政策は，フランスの共和主義モデルに近
い。そこでは，社会に参加しようとする個人の意志が何より
も重視される。1984年の国籍法改正によって導入された帰化申請の際の「統合
の意志」の確認はこの考え方に基づいている。1996年7月4日のデクレによっ
て，統合地域センターがその役割を担い，各所に設置されたセンターが，地域
の現状に鑑みてそれぞれにイニシアチブをとっている。先にも述べたように，
対象となるのは主に外国人あるいは外国に出自をもつ者である。

　フランデレン地域とは異なり，ワロニー地域ではエスニック・マイノリ
ティーの存在は制度上認められていない。統合政策が対象とするのは特定の社
会集団ではなく，外国人人口や失業率，賃借人の割合，就学状況といった，あ
る社会的指標をもとに定められた地域である。そのため，統合の対象となる

人々は第1節でみたような「移民系」や「移民出身者」として語られる場合が多い。

　一方で，ワロニー地域の統合政策にも，部分的ではあるものの多文化主義的な側面がみられる。外国人あるいは外国に出自をもつ者の統合に関する1996年7月4日のデクレは，機会均等の促進を前提として，民族的アイデンティティの構築にかかわる活動を除くという条件の下で，語学教育や職業訓練を通じた社会的参入を支援する，移民あるいは移民出身者から構成された市民団体への助成を認めている。

5　移民と統合

移民国家ベルギーと移民問題

　ヨーロッパの移民国家としてしばしば例に挙げられるのは，イギリス，オランダ，ドイツ，フランスなどであるが，ベルギーが言及されることは稀である。しかし，ベルギーにおける移民の歴史を概観すると，主要な移民受け入れ国とほぼ同じ道を歩んできたことがわかる。すなわち，産業化によって移民労働者の需要が高まり，やがて移民の出身国はヨーロッパの外にも拡大するが，1970年代前半の経済危機により，当初は期待された労働力であった移民の存在はホスト社会にとって解決しなければならない問題となる。一方で，移民の定住が進むにつれ，彼らだけでなく，その第2世代以降の人々の社会参加が移民政策の課題となる。こうした意味では，ベルギーも主要な移民国家であるといえるだろう。

　本章では，ベルギーにおける移民にどのような眼差しが向けられているのかをみるために，統合政策に焦点をあてた。結局のところ，何が問題なのだろうか。「移民問題」は文化的差異とみなされた事柄に帰されることが多い。例えば，移民の文化はホスト社会の文化とは異なるため，彼らの統合は不可能である，といった言説である。ただし，こうした議論には，一方に統合可能な移民の存在が想定されていることに留意しなければならない。それだけでなく，統合不可能な移民と可能な移民という対立は，社会的・歴史的文脈によってその形を変えてきた。例えば，戦間期はオランダ人やフランス人と比べてポーラン

ド人が，1960年代には近隣諸国の移民と比べてイタリア人やスペイン人，ギリシャ人が文化的に異なる存在とみなされていた。より最近では，ヨーロッパの移民と比べて統合できないトルコ人やモロッコ人といったイメージがある。とくに，近年の傾向は，イスラームがライシテ（公共空間における非宗教性）やキリスト教的価値と対立するものとして語られ，ムスリムの人々が望ましくない存在とみなされている。いずれの対立も，受け入れ国・地域の文化的な同質性を前提としたものである。

統合とアイデンティティ

　前節でみたように，ベルギーの統合政策は南北の各地域とブリュッセルがそれぞれ独自の方向性をもっている点で特徴的である。エスニック・マイノリティーの存在を認めるフランデレン地域は差異主義的であるが，ワロニー地域では民族的な指標は問題とされない。一方で，社会統合の基盤に個人の意志をおくワロニー地域は，フランデレン地域ほど介入主義的ではない。また，2つの言語共同体委員会の管轄下にあるブリュッセル首都圏地域では，南北両地域の方向性を部分的に共有しているものの，それぞれが独自に統合政策を展開している。

　しかし，いずれの地域においても共通するのは，それが移民なのか，移民に出自をもつ者なのか，あるいはエスニック・マイノリティーなのかを問わず，統合政策が，雇用や社会福祉，教育や医療といった，その対象とされた人々の社会参加，言い換えればホスト社会の市民としてのアイデンティティの構築にかかわる領域を扱っているという点である。理念としては，統合は結果ではなくプロセスであり，対象者が受け入れ国の国民と同等の社会的，経済的地位を獲得することを前提に展開される。つまり，ホスト社会とは異なるとみなされた彼らの文化的属性は本来問題にされない。例えば就職や言語習得を通じて，自らがホスト社会の一員であるという意識をもつことが重要なのである。しかしながら，民族的差異を認める連邦化以降のフランデレン地域の方針や，近年のヨーロッパにおけるイスラームの問題にみられるように，統合をめぐる言説は，文化的あるいは宗教的な差異をしばしば強調し，統合できないとみなされた人々にスティグマをもたらす可能性をもっている。

　これは移民国家とよばれる国々に多少なりとも共通する問題である。受け入れ国の文化と移民の出身国の文化は対立し，それどころか，移民の子ども世代までもがその中におかれる。結果として，受け入れ国で生まれ育った彼らがそこでアイデンティティ・クライシスに陥るのは容易に想像できる。そして，親から子，子から孫へと，自らの存在価値や市民意識をその社会に見いだせない人々が世代を重ねるという負の連鎖が生まれる。

　実際のところ，こうした「相容れない」とみなされた者同士の対立は，移民や外国人だけにかかわるものではない。貧困層と富裕層，若者と高齢者といった対立もまた同じ構造の下にある。ベルギーの場合には，フランデレンとワロニーの地域的，言語的対立が当てはまるだろう。

　では，統合政策はどうあるべきか。もちろん，統合のあり方を考える上で移民の文化的，宗教的属性は決して無視できないが，それは，彼らが自らベルギー社会の一員としてのアイデンティティを獲得することを前提にしなければならないのではないだろうか。2015年と2016年にそのことを強く思わせる出来事が起こった。

テロから考える

　2015年11月13日〜14日の未明にかけて，フランスのパリで同時多発テロが発生し，事件の犯人の一部がベルギー人であることが明らかになる。首謀者とされたのは，モロッコ移民の2世であった。そして，彼らがブリュッセルのモレンベーク地区を拠点とする移民に出自をもつ若者であったことから，同地区だけでなくブリュッセル，そしてベルギーが「テロの温床」とよばれるようになる。2016年3月22日にはブリュッセルの空港と地下鉄駅でも連続テロが発生し，32名の死者を出した。事件は，その4日前にパリでのテロの指名手配犯がモレンベーク地区で逮捕されたことへの報復とも言われ，その後イスラム国（IS）から犯行声明が出される。それ以来，ベルギー情勢はテロとともに語られ，そこでは，しばしば移民がその原因であるかのようにみなされた。

　その背景には，2001年9月11日のアメリカ同時多発テロ事件以降，モレンベーク地区にテロ組織が介入したことや，高い貧困率，失業率，また移民出身者の多さがあるともいわれるが，それらのことだけでテロを説明するのは早計

であろう。確かに，同地区はベルギーでもっとも貧しい場所のひとつで，2013年の調査によれば失業率は30.5％である。世代別にみると，とりわけ15歳から24歳の若年人口において最も高く，43.4％を記録している。また，人口の半数以上が貧困線以下で生活している。一方で，このような地区はベルギー国内外にも数多く存在するし，メディアでは「ゲットー」と形容されることもあったモレンベークだが，例えばアメリカのそれとは到底比較にならない。

　2015年，モレンベークでは人口の28％にあたる2万7,080人が外国籍保持者であった（ブリュッセル全体では34％）。そのうち31％がEU原加盟国（15カ国），27％が北アフリカ，18％がEU新加盟国（13カ国），10％がサブサハラ・アフリカ出身者である。国籍別にみるとモロッコがもっとも多く6,814人。その後にルーマニア（3,326人），スペイン（2,297人），フランス（2,088人），イタリア（1,901人）と続く。しかしこうした状況もまた例外的という訳ではない。

　もちろん，これらの要素を全く排除することはできない。実際，2014年10月に成立したミシェル政権によって，2009年以降のユーロ危機にともなう財政難への対応として緊縮財政政策が実施されたが，それは貧困対策の削減を意味しており，モレンベークのような地区の貧困化は近年著しい。また，パリのテロ以降の同地区での治安対策やそれをめぐるメディアの報道は，「テロの温床」とされた同地区やその住民たちにスティグマをもたらした。しかしながら，ベルギーにおける移民の歴史と統合政策を通してこの事件を考えると，移民のアイデンティティの問題を避けて通ることはできない。

　人類学者のアレクサンドル・ローモニエ（Alexandre Laumonier）は，テロ後のモレンベークに関する記事のなかで，ムスリムたちの宗教空間への閉じこもりとその高まりを指摘している。そのことが人々をテロ行為に加担させているのだとすれば，その対策は雇用や貧困の分野だけでなく，統合政策においても重要なものとなるだろう。統合によって人々の文化的，宗教的アイデンティティが尊重され，なおかつそれが他者に開かれたものとなるのか。今後のベルギーの移民政策の展開を注視したい。

読書案内
内藤正典（2004）『ヨーロッパとイスラーム——共生は可能か』岩波書店。

＊主な事例はドイツとオランダではあるが，ムスリム系移民とヨーロッパ社会との関係を理解することができる。

松尾秀哉（2016）「「西欧の十字路」テロ後のベルギー──祈り耐え忍ぶ多言語の国の行く途」『現代の理論 DIGITAL』現代の理論編集委員会，第 9 号（http://gendainoriron.jp/vol.09/feature/f04.php）。

＊ブリュッセルでのテロの背景と要因が概説された記事。事件後のベルギー社会の反応にも触れられている。

宮島喬編著（2009）『移民の社会的統合と排除──問われるフランス的平等』東京大学出版会。

＊フランスの事例に限られてはいるが，移民の統合政策がはらむ問題点と課題について理解することができる。

宮島喬（2016）『現代ヨーロッパと移民問題の原点──1970，80年代，開かれたシティズンシップの生成と試練』明石書店。

＊欧州の移民国家にとって政策の転換点となった，高度経済成長期以後の移民の状況を理解することができる。

参考文献

平野奈津恵（2009）「ベルギーにおける移民の歴史──一九世紀から今日まで」『歴史評論』高倉書房，713号，45～56頁。

松尾秀哉（2016）「ムスリム系移民との共存から治安強化へ ベルギーがテロの温床となるまで」『中央公論』中央公論新社，130巻 6 号，148～154頁。

Coenen, Marie-Thérèse et Lewin, Rosine (coord) (1997) *La Belgique et ses immigrés*, Bruxelles: Coll. Politique et Histoire, De Boeck Université.

Khader, Bichara, Martiniello, Marco, Rea, Andrea et Timmerman Christiane (éds) (2006) *Penser l'immigration et l'intégration autrement, Une initiative belge interuniversitaire*, Bruxelles: Bruylant.

Laumonier, Alexandre, « Molenbeel-Saint-Jean n'est pas un ghetto », *Le monde*, 2015/11/27 (http://www.lemonde.fr/idees/article/2015/11/23/molenbeek-saint-jean-n-est-pas-un-ghetto_4815791_3232.html)（アクセス日 2016年12月25日）.

Martens, Albert (1976) *Les immigrés, Flux et reflux d'une main-d'œuvre d'appoint*, Louvain: P.U.L. et Éditions Vie Ouvrière.

Martiniello, Marco (1992) *Leadership et pouvoir dans les communautés d'origine immigrée*, Paris: CIEMI-L'Harmattan.

Martiniello, Marco, Rea, Andrea et Dassetto, Felice (éds) (2007) *Immigration et integration en Belgique francophone, État des savoirs*, Louvain-la-Neuve: Academia Bruylant.

Martiniello, Marco, Rea, Andrea, Timmerman, Christiane, et Wets Johan (éds) (2010) *Nouvelles migrations et nouveaux migrants en Belgique*, Gand: Academia Press.

Morelli, Anne (éd.) (2004) *Histoire des étrangers... Et de l'immigration en Belgique de la préhistoire à nos jours*, Bruxelles: Couleur Livres.

Rea, Andrea (2001) *Jeunes immigrés dans la cité, Citoyenneté locale et politique publique*, Bruxelles: Éditions Labor.

L'immigration en Belgique (2006) *Effectifs, mouvements et marché du travail. Rapport 2006*, Bruxelles: Direction générale Emploi et marché du travail.

La migration en chiffres et en droits 2016, Bruxelles: Myria.

European Migration Network (2009) *The organisation of Asylum and Migration Policies in Belgium*, Bruxelles: European Migration Network.

Institut Bruxellois de Statistique et d'Analyse (2016) *Zoom sur les communes - Éditions 2016: Molenbeek-Saint-Jean*, Bruxelles.

第10章

環境・エネルギー政策

本田　宏

┌─ この章で学ぶこと ─

　本章では，原発をめぐる政治過程を時系列的に概観する。原発に焦点を当てる理由は，原子力事故が最も深刻な環境汚染を引き起こしうること，また原子力技術と核兵器技術との共通性のゆえに，原子力が他のエネルギー源に比べて最も激しい論争を呼んできたことによる。ベルギーでは植民地のウラン鉱山を保有する多国籍資本の存在と，米国への核兵器材料の提供を背景に，原子力産業が米国型技術と外国資本の導入に基づいて早期に発展した。原子力の是非自体の議会での議論は回避され，立地手続きも集権的だった。

　しかし1970年代半ばに穏健で小規模ながら反原発運動が登場する。以来，新規計画の噂が流れた段階で自治体が反対を表明すると，電力会社や政府は紛争を回避すべく計画を早々に撤回し，既設点に増設する戦略をとった。政府も審議会の設置によってガス抜きを図った。それでも1980年代には緑の党が国会に進出し，チェルノブイリ原発事故後は世論も原発新設に否定的になった。環境NGO も定着している。緑の党との連立を意識した大政党の思惑は，2003年の脱原発法制定につながった。しかし緑の党の交渉力は限られており，電力会社は脱原発の実施の先送りを図ってきた。

　この章では，こうした展開をたどるとともに，章末では脱原発を確定させたドイツとの比較を行い，ベルギーの脱原発を取り巻く条件を明らかにしたい。

1　原爆用ウラン採掘から原子力産業の発展へ

原子力産業の歴史

　ベルギーの原子力産業の起源は20世紀初頭に遡る。苛烈な植民地支配が行われたコンゴでは，資源の豊富なカタンガ州において，1906年にベルギー・英国資本の合同で設立されたユニオン・ミニエール・カタンガ（UMHK）社が銅の採掘を行っていた。1915年にシンコロブエ（Shinkolobwe）で高含有率のウラン鉱が発見され，採掘は1921年末に開始された。ウランの当初の利用目的は，医療用の他，兵士の腕時計の蛍光塗料用に需要が高まっていたラジウムの採取だった。植民地には限られた工業化しか認めない UMHK の基本原則に従い，ラジウム採取はベルギー国内で行われ，アントウェルペンの東に位置するオーレン（Oolen）に精錬業が発展し，1930年代には世界のラジウム生産の約80%を支配した。しかし1938年12月にドイツの科学者によって核分裂現象が発見されると，ウランは戦略物資となる。原爆製造には大量のウランが必要だった。米国は「マンハッタン計画」で約6,000トンのウランを使用したが，うち国内（コロラド高原）採掘分（15%未満）では足りず，約3分の2はコンゴ，約6分の1はカナダから調達した。

　第2次世界大戦勃発後，米国に売却された一部を除き，オーレンのウラン在庫のうち1,240トン以上が，ベルギーを占領したドイツ軍に接収された。ニューヨークに拠点を移した UMHK 社は，カタンガのボタ山に残っていたウラン鉱石約1,200トンを1940年，ニューヨークに発送し，保管した。その全量を取得した米国政府は，UMHK にシンコロブエ鉱山の再開を求め，技術支援や設備投資を提供した。1944年9月，米・英・ベルギー間でウラン協定が結ばれ，米英合弁の開発会社と UMHK は総量約2万9,000トンもの供給で合意した。米国が水爆開発に踏み切った1950年代初頭までに，主要な鉱床の大半は掘り尽くされていた。1960年にコンゴが独立すると，UMHK はシンコロブエの坑道にコンクリートを流し込んで封印し，鉱山村を取り壊し，利用可能な設備は全て解体した（Karlsch 2011：101-107，112）。またコンゴ独立の直後にベルギーはカタンガ州の分離を図って軍事介入を行い，この地に動乱の種をまいた。

　核軍拡を進める英米への高品質・低価格のウラン供給と引き換えに，ベルギーは1951年から非軍事用原子力技術の優先的提供を受けた。米国大統領が国連総会演説で「原子力平和利用」を宣言する1953年12月より前の1952年，ベルギーはウラン輸出への課税収入を活用して，研究所をオーレンに近いモルに設立，1957年に「原子力研究センター」（SCK・CEN）に改名した。モルの研究所は３つの実験炉を建設し，BR1は1956年，BR2は1961年，欧州初の加圧水型軽水炉（PWR）となったBR3は1962年に運転を開始した。また国連の後援の下，IAEA（国際原子力機関）が設立された1957年，ベネルクス３国と仏伊・西ドイツは欧州原子力共同体（ユーラトム）条約に調印した。

　原子力事業の初期には，ベルギー総合会社（ソシエテ・ジェネラール・ベルジーク，GM/SGB）が方向性を決めていた。同社は1822年に設立され，1850年までは発券銀行としても機能し，その後も持ち株・投資会社としてベルギーの金融，炭鉱，金属業，鉄道建設やコンゴ植民地経営を支配した国策会社である。同社が出資した会社が核燃料サイクルの各段階を支配した。すなわちウラン採掘（UMHK），核燃料加工（原子力冶金機械会社 MMN），独自炉型の開発（ベルゴヌクレールと SCK・CEN が開発した VENUS 実験炉），原発建設（ACEC など），廃棄物処理（Belchim）である。しかし GM/SGB 社は早くから国産原子炉よりも米国型軽水炉を有望視していた。ベルギーで最も有力だった電機企業 ACEC は1970年，その原子力事業全体が，PWR のライセンスを所有する米国系多国籍企業ウェスチングハウス社（2006年から東芝の傘下に入り，後の東芝の経営危機の一因となった）の傘下に入った。MMN 社も1972年に仏系の FBFC 社に統合される。GM/SGB 社自体も1998年にフランスのスエズ・グループの傘下に入った。スエズは2005年にベルギー最大の電力会社，エレクトラベル社を傘下に収め，2008年にはフランス・ガス（GDF）社と統合し，2015年にエンジー（Engie）に改称した。

原子力事業の多国籍化と集中

　原子力研究の大半は政府予算でまかなわれていたが，議会では議論されなかった。電力会社もフランス電力（EDF）と共同で国境付近のフランス側，ショー（Chooz）の地下にA号機（PWR）を建設し，1966年に運転を開始した。

EDFもこの合弁事業を通じて軽水炉への関心を持ち，ウェスチングハウス社のPWRのライセンスを持つフラマトムと連携した。やがてフランスは原子力庁（CEA）が固執したガス冷却炉の開発を1969年に放棄し，フラマトムの製造するPWRのみに特化することになる。独仏とは異なり，ベルギーの研究センターや電力会社，製造企業の間では米国技術の導入に異論は出なかった。

　英国で1957年に起きたウィンズケール原発事故や，1965年12月にモルのVENUS実験炉で起きた臨界事故（運転員1名が大量被曝）も，目立った抗議運動を呼び起こさなかった。世界的には大気圏内核実験による放射性降下物が平和運動の台頭をもたらし，ベルギーでも1960年に反核運動が組織されたが，核の軍事利用のみを標的にしていた。報道も原子力産業について全般的に楽観的だった。研究センターのあるモルおよび隣接するデッセルの周辺には，以下に代表される様々な原子力施設が集積した（Rüdig 1990：85, 94-95；Laes et al. 2004：11-12, 38-43；IAEA 2016）。

①ベルゴヌクレール

　非鉄金属企業のコンソーシアムを母体に1957年に設立され，特にSCK・CENで開発された技術に基づくウラン・プルトニウム混合（MOX）燃料の加工を専門にしてきた。デッセルの工場は商業用MOX生産を1986年に開始し，2006年まで日本を含む世界の21の原発用に600トン以上を生産した。後にSCK・CENとエレクトラベルが主要株主となった。2010年から工場の廃止作業に入っている。

②フランス・ベルギー燃料製造会社（FBFC）

　採算がとれなくなったMMNの工場をフラマトムと仏核燃料公社コジェマ（ともに現在はアレヴァに統合）が引き継いで1972年に発足した。軽水炉（PWRと沸騰水型BWR）用に，通常の濃縮ウラン燃料と，ベルゴヌクレールから供給された材料を使ったMOX燃料の両方を，デッセルの工場で組み立てたが，前者は2012年，後者は2015年末に生産を停止した。

③ユーロシェミック

　1959年，OECDの13加盟国によって設立され，使用済核燃料の再処理工場を建設し，1966年に運転を開始した。しかし各国の利害の相違や高い処理

費用，出資国独自の再処理工場の建設（特にフランスのラアーグ）の結果，工場は1974年に閉鎖され，ベルギーの原子力事業は再処理についても外国に依存することになった。ベルギーはショー原発のほかにも様々な国際原子力事業に投資した。

④シナトム

　元々はベルギー電力業界が国内外の原子力事業に参加するための共同会社として1965年に設立されたが，1977年にウラン供給から廃棄物処理までの核燃料サイクルに業務の焦点を移した。1980年の法律により，株式の50％を政府が引き受けたが，今日では大部分をエレクトラベルが保有する。

⑤ユーロディフ

　シナトムはフランス・トリカスタンのウラン濃縮工場と4基の原子炉にも出資した。濃縮工程で発生する大量の劣化ウランは現地に貯蔵されている。

⑥高速増殖炉 SNR-300

　1968年，西ドイツ（70％），ベルギー（シナトム）とオランダ（各15％）の出資で西ドイツのカルカーに建設することが合意された。原発は1985年に完成し，ベルゴヌクレールは核燃料の40％の製造を担当したが，ノルトライン・ヴェストファーレン州政府が運転認可を拒み，建設費用も嵩んだため，1991年に事業が中止された。

　電力事業については第2次世界大戦後，社会党や共産党から国有化が主張されたが，1955年7月に妥協が成立した。すなわち電力事業は大部分民営にとどめる一方，「電力・ガス統制委員会（CCEG）」が設立され，労組と使用者団体，1964年以降は政府も代表を送り込み，電力・ガス事業の公益性・効率的経営を監督する役割を担うことになった。合意が成立すると電力事業の集中が進められた。1955年に36あった民間電力会社は，1976年に3社（EBES, Intercom, Uneng），1990年にエレクトラベル1社に統合された（Laes at al. 2004：42-44）。一方，公営電力会社は1979年に SPE に再編され，2005年にはベルギー第2のエネルギー供給企業ルミヌスと統合し，さらに2009年に EDF の傘下に入った結果，2011年に EDF ルミヌスに改称された（WNA 2016）。

2　反原発運動の登場から原発新設凍結へ

原発建設と反対運動のはじまり

　1965年，シナトムの主導により，原発建設の候補地としてドゥールとティアンジュの２地点で事前調査が行われた。この２地点の検討のため，政府と産業界で構成する連絡調整委員会が設置され，電力業界はさらに海岸沿いの３地点を提案した。原発の技術的検討は技術情報を事実上独占する電力会社にまかされ，原子力自体の是非は議論されなかった。審議の結果を受け，1966年12月に経済社会調整閣僚委員会がドゥール，ティアンジュ，ゼーブルッヘ（Zeebrugge）の３地点を原則的に了承した。

　ベルギーの原発の認可・規制手続きは主に①設置認可，②運転認可，③運転中の検査の３段階からなる。設置認可は「都市計画（stedenbouw）認可」と「原子力認可」に分かれ，前者だけで着工できた。原子力認可を受けるには，原発事業者は施設計画を公認民間検査会社に提出する。ベルギーの原発を検査するのに十分なノウハウと人材を有していた唯一の公認民間検査会社，ヴァンソット（Vinçotte Nucléaire）は，所管官庁や電離放射線特別委員会，ユーラトムの諮問委員会との協議の上で，安全設備上の要件に関する決定を下す。州知事や州政府当局，関係自治体首長からの意見聴取は形式的にすぎなかった。また認可手続き全体において関係者の重複が見られた。例えばヴァンソットはその部長が電離放射線特別委員会の委員でもあり，電力会社から仕事をもらい，理事会に原発事業者の代表を迎えていた。後の「賢人委員会」にも検査会社の関係者が入っていた。

　最初の３基の原子炉は円滑に建設され，1975年に運転を開始する。1973年秋に石油危機が発生すると，電力業界はドゥール３号機とティアンジュ２号機，さらに立地点を特定しない２基の原子炉の建設を計画した。しかしこの頃から反原発運動が表面化する。ブルッヘに近いゼーブルッヘでは，1966年に候補地に挙げられたときは反対の声が上がらなかった。しかし人口約4,000の町は8年の間に大きな変化を遂げ，港の拡張，特に海に接続する大型水門の建設に伴う地上輸送が環境の悪化をもたらしていた。1972年に結成された住民団体，

「ゼーブルッヘは今まで通りに（Zeebrugge blijft）」は1973年，原発新設地点に最終的に選ばれたという噂が流れると，REM-U-235と称する作業部会を4月につくり，情報を収集した。1974年1月，同原発の設置申請が電力会社 EBES から密かに提出されていたことが，REM-U-235のメンバーでもある自治体議員の照会で明るみに出た。まもなくブルッヘと周辺地域の40グループが結集して手紙を国会議員に送り，低線量放射線の危険や核廃棄物処分問題，温排水による北海の熱・放射能汚染，観光への悪影響，市民への情報提供の欠如といった幅広い論点からの反対論を展開した。ブルッヘ市長が EBES と原発を支持する協定を結ぶと，2月，REM-235はヘントやアントウェルペンの環境グループとともに「原発阻止行動グループ連合（VAKS）」を結成し，ドゥールやティアンジュの原発，カルカー高速増殖炉への反対も目標に掲げた。

　1974年9月までに沿岸部の他の3地点が原発建設の候補地として論議に上ると，いずれの地元議会も反対を決めた。10月，西フランデレン州議会は沿岸部への原発立地に懸念を表明する動議を全会一致で可決し，国会下院でも政府への質疑が行われた。

　ただし独仏に比べ，ベルギーの反原発運動は小規模かつ穏健だった。西ドイツでは1976年10・11月と1977年2月にブロックドルフ原発建設地点で数万人のデモがあり，一部が警察と衝突した。1977年9月のカルカーでの高速増殖炉反対デモにはオランダからも含めて約6万人が参加した。1977年7月のフランス・クレイ・マルヴィルでは6万人のデモで1名の死者が出た。一方，ベルギー最大のデモは1979年6月，VAKS や地球の友（Amis de la Terre），幾つかのオランダのグループが共催したドゥールでの2万人のデモだった（Laes et al. 2004：49, 52-55；Rüdig 1990：142-143）。

「賢人委員会」と反対運動対策

　政府は専門家委員会に丸投げすることで原発問題の非政治化を図った。なかでも1975年1月，「賢人委員会」の設置が発表された。この委員会は原子力の全側面の「客観的な現状」を検討すると標榜し，経済的側面，立地点，安全性，健康，エコロジー，核燃料サイクルなどの各分野について部会を設置したが，新規原発の是非は政治の課題だとして検討から外した。論争の過程で1975年夏，

表 10 - 1　ベルギーの原発（2015年現在）

原発・号機	出　　力		営業運転	閉鎖予定	電力会社と出資比率
	当　　初	増強後	開　　始		
ドゥール 1	392	433	1975年 2 月	2025年	エレクトラベル 100%
ドゥール 2	392	433	1975年12月	2025年	
ティアンジュ 1	870	962	1975年10月	2025年	エレクトラベル 50%, EDF ルミヌス 50%
ドゥール 3	890	1,006	1982年10月	2022年	エレクトラベル 89.8%, EDF ルミヌス 10.2%
ティアンジュ 2	900	1,008	1983年 6 月	2023年	
ドゥール 4	1,000	1,033	1985年 7 月	2025年	
ティアンジュ 3	1,020	1,038	1985年 9 月	2025年	

出典：OECD/IEA 2016：130. 出力は MW（メガワット）。

　ベルギーの大学や研究センターの数百人の科学者が声明を発表し，他の国を参考に原発建設の 2 年間凍結（モラトリアム）を提案した。1976年 3 月，「賢人委員会」の結論が公表された。部会ごとに原子力への態度は異なっていたものの，反原発運動の提起した批判には正面から答えずに，さらなる意思決定は国会での議論を待つこととしたが，それが実現したのはようやく1982年秋のことだった。しかし賢人委員会が予測した電力需要の大幅増大には，経済問題省の大臣や次官からも疑問の声が上がった。想定によると1985〜2000年の間に最大 4 万MW 分，10カ所の新規地点に原発または巨大な原子力島の建設が必要だった。

　政府はさらに1976年 4 月，「国家エネルギー委員会（NCE）」を設置したが，NCE が電力会社の設備投資計画に関する検討を認められるのは1980年 8 月 8日の法律によってである。政府はまた1976年 7 月，原子力島や沿岸立地をこれ以上検討しない方針とともに，2 年間の原発建設凍結（モラトリアム）を宣言した。ただし発注済みの新設原発には適用せず，ドゥール 4 号機とティアンジュ 3 号機の設置は認可した。ともあれ1977年以降，政界における原子力論議は低調になった（Laes et al. 2004：14, 56-59）。

　1977年，電力会社はワロニー地域内で独蘭国境に近いヴィゼ（Visé）村付近の土地を購入したが，地元議会は計画を拒絶した。またティアンジュから20キロ離れたアンダンヌ（Andenne）でも原発計画が持ち上がったが，地元の議会が反対したほか，市長の提案で10月に住民投票が行われ，原発反対が84％に達

した。いずれも非公式の噂が流れただけで，地域社会が強い反対を表明し，電力会社はそれ以上の手続きを進めなかったため，全国的な反原発運動には盛り上がらなかった。結果的に，電力会社は反対運動の弱いドゥールとティアンジュの既設点に増設する戦略を選択したのである（Rüdig 1990：221）。

　共産党（1981年選挙まで国会に議席）やフランデレン民族同盟（VU）といった小政党は原発に批判的だったが，自由進歩党（PVV）やキリスト教人民党（CVP）のような大政党は原発問題から距離を置いた。社会党（SP/PS）は1981年12月に下野してから，党所属の様々な政治家が議会での質問や調査委員会などの場で原子力政策に批判的な態度をとり始めた。原発問題はドイツに比べて政治の上で強い存在感を持たなかったものの，様々な新しい社会運動が出会う場を提供し，緑の党（アハレフ／エコロ）の国会進出（1981年11月）に貢献した（Laes et al. 2004：78-79）。さらに1986年のチェルノブイリ原発事故の余韻の中，1989年欧州議会選挙で緑の党の得票は増大した（Rihoux 1995：103）。

世論と報道の論調

　ユーロバロメーターの世論調査を見ると，ベルギーでは1986年以前から原子力の危険への認識が徐々に高まってきていた。チェルノブイリ後の世論調査では，既存の原発は容認しつつ，国民の3分の2が原子力の拡大に反対だった。フランデレンの社会党は原子力拡大への反対を強調し始めた。社会党が加わった第8次マルテンス政権（1988年5月～1991年9月）は所信表明の中で原発新設を否定した（Rüdig 1990：338-339）。

　その間，1986年に「チェルノブイリ委員会」が国会に設置され，1991年までベルギーの原子力事業全体を検討した。その1988年12月の勧告は，「原発は都市部から少なくとも30キロ離れていなければならない」と述べ，これにより上院は事実上，第8の原子炉（ドゥール5号機）建設への反対を表明した（ドゥールとティアンジュは都市部に近い）。このほか委員会の勧告は様々な原子力政策上（緊急計画，放射線防護，施設の安全規制）の不備を指摘した。またドイツの核廃棄物輸送会社の不祥事（モルの原子力研究センターで処理されたドイツの原発由来の廃棄物の虚偽申告や，贈収賄，ベルギー企業を経由したパキスタンへの核拡散疑惑）が1987～88年に発覚し，両国の原子力事業の信頼性が損なわれた。こうした流れ

の中で，1980年8月8日法と1981年3月30日の勅令に基づき設置されていた放射性廃棄物・核燃料物質管理庁（NIRAS/ONDRAF，以下N/Oと表記）の権限強化や，1994年4月15日の法律による連邦原子力管理庁（FANC）の設置（ただし2001年から活動開始）が行われた（Laes et al. 2004：16-17）。

　報道の論調を見ると，1970年代にはフランデレンの新聞は「比較的中立」に賛否両論と幅広い論点を扱っていたが，各紙の論調には党派ごとに重点の違いがあった。例えば *De Standaard* 紙はキリスト教人民党の立場に近く，経済的論拠に基づく「穏健な原発肯定論」を示していた。*Het Volk* 紙はキリスト教労組（ACV）の立場に対応して，エコロジーや安全性により重点を置きつつも賛否を明確にしなかった。最も反原発の立場を鮮明にしたのは *De Vooruit* 紙で，社会主義労組 ABVV や社会党青年部で高まる反原発運動への親近感を反映していた。チェルノブイリ事故以降，原発報道は激増したものの，ベルギーの原発問題に関して明確な立場を打ち出す新聞は少なかった。De Vooruit だけは4週間にわたって原発問題の特集を組んだ。ベルギーでも所管大臣が国民には危険が及ばないと発言したのに反して，科学者が甲状腺ガンのリスクの若干の増大を指摘し，牛の屋内保護を農家に提案した。またパニックを回避しようとベルギー・ラジオ・テレビ・オランダ語放送（1998年に現在のフランデレン・ラジオ・テレビ放送，VRT に改称）が風向きについての天気予報の統一化を図ったため，オランダの幾つかのメディアの予報との齟齬が生じ，論議を呼んだ（Laes et al. 2004：50, 81）。

3　核廃棄物政策の転回

　原発新設が事実上放棄されると，核廃棄物問題が浮上した。1993年に国会で行われた議論を受け，政府は初めて過去の原子力政策の決定を撤回し，1991年に仏コジェマ社と結んだ使用済核燃料の再処理契約の凍結をシナトムに命じた。以後，廃棄物処分の選択肢として，直接最終処分も再処理と同格に位置づけられた。さらに1998年12月，政府は1991年の再処理契約の解除を決定した。以来，使用済核燃料は原発敷地内に保管されている。

　低中レベル・短寿命放射性廃棄物（カテゴリーA）の処分場選定も焦点に

なった。海洋処分は1993年のロンドン条約で不可能になった。放射性廃棄物管理庁（N/O）は1994年に98の候補地域を指定したが，どの自治体でも反対運動に直面した。1997年にはフランスのショーに国境を挟んで隣接するボーレン（Beaurang）で住民投票が行われた。地元の反対運動を支援したグリーンピースや緑の党は，地上での長期貯蔵を主張した。批判を受け，1998年にN/Oは政府からの要請もあってトップダウン式の立地選定手続きから転換し，処分構想の企画を原子力施設の既設地点であるモルやデッセルの協力住民団体との協議の上で，技術的実現性と社会的適合性を調査することにした。最終的に2006年6月，政府はデッセルを地上処分地点に選んだ（Laes et al. 2004：19, 143-144）。自治体は受け入れの条件として地域基金の創設を提案した。この基金は総計1億ユーロ前後とされ，協力住民団体によって共同運用され，「社会経済的付加価値の創出」のために投資される。廃棄物の管理費用は事業者が支払い，廃棄物の引渡し後はN/Oの所有となる。

　カテゴリーB（低・中レベル長寿命）とカテゴリーC（高レベル短・長寿命）の地層処分については，岩塩層や花崗岩層がベルギーにはなく，モルのSCK・CENの地下にたまたまあった粘土層が基準とされた。1974年にモルでの調査が開始され，調査施設は1995年からはSCN・CENとN/Oの共同運営となっている。2001年，N/OはカテゴリーB・C管理に関して，政府に透明性と正統性のある意思決定過程の枠組みの提案を求め，2004年に政府はその検討をN/Oに命じた。並行して連邦政府は一連の国際条約・EU指令の国内適用を求められた（2002・2006年の立法）。すなわち情報へのアクセス，意思決定への市民参加，環境問題における司法へのアクセスに関するオーフス（Aarhus）条約（2001年10月発効），戦略的環境影響評価に関するEU指令（2003/4/EC, 2001/42/EC），さらに2015年までにEU加盟国に使用済核燃料と放射性廃棄物の安全な管理の国内計画を策定することを求めた2011年7月19日のユーラトム指令などである。N/Oは2009年に着手した戦略的廃棄物管理計画の作成にあたって，法律官報や連邦と，N/Oのウェブサイトに公示後の60日間，市民から書面の意見を公募した。N/Oは並行して一連の市民討議の日「NIRAS対話」（2009年4・5月）と，専門家を招聘した「学際的会議」（2009年4月）を企画した。さらにN/Oの要請により，ボードゥアン国王財団（KBS）主催で様々

な社会層の市民が3週間，学習と専門家との討議を行い，勧告を含んだ報告書を提出した（Schröder et al. 2015：142-144, 150-153）。

4　脱原発法をめぐる曲折

脱原発の制定

1999年，国政および地域選挙が行われ，緑の党が躍進した。緑の党が党改革を進めてきたことと並んで，鶏肉生産へのダイオキシン混入事件における政府の対応への批判や，小児連続誘拐殺害事件の被害者家族に寄りそう緑の党の姿勢が世論から評価され，勝利につながった。選挙前から連立に合意していた社会党と自由進歩党は，仏語圏では過半数に達していたが，フランデレンでは長年の政権党であるキリスト教民主党を排除した連立政権を作るためにアガレフを必要とし，さらに共同歩調をとるエコロも連立交渉に入れざるをえなかった。交渉の結果，アガレフは連邦，フランデレン・オランダ語圏合同，ブリュッセル首都圏で，エコロはワロニー，仏語圏，独語圏の政権に参加した。原発に関連しては連邦のエネルギー・持続可能発展次官にオリビエ・ドゥルーズ（Olivier Deleuze）が就任した（Buelens and Deschouwer 2002）。彼はエコロが1981年に初当選させた議員の1人であり，1990年代にはグリーンピース・ベルギーの代表を務めていた。

こうして成立した第1次フェルホフスタット「紫緑」政権は，所信表明で脱原発の方針を宣言した。すでに前政権末期の1999年4月に発電方式分析・再評価委員会が設置されており，ドゥルーズ次官はその任務を新政権の協定に沿って微修正した。すなわち運転期間40年とした脱原発シナリオの検討や，電力需要管理（DSM）の可能性，廃棄物処分と廃炉の費用の評価である。委員会の最終報告書は2000年10月に公表され，様々な発電技術を発電費用と社会的費用の点で比較するとともに，再生可能エネルギーの推進を重視したが，原子力の利用を継続する余地も残していた。上院は原発新設の禁止と既存原発の運転期間の40年（2014〜2025年に順次閉鎖）への限定を盛り込んだ2003年1月31日連邦法を承認した。しかし電力供給安定性が脅かされた場合，後述する電力・ガス規制委員会（CREG）の助言に基づき，脱原発法を無効化しうる「不可抗力」

（Overmacht, force majeure）条項が設けられた。これは自由進歩党の要求で入れられたと見られ，将来の政権が脱原発を覆すための「裏口」との批判があった（Laes et al. 2004：141-144）。

脱原発目標値のブレ

　並行して電力市場の自由化が，EU 指令に対応した国内立法（1999年4月と2005年6月）に基づき進められ，フランデレンでは2005年，ワロニーでは2004年，ブリュッセル首都圏では2007年に全面自由化となり，消費者による供給企業の選択が可能になった。また送電利用料の認可や全国市場の監督を行う電力・ガス規制委員会（CREG）が設置され，2003年に廃止される統制委員会（CCEG）の機能を段階的に引き継ぎ，各3地域にも電力・ガス規制組織が設立された。発送電分離も2007年に完了し，送電網管理は ELIA 社に委ねられた。発電に占める原子力の比率は1980年23.4％，1990年60.2％，2000年57.3％，2005年54.5％，2010年50.4％だったが，2014年には原発の相次ぐ故障のため46.4％に低下する一方，ガス発電は27％，再生可能エネルギーは19％（廃棄物・バイオ燃料7.8％，風力6.4％，太陽光4.3％など）だった。ドイツとは対照的に，ベルギーは正味で電力の輸入が多く，2015年の国内電力消費の26％を占める。

　原発の運転期間と脱原発の目標設定をめぐっては，政権交代のたびにブレを繰り返す一方，電力会社はそれを無視するかのように原発の寿命延長のための投資を行ってきた。

　2003年選挙で緑の党が敗北・下野した後，第2次フェルホフスタット政権が設置した諮問委員会は2007年6月，7基の原発の運転期間延長を勧告した。また2008年12月に成立したファン・ロンパイ政権は，新たな諮問委員会の勧告を受け，2009年10月，3基の旧式原子炉に50年の運転期間（2025年まで10年延長）を認める協定を GDF スエズと結んだ。引き換えに運転事業者は2010〜2014年について年間2億1,500〜2億4,500万ユーロ（kWh あたり0.5ユーロ），それ以降はさらなる額を原発特別税として支払う。

　しかし脱原発の目標年変更を含んだ法改正を見ないまま，2010年6月に選挙があり，さらに2011年3月に福島原発事故が起きた。欧州理事会が決めた EU 域内全原発の安全再審査（ストレステスト）の枠内で，原子力管理庁（FANC）

は10月にベルギーの全原発を合格と判断したものの，12月に成立したディ・ル
ポ政権の連立協定は2015年までに３基，2025年までに他の原子炉を閉鎖すると
いう2003年の脱原発法の目標を原則的に維持すべきとした。2012年７月，政権
は閣議で2015年に40年の運転を迎える原発のうち，ドゥール１・２号機は2015
年に閉鎖するが，ティアンジュ１号機は停電リスク回避のため2025年までの運
転を容認する方針を発表した。この決定は2013年12月18日の改正脱原発法とし
て議会で可決された（IAEA 2016；WNA 2016；OECD/IEA 2016：132）。

　にもかかわらずエレクトラベルは，2012年にはドゥール１・２号機の10年延
長認可を申請し，2014年10月に成立したミシェル政権は12月，FANC の承認
を条件に原則的に同意した。しかし FANC の承認が結局得られなかったので，
エレクトラベルは法律で義務づけられた通りに2015年２月半ば，ドゥール１号
機を停止し，燃料取り出し準備を行った。ところが同社はもう２月末には，１
号機の新たな燃料を発注したこと，また寿命延長計画について政府と合意でき
れば年末までに再稼動可能であることを発表した。

　その間，原発特別税は徴収され，2012年には税額を倍増させる法律が可決さ
れた。2013年６月，エレクトラベルは同社が大半を負担する原発税の年５億
5,000万ユーロが2009年の GDF スエズと連邦政府の協定に反するとして提訴
した。しかし2014年４月，ブリュッセルの第１審裁判所は，2008～2012年の増
税分10億ユーロの還付を求めたエレクトラベルの主張を退け，控訴も７月に棄
却された。同社の経営状況は悪化しており，2013年には２年連続で損失を計上
した。同社は2013年の納税に対しても提訴したが，2015年９月に憲法裁判所は
原発税を合憲と判断した。

　とはいえ2015年６月には運転期間延長法案が可決され，ドゥール１・２号機
は2025年までの運転が可能になった。2015年７月末，ミシェル政権はエレクト
ラベルと財政問題について合意に達し，11月末に協定を結んだ。それによると
エレクトラベルはドゥール１・２号機の寿命延長に対して2016年から毎年2,000
万ユーロ，さらに全原発に対する連邦原発税として2015年に２億ユーロ，2016
年に１億3,000万ユーロを支払うことに合意した。これは2014年の４億7,900万
ユーロに比べて大幅な減額である。2017年からは2019年まで年１億5,000万
ユーロ以上払う。エレクトラベルは FANC とも９月に原子炉の改良について

協定を結んだ。ドゥール１・２号機は2015年12月に再稼動した。

　しかし原発の故障や変圧器の火災などの事故は続発した。特にドゥール３号機とティアンジュ２号機は2012年，圧力容器製造時に鋼材中に生じた無数の微細なひび割れへの懸念から停止された。徹底調査の後，FANC は2013年５月に両原子炉の再稼動を一旦認めた。しかしさらなる検査により，2014年３月，両原子炉は再び停止され，圧力容器の耐久性に中性子が及ぼす影響に関する試験が原子力研究センターによって行われた。これに基づき GDF スエズは FANC に報告書を提出し，これは2014年11月と2015年４月に国際専門家パネルの検討とさらなる試験を受けた。ようやく2015年11月，FANC は両原子炉の再稼動を認めた。両原子炉は2015年12月に再稼動した（WNA 2016）。

　これに対し，ドイツの連邦環境相は再三，懸念を表明してきた。またアーヘン市を始めとするドイツの６自治体とマーストリヒトなどのオランダ４自治体は合同で2016年２月，グリーンピース・ベルギーとも連携しながらベルギーの最高行政裁判所（Raad van State）にティアンジュ２号機の運転差し止めを求めて提訴した。ノルトライン・ヴェストファーレンとラインラント・プファルツの両州政府（当時はともにドイツ社会民主党と緑の党の連立）もベルギーの老朽３原発の越境環境影響評価が行われていないとして３月に EU 委員会に異議を申立て，ノルトライン・ヴェストファーレン州は４月に先の訴訟にも加わった。老朽原発で頻発する故障に対し，隣国ドイツやオランダから異議が出されており，ベルギー政府はいずれ再び対応を迫られるだろう。

ドイツとの比較

　最後に，福島第１原発事故を受けて長年の原発論争に決着をつけたドイツとの比較により，ベルギーの脱原発を取り巻く条件を考えてみたい。第１に，反原発運動の力量である。ドイツでは1970年代後半から，原発建設を強行しようとする州政府や警察との激しい衝突を一部の地点で伴いながら，反原発運動が全国化し，大きな動員力を長期にわたって保ってきた。これに対し，ベルギーでは1970年代後半に電力会社や政府が主にフランデレン内の新規地点での原発建設を撤回したこともあり，反原発運動が全国化しなかった。

　とはいえ第２に，地球の友やグリーンピースなどの環境 NGO は定着を見た。

世論においてもチェルノブイリ原発事故後は原発増設に反対が多数となった。

　違いはむしろ第3の条件，すなわち政党政治に表れる。ベルギー緑の党は，1980年代初頭という早い時期に国会進出を果たしたものの，ドイツの緑の党が社会民主党との2党連立政権の中で獲得したような位置を占めることはなかった。社会党もチェルノブイリ原発事故後に原発増設放棄に動いてはいる。しかし近年の脱原発論議において，多党連立が必要なベルギーの政党制では原発運転維持派の政党の発言力が無視できず，緑の党の交渉力は小さい。

　第4に，ドイツでは州政府が原発の許認可権限をもっていたため，社会民主党や緑の党が州の政権を掌握することで，州内の原子力施設への安全規制を強化し，また連邦参議院での州の議決権を通じて連邦の原発立法にも発言権をもつことができたが，ベルギーにはこのような条件が欠けている。

　第5に，原子力産業や電力業界が外資，特に原発大国フランスの資本に組み込まれていることも，原発閉鎖を困難にする。政府と電力会社が訴訟でのジャブを繰り出しながら条件交渉をする行動様式はドイツと似ているが，緑の党や環境団体が交渉から除外されている点はドイツと異なる。ただ老朽化が進行する原発の延命には限界がある。原子力以外の発電設備への投資を電力会社にいかに促すことができるかがカギとなるだろう。

読書案内

フランクランド，E. ジーン，ポール・ルカルディ，ブノワ・リウー編，白井和宏訳（2013）『変貌する世界の緑の党――草の根民主主義の終焉か？』緑風出版。
　　＊議会政党としての定着と党運営の変遷に焦点を当ててベルギーを含む各国の緑の党を比較。
嘉指信雄・振津かつみ・佐藤真紀・小出裕章・豊田直巳（2013）『劣化ウラン弾　軍事利用される放射性廃棄物』岩波ブックレット。
　　＊核兵器や核燃料の生産過程で発生する劣化ウランは，貫通力が強い対戦車砲弾に加工されている。米軍は旧ユーゴスラビアやイラクで使用して放射能汚染を引き起こし，住民や兵士，子どもたちに深刻な健康被害をもたらした。対人地雷やクラスター爆弾の禁止にも積極的なベルギーは2007年，劣化ウラン弾製造への投資を禁止する法律を世界で初めて国会で可決した。
藤永茂（2006）『「闇の奥」の奥――コンラッド／植民地主義／アフリカの重荷』三校社。

＊コンゴ植民地の支配について知りたい人に。

本田宏・堀江孝司編（2014）『脱原発の比較政治学』法政大学出版局。

本田宏（2017）『参加と交渉の政治学　ドイツが脱原発を決めるまで』法政大学出版局。

＊自著の宣伝で恐縮だが，ベルギーと共通点も多いドイツや，スウェーデン，イタリアの政治が脱原発を決められた要因や，日本との比較に関心のある人に。

参考文献

Buelens, Jo & Deschouwer, Kris, (2002) "Belgium", Müller-Rommel, Ferdinand, and Thomas Poguntke (eds.) *Green Parties in National Government*, London: Frank Cass, pp. 112-131.

IAEA (2016) Belgium. Country Nuclear Power Profiles (Updated 2016) (https://cnpp. iaea.org/countryprofiles/Belgium/Belgium.htm)

Schröder, Jantine, Bergmans, Anne and Laes, Erik (2015) "Advanced Research, Lagging Policy. Nuclear Waste Governance in Belgium", Achim Brunnengräber, Maria Rosaria Di Nucci, Ana Maria Isidoro Losada, Lutz Mez, Miranda A. Schreurs (eds.) *Nuclear Waste Governance. An International Comparison*. Wiesbaden: Springer VS, pp. 141-155.

Karlsch, Rainer (2011) "Das Erz des Kalten Krieges. Uranbergbau in West und Ost", Boch, Rudolf, and Rainer Karlsch (eds.) *Uranbergbau im Kalten Krieg. Die Wismut im sowjetischen Atomkomplex. Band 1: Studien*. Berlin: Ch. Links, pp. 99-157.

Laes, Erik, Chayapathi, Lakshmi, Meskens, Gaston and Eggermont, Gilbert (2004) *Kernenergie en maatschappelijk debat*. SCK・CEN / VUB Studie in opdracht van het ViWTA - Samenleving en technologie, Brussel: Vlaams Instituut voor wetenschappelijk en technologische aspectenonderzoek van het Vlaams Parlement.

OECD/IEA (2016) *Belgium. Energy Policies of IEA Countries. 2016 Review*, Paris: International Energy Agency.

Rihoux, Benoît (1995) "Belgium: Greens in a divided society", Rootes, Chris, and Dick Richardson (eds.) *The Green Challenge. The Development of Green Parties in Europe*, London: Routledge, pp. 91-108.

Rüdig, Wolfgang (1990) *Anti-Nuclear Movements: A World Survey of Opposition to Nuclear Energy*, Harlow, Essex: Longman.

World Nuclear Association: Nuclear Power in Belgium (Updated March 2016) (http://

www.world-nuclear.org/information-library/country-profiles/countries-a-f/belgi
um.aspx).

Spiegel Online, 12.4.2016: Tihange 2 – NRW klagt mit Städteregion gegen belgisches
Atomkraftwerk.

DreiländerRegion gegen Tihange: StädteRegion hat Klage beim belgischen Staatsrat
eingereicht! (http://www.staedteregion-aachen.de/).

第11章

安楽死法にみる生命倫理

三井美奈

この章で学ぶこと

　「医療は人の生死にどこまでかかわるべきか」「誰が『死の時』を決めるのか」——このように，人の生命と医療にかかわる問題は，生命倫理の分野に属する。人工妊娠中絶，遺伝子治療，安楽死の是非などが相当する。医学の進歩で胚細胞の操作や人の延命が可能になり，各国政府は「何を，どこまで認めるべきか」を法や制度で定めねばならなくなった。難しいのは，生命をめぐる考え方が，宗教や文化に大きく左右されることだ。

　欧州キリスト教圏では，人は神の創造物で生命が勝手に処分できないものだとみなされてきた。旧約聖書の十戒には「汝殺すなかれ」という定めがある。世界のカトリック教会を束ねるローマ教皇庁は，人工妊娠中絶や安楽死は聖書にそむく殺人行為であり，「恐るべき犯罪」だとみなしてきた。その一方，近現代の人権意識の高まりとともに，「自分の生命は自分で決める権利がある」という主張が強まる。生命は誰のものなのか。誰が生命を終わらせる決定権をもつのか。経済や政治の統合が進む欧州でも，国や地域によって価値観は異なり，制度も様々だ。

　ベルギーはカトリック圏にありながら，きわめてリベラルな倫理観をもつ国だ。それは隣国オランダの影響を受けたためだろう。オランダは独立前，ベルギーと共に1つの経済・文化圏を形成し，17世紀の独立後も言語が共通するベルギー北部とつながりを保ってきた。プロテスタント主導の貿易大国で自由主義を尊ぶオランダ文化が，ベルギーでカトリックの人道主義と融合し，独自の倫理観を生んだ。その象徴といえるのが，2002年に制定された安楽死法だ。この法律は，耐えられない苦痛を抱える患者が自分の意思で死ねる制度を定めた。安楽死を法で認めた国はオランダに次いで2番目で，カトリック教徒が多数派を占める西欧諸国では初めてだった。2014年には安楽死の年齢制限を撤廃し，子供にも大人と同じ「安楽死の権利」を認めた。

　ベルギーに浸透する倫理観とは何か。世界的な注目を浴びた安楽死法を軸に探ってみよう。

1　安楽死の歩み

法の成り立ち

　ベルギーで2002年9月に施行された安楽死法は，16条から成る。安楽死について は第2条で，「患者の要請にこたえて意図的に生命を終わらせる行為で， 第3者が実施する」と定義した。法は「医師だけが行える」行為だとしたうえ で，法的に容認される安楽死の要件を定めた（ベルギー司法省 28 mai 2002 Loi relative à l'euthanasie http://www.ejustice.just.fgov.be/cgi_loi/change_lg.pl?language=fr &la=F&table_name=loi&cn=2002052837）。

　他人を死なせることは，どの国でも刑法上，殺人罪にあたる。安楽死も「他 人を殺す行為」だから法律上は殺人だ。患者本人の要請で行った場合でも，嘱 託殺人罪に問われる。しかし，ベルギーの安楽死法は，医師が条件を満たして 行う場合に限って，患者を安楽死させることを認めた。「患者の苦痛が耐えが たい」「安楽死要請が繰り返し行われた」などの条件を明記し，これに沿って 安楽死させた医師を殺人罪に問わない仕組みを作った。

　この法律は，20年間続いた患者や医師の運動の結実だった。1982年，フラン ス語圏で「尊厳死の権利協会（ADMD：Association pour le Droit de Mourir dans la Dignité)」が発足したのが発端だった。翌年にオランダ語圏で ADMD の姉妹 団体が結成され，運動は全国に広がった。ADMD は当初，患者が望まない延 治療命を拒否できる権利の確立をめざし，意識喪失時に備えて，あらかじめ延 命治療を希望しないことを記す「リビング・ウィル（生前意思)」の普及に主眼 を置いた。無理な延命や蘇生を拒み，患者が安らかに死ねるようにするための 運動だった。次第に生命をめぐる「患者の自己決定権」が重視され，患者が自 分の意思で死ねる権利の要求運動になった（2012年発行の ADMD 会報「1982- 2012 l'ADMD à 30 ans!」)。

　安楽死は1990年代，米国オレゴン州やオーストラリアの北部準州で州法に よって認められた。国家レベルの合法化はオランダが初めてで1994年，医師が 条件を満たして患者を安楽死させた場合に殺人罪で起訴しない法律を作った。 この法は刑法に抜け穴を作ることで医師を免責する仕組みだった。2002年4月，

オランダはさらに進み，刑法を改正して正面から安楽死を認めた。その5カ月後，ベルギーも安楽死法を施行した。

　ベルギーはオランダのように刑法を改正しなかったが，安楽死法の枠組みはオランダの制度がモデルになった。患者の意思を前提とする点や手続き，医師を免責する条件は，両国ともほぼ同じだ。

法制化の難点は

　ベルギー安楽死法の詳細を見る前に，「死ぬ権利」を認めることがなぜ難しいのかを考えてみよう。

　安楽死は英語で euthanasia という。「よき死」を意味するギリシャ語が語源だ。古代ギリシャのコス島では，高齢者が許しを得て毒薬の杯を仲間と飲みかわし，最期を迎える習慣があったという。「苦しまずに，安らかに死にたい」という願いは古代から人類共通のものだった。

　16世紀，英国の思想家トマス・モア（Thomas More）は著書『ユートピア』で理想社会を描いた。そこでは，不治の病に冒された人が自分の意思で死ねる。不治の病にあえぐ患者は，ユートピアでこう問いかけられる。「ちょうど牢獄や拷問の責めからのがれるように，自分で自分をこの苦しい生から解放するか，または自発的に他人に頼んで解放してもらうかするのがよくはないか」（エラスムス，トマス・モア『世界の名著17　ユートピア』中央公論社）。現在のように医療が発達していない時代，人は病やケガの苦痛と闘いながら，最期を迎えねばならなかった。「断末魔の苦しみにあえぐより，穏やかな死を選びたい」という願いは現在以上に切迫していたに違いない。

　しかし，生命は自分の意思で勝手に処分できないものだった。欧州キリスト教社会では，自殺は殺人であり，創造主である神への大罪とみなされた。

　フランスの哲学者モンテスキュー（Montesquieu）は18世紀の著書『ペルシア人の手紙』の中で，自殺者がいかに残酷な扱いを受けたかを記している。「いわば，死んだものをもう一度殺すのです。街を引きずり回され，嘲笑を浴びせられ，財産を没収される」（モンテスキュー，大岩誠訳『ペルシア人の手紙』岩波文庫）。自殺した人には教会で葬儀のミサもあげられなかった。遺体は頭を割られ，さらし者にされた上で捨てられた。神を冒涜する犯罪者として扱われた。

　20世紀になり，科学の進歩で人の寿命が飛躍的に延びると，生命は医療に左右されるようになった。患者は植物状態になり，回復の見込みがなくても，人工呼吸器に頼って生きられる。患者に着けた生命維持装置を外して死なせれば，医師は殺人に問われる危険がある。だから，植物状態の患者は本人や家族の意思とは関係なしに，人工呼吸器につながれて何年も生き続ける。そんな様子がメディアで報じられ，「無理やり生かされるのではなく，尊厳ある安らかな死を迎える権利」を求める声が強まった。1930年代，英米に「安楽死協会」が設立された。

　安楽死を訴える人たちは，宗教や医師に左右されず，自分の生命は自分で決める権利がある，と主張した。1950年に調印された欧州人権条約の第2条は「すべての者の生命に対する権利」を定めている。これを根拠に，「生命の自己決定権は人権の1つ」だという考え方が広がった。

　一方，ローマ教皇庁は現在も，「安楽死は神への大罪」という立場を変えていない。無益な延命治療をやめたり，苦痛緩和のために生命短縮の可能性があっても鎮痛剤を投与したりすることは認めるようになったが，「故意に人を死なせること，自殺することは，殺人であり，神に反する行為」だとみなす。「死にたい」と訴える患者には，むしろ周囲の支えこそ必要なのだという立場だ（ローマ教皇庁「安楽死についての宣言」Declaration on Euthanasia 1980 http://www.vatican.va/roman_curia/congregations/cfaith/documents/rc_con_cfaith_doc_19800505_euthanasia_en.html）。

　安楽死の是非が世界的な関心を集めたのは，1975年に米国で起きた裁判がきっかけだった。ニュージャージー州でカレン・クインラン（Karen Ann Quinlan）さんという21歳の女性がパーティのさなかに倒れて植物状態に陥り，その両親が「呼吸器を外して，娘を死なせてやってほしい」と裁判所に訴えた。病院側は呼吸器を外して絶命させれば，殺人罪に問われる恐れがあるとして両親の求めを拒否していたからだ。1976年にニュージャージー州最高裁は両親の訴えを認め，カレンさんの呼吸器が外された。カレンさんには意識がなく，死の希望を表明できないため，ベルギー法が定める「安楽死」とは異なるが，この事件を機に「死ぬ権利」いう言葉が世に広がった。

モデル国オランダ

　この後，安楽死論議をリードしたのが，ベルギーの隣国オランダだ。1971年に北部の寒村で，ヘルトルイダ・ポストマ（Gertruida Postma）という女医が78歳で寝たきりだった母親の要求を受け，モルヒネを打って安楽死させたことが明るみに出た。

　この母親は脳溢血で倒れて半身まひ状態にあり，「生きているのは苦痛だ。死なせてほしい」と訴えた。ポストマ医師は「お母さん，それは人殺しよ」と言って何度も断ったが，母は娘が助けてくれないと分かると，飲食を絶ち，ベッドから転がり落ちて自殺を図るようになった。その苦悩を見て，ポストマ医師は死の要望をかなえてやった。母親の入居していた介護ホームが「これは殺人だ」と告発し，ポストマ医師は嘱託殺人罪に問われた。

　73年に出た地裁判決は，ポストマ医師に有罪を宣告した。しかし，医師に課したのは禁固1週間で執行猶予1年という「形式刑」だった。患者が不治の病で耐え難い苦痛を抱えている場合，医師は患者の意思に反して延命をしなくてもよい，という判断だった。判決後，ポストマ医師を支持してきた医師や患者たちは「自発的安楽死協会」を結成し，「死ぬ権利」を求める運動を本格化させた。

　1983年には，95歳の女性患者を安楽死させた医師に対する無罪判決が出た。安楽死は，医師が「生命を救うこと」と「患者を苦痛から救うこと」という2つの義務のはざまで，やむなく行った決断だとみなして，正当化したのだ。オランダ王立医師会も，患者が自発的に要請した場合の安楽死は容認される，との立場を打ち出した。1990〜91年には検事総長を委員長とする国家委員会が実態調査を行い，国内の年間死者の約2％が安楽死していることが明らかになった。

　こうした流れを受けてオランダ政府は1994年，「遺体埋葬法」という新法を施行し，安楽死の届け出制度を設けた。事実上の容認だった。法実現の背景には，現実に目をそむけたままでは患者の意思に基づかない危険な「殺人」が水面下で広がりかねない，という危機感があった。遺体埋葬法は患者を安楽死させた医師に対し，患者の様態，要請を受けた時期などについて当局に届け出を義務付けた。患者が耐え難い苦痛を抱えていたことや，自発的に安楽死を要請

したことなどを当局が確認すれば，医師は殺人罪で起訴されない仕組みだ。

　この時，安楽死を刑法上の殺人罪から外して正面から合法化しなかったのは，連立政権を主導した「キリスト教民主アピール（CDA）Christen-Democratisch Appèl」が慎重な立場をとってきたからだ。1994年の総選挙でCDAが下野し，労働党，自由民主党，個人の自由拡大を訴える政党「民主66」の連立政権が発足すると状況が変わった。この連立3党はキリスト教色とは無縁だった。新政権は，安楽死を正面から合法化する刑法改正案を推し進めた。法案は2000年11月に下院で，2001年4月に上院で可決された。

自由を求めて

　ベルギーの安楽死運動の旗手たちは，こうしたオランダの動きに刺激を受けてきた。ベルギーはオランダと歴史的につながりの強い国である。

　ベルギーは中世以来，オランダと共にネーデルラント（「低地」の意味）と呼ばれ，1つの経済圏を構成してきた。この地域はカトリック勢力の雄ハプスブルク家が統治してきたが，16世紀にはプロテスタントのカルバン主義が広がり，抵抗運動がさかんになった。現在のオランダにあたる北部7州は共和国として独立を宣言し，17世紀にウェストファリア条約で国際的に独立国として承認された。一方，ネーデルラント南部，現在のベルギーにあたる地域はハプスブルク家の支配下にとどまった。ベルギーの支配権はその後，フランスに移り，ナポレオン失脚後の1815年から1830年のベルギー独立までオランダ（当時のネーデルラント連合王国）に統合された。ベルギー北部は現在もオランダ語を使用し，商業都市として発展した共通の歴史から，気風がよく似ている。

　安楽死合法化には，1960〜1970年代に米欧各国に広がった「若者の反乱」の影響もあった。第2次世界大戦の直後に生まれたベビーブーマーたちが，キリスト教会の戒律や伝統的な政治権威を脱却し，「個人の自由」を求める運動だ。女性が男性と対等の権利や求めて声をあげ，職業選択や生き方の自由を求めるウーマンリブ運動を起こしたのもこのころだ。英国やフランス，オランダが相次いで堕胎禁止の法律を見直し，妊娠早期の段階に限って中絶容認に転じた。

　ベルギーでは現在，国民の約6割がカトリック教徒を自認する（欧州連合統計局 Eurobarometer 2012）。オランダに比べ，安楽死に反対するローマ教皇庁の

影響を受けやすい。第2次大戦後のベルギー政界を主導したキリスト教政党は，国会での安楽死論議すら退けてきた。オランダでは「キリスト教民主アピール（CDA）」主導の連立政府が，安楽死裁判での無罪判決や国家委員会の実態調査に押される形で法制化に動き出したのとは対照的だ。ベルギーでは安楽死裁判はほとんどなく，国内の実態調査すらなかった。

　オランダが1994年に「遺体埋葬法」を施行したのに続き，ベルギー国会でも，宗教色の薄い中道左派政党が安楽死合法化を求める動きが出たが，連立政権を主導するキリスト教人民党（CVP：Christelijke Volkspartij）のジャン＝リュック・デハーネ（Jean-Luc Dehaene）首相は論議に応じなかった。1997年には国の「生命倫理諮問委員会」が国会への答申で，オランダの遺体埋葬法をモデルとする容認制度を選択肢の1つとしてあげた上で，安楽死法制化の是非をめぐる国民的論議が必要だと指摘したが，政府の姿勢は変わらなかった。

　ところが，1999年6月の総選挙でCVPが大敗すると，環境は大きく変わった。自由民主党や社会党，環境政党など，キリスト教の価値観に縛られない6党による連立政権が発足した。キリスト教系政党抜きの連立政権の発足は，実に半世紀ぶりだった。首相に就任したフランデレン自由民主党（VLD：Vlaamse Liberalen en Democraten）のヒー・フェルホフスタット（Guy Verhofstadt）は当時46歳で，オランダ語圏の出身だ。1960〜1970年代の「若者の反乱」の息吹を浴びた若い首相の登場は，政界の世代交代を印象付けた。連立与党は安楽死法案を国会に提出し，合法化へと一気に突き進んだ。

　国内の世論も変化していた。1998年，国内約4,000件の死亡案件を調べた調査では，合法化されていないはずの安楽死が死因の1.6％を占めていたことが分かった。患者が死の希望を表明していないのに，医師が薬物を使って患者を死なせていたケースは3.8％，末期の苦痛を和らげるために鎮痛薬を投与し，死期を早めているケースは18.6％にのぼった（Johan Bilsen et al., The Incidence and Characteristics of End-of-Life Decisions by GPs in Belgium, vol 21 Family Practice 2004）。密室化した病院の中で，患者本人の意思をよそに危険な絶命措置が行われている実態が浮き彫りになったわけだ。終末患者の死なせ方について，オランダと同様にルールを設けるべきだとする声が高まった。

　2000年7月には，「安楽死を認めてくれ」と訴えていたジャン＝マリ・ロラ

ン（Jean-Marie Lorand）という元テレビ記者が，支持者の手を借りて死亡する事件が起きた。彼は子供のころに投与されたワクチンが原因で徐々に全身マヒ状態となり，施設で寝たきりの生活を送っていた。わずかに動く指先でパソコンを操作し，インターネットやテレビを通じて「僕を苦痛から救うために，死なせてくれ」と訴えていた。マヒが進んで苦しみながら窒息死する恐怖を語り，もはや自殺する力もないのだから，安らかに死ぬ権利を認めてほしいと主張していた。彼の悲痛な叫びに同情と共感が広がり，安楽死容認へと世論は大きく傾いた。世論調査では，国民の72％が安楽死法案への支持を表明した。

　一方，医師会には急速に進んだ法制化への戸惑いが残った。「安楽死を実施する用意がある」と答えた医師は42％で，全体の半分以下にとどまった（British Medical Journal 2001, 323 November 2001）。カトリック系病院の団体からは，安楽死要請の前にまず，苦痛を和らげる緩和ケアの可能性を探るべきだとの意見が示された。オランダでは，いくつもの安楽死裁判の判決を通じて医師を免責する条件作りが進み，医師や患者，法曹界の間で合意形成が進んだのに対し，ベルギーでは安楽死裁判がほとんどなかった。賛成派と反対派の対立が埋まらないまま，国会に法案が提出された。安楽死容認の要件，実施した医師の届け出制度などは，オランダがモデルになった。

　安楽死法案は2001年10月に上院で，2002年5月には下院で可決された。国王アルベール2世（Albert Ⅱ：在位1993〜2013年）の署名を経て，法は同年9月に施行された。

2　死の要件

「終末期」は要件外

2002年のベルギー安楽死法はどんな内容なのか。具体的な中身を見ていこう。安楽死が認められる患者については，第3条1項で以下のように限定した。

① 患者が成人，あるいは親権解放された未成年で，安楽死要請時に意識がある

② 患者の安楽死要請は自発的で，熟慮の末に繰り返し行われ，外部からの

圧力によるものではない

③　患者は治癒の見込みがなく，耐え難い肉体的，あるいは精神的苦痛を抱えている

①が示すように，安楽死が認められる前提は，患者が自分の意思で要請することだ。植物状態の患者の生命維持装置を外すことは，安楽死とはみなされず，この法律の対象にならない。

②が示すように，安楽死の要請が「外部からの圧力によるものではない」ことも重要だ。患者が遺産相続の悩みや金銭的不安を理由に，死期を早めようとしていると判断されれば，安楽死は認められない。「熟慮の末，繰り返し要請」を条件としたのは，一時的に気持ちが落ち込み，患者が自暴自棄になって「早く死なせてくれ」と言う場合を避ける狙いがある。医師の見極めが重要になる。

③の定めによって，患者が痛みに耐えられないとして死を求めた場合，医師は緩和医療によって苦痛を除去する道があるかどうかをまず探らねばならないことになった。安楽死が認められるのは，患者の苦しみをとる道が死以外にない場合に限られる。

法が示した安楽死要件には，「死期がどのくらい目前に迫っているか」「患者は末期状態であるかどうか」は含まれていない。一方で，がんの痛みなど肉体的な痛みだけでなく，「尊厳を持って生きられない」などの精神的苦痛も対象とされた。安楽死が認められる「耐え難い苦痛」に相当するかどうかの判断は，医師に任されることになった。また，法律によれば，医師は安楽死の実施を強制されない。ただし，医師が自分の宗教や信条を理由に安楽死の実施を断る場合，患者が指名する他の医師に医療情報を提出しなければならない。

第3条2項は，安楽死要請を受けた医師がとるべき手続きを以下のように定めた。

①　患者に病状や余命の見込み，緩和ケアについて伝える。患者と共に，妥当な解決策がないと確認する。

②　苦痛が持続的で，安楽死の要請が繰り返し行われていることを確認する。このために，適切な間隔を置いて患者と数回面接する。

③　ほかの医師が診察し，患者の苦痛は持続的で耐え難く，緩和できないと確認する。

④　チーム医療を実施している場合，チーム全体かそのうち数人と患者の要請を検討する。

⑤　患者が希望した場合，患者が指名する近親者と検討する。

⑥　患者が面談したいと考える人たちと話し合ったことを確認する。

　さらに，第4条は，患者が元気なうちに安楽死の希望を示す「リビング・ウィル（生前意思）」の効力を認めた。患者が意識不明に陥り，回復の見込みがない場合，医師はリビング・ウィルをもとに安楽死を行うことができる。

　安楽死の事後措置については，第5条以降に定められた。安楽死を行った医師は，「連邦管理評価委員会」に書類の提出が義務付けられる。委員会は医師，法学教授や弁護士，さらに不治の病の患者の諸問題を扱う専門家ら計16人のチームで，医師が提出した書類を元に安楽死が要件を満たして行われたかを判断する。委員会メンバーの3分の2が「安楽死の条件が満たされていない」と判断した場合，送検手続きが行われ，医師は刑法上の殺人容疑者として捜査対象となる。委員会が「問題なし」とした場合，医師に対する送検手続きは行われない。

オランダ法との比較

　ベルギーとオランダの安楽死法はよく似ているが，表11-1にみるように，2つの国の法には相違点もある。

　オランダでは，医師が患者に致死薬を打って死なせる「安楽死」，患者自身が医師の処方した致死薬を飲む「自殺ほう助」の2つを安楽死法の対象として明記したが，ベルギー法は「自殺ほう助」に言及しなかった。ただし，「どうやって死なせるか」について明記していない。ADMDによると，患者が医師の立ち合いのもとで致死薬を飲み干す場合には，自殺ほう助ではあっても「安楽死」の1形態とみなされ，許容されているようだ。

　また，オランダ法では，安楽死の決定は患者と医師だけが行うのに対し，ベルギー法は患者が希望した場合，家族や介護者など患者の近親者に相談の機会

表 11 - 1　ベルギーとオランダの安楽死法の主な相違点

	ベルギー（2002年法）	オランダ（2002年法）
対象となる患者	18歳以上の成人と親権解放の未成年	16歳以上。12～15歳は親か後見人の同意が必要
対象とする行為	医師が患者の生命を終わらせる「安楽死」	医師が行う「安楽死」と患者の自殺を介助する「自殺ほう助」
医師の義務	患者が要望すれば，医師は患者指名の近親者と安楽死要請を検討	患者の家族や近親者への対応は明記せず

出典：筆者作成。

を与えている。

　さらに，ベルギー法では安楽死の希望は書面で行わねばならず，書面による要請と安楽死の実施との間に少なくとも1カ月の期間を置くことが定められた。オランダ法では，希望は必ずしも書面にするという規定はなく，口頭の表明でも認められる。要請から実施までの期間も定められていない。ベルギー法は，患者に安楽死の要請から一定期間の熟慮期間を置くことで，実施により慎重な姿勢を示したといえる。

患者のために

　ベルギーでは安楽死法の制定と並行して，「患者の権利法」「患者のケア法」という2つの新法が制定された。

　「患者の権利法」は，患者が自分の病状について病院や主治医から十分な情報提供を受ける権利を定めた。「インフォームド・コンセント（英語で「情報を与えられた上での同意」の意味）」が確立され，患者はすべての治療について自分の意思で選択したり，拒否したりすることが権利として認められた。

　この法律ができた背景には，患者が自分に対する医療で自己決定権を持たないまま，安楽死という究極の決定権を認めるのは法的な矛盾を生むことになる，という事情もある。何より，患者が安楽死という重い決断をするにあたっては，自分の病状について十分な情報提供を受けられるようにすることが不可欠でもある。1981年には世界医師会が，「患者の自己決定権」をうたったリスボン宣言（日本医師会ホームページ，リスボン宣言 http://www.med.or.jp/wma/lisbon.html）を発表しており，「患者の権利法」は世界的な潮流に沿ったものでもあった。

　一方，「患者のケア法」は，すべての患者に，終末期の苦痛を和らげる「緩和ケア」を受ける権利を認める内容だ。安楽死を法で認めるにあたっては，患者が痛みを和らげる手段があるのに医療機関の不備や経済的困窮からそれを受けられず，やむなく死を選ぶような事態は絶対に避けねばならなかった。安楽死法案の国会審議の過程で，カトリック系団体や医師から「患者は適切な緩和ケアを受ければ，安楽死を望むことはない」という意見があったことに配慮したともいえる。ローマ教皇庁は安楽死には反対する一方，患者の生命を縮めることになっても，患者の苦痛を和らげるために鎮痛薬を投与することは認めている。

　安楽死法をめぐる論議の過程では，安楽死の決断にあたって，医師が緩和ケア専門家と相談することを義務付けるべきではないか，という提案も出た。患者に緩和ケアの可能性を説得する狙いもあったが，こちらは実現しなかった。

　安楽死法の論議の中で，患者の権利を尊重し，病苦の緩和医療を受ける権利の制度作りが進んだことは，大きな果実だった。「よき死」を可能にする環境作りが進んだといえる。

国王の役割

　国会での安楽死法案成立にあたって，懸念されたのは国王アルベール2世の対応だった。アルベール2世の兄のボードゥアン前国王（Baudouin：在位1951〜1993年）は敬虔なカトリック教徒で，1990年3月にベルギー国会が妊娠中絶容認法案を成立させた際，「か弱い生命に対する敬意をそこなう恐れがある」として法発効に必要な署名を拒否した経緯があった（ボードゥアン国王の書簡　http://www.histoire-des-belges.be/au-fil-du-temps/epoque-contemporaine/regne-de-baudouin-1er/la-conscience-du-roi）。国王の信仰が，議会制民主主義を揺るがした異例の「事件」だった。詳細を見てみよう。

　1867年制定のベルギー法は堕胎を「家族秩序と公衆道徳に対する罪」と位置付けていた。中絶容認法は人工妊娠中絶を条件付きで認める内容で，①妊娠12週以内である　②医師が十分な医療的配慮をとる　③妊婦は十分な情報提供を受け，カウンセリングを受けることができる——という要件を満たした場合，中絶を行った医師を堕胎罪で起訴しないことを定めていた。医師が一定条件を満

たして人命を終わらせた場合，刑法犯罪とはしないという仕組みで，後に決まった安楽死法とよく似ている。ローマ教皇庁は安楽死と同様，「生命を奪う行為」だとして反対していた。

中絶容認法案は，戦後欧州で広がった女性の権利拡大の流れの中で生まれた。望まない妊娠に苦しみ，水面下で危険な堕胎手術を受ける女性が多かったからだ。隣国フランスは1975年，シモーヌ・ベイユ（Simone Veil）保健相の主導で中絶容認法を成立させた。ベイユは国会で法案に反対する保守派に対し，「喜んで中絶する女性などいない」と苦しむ女性の救済を訴えた。1981年には，オランダでも中絶容認法が成立した。

ベルギーでも1970年代，南部ナミュールで堕胎罪によって収監された医師が，自ら約300件の人工妊娠中絶を行ったことを告白したのを機に，法改正論議が広がった。この医師は自分が裁かれる危険を冒しながら，危険な闇中絶で女性が傷ついている状況を明らかにした。彼の主張に大きな共感が広がった。ウィルフリート・マルテンス（Wilfried Martens）首相が率いるキリスト教系与党では中絶容認に慎重論があったものの，国会では連立与党の一角を占める社会党の強い主導で法案が成立した。

ところが，ボードゥアン国王は法案成立の直後，首相に「法案は私の良心にかかわる問題だ。署名をすることで，責任を負うわけにはいかない」とする書簡を送った。通常，国王は政治的意見を公的にすることを認められていないが，ボードゥアン国王は「神だけがいのちの主人」（ヨハネ・パウロ２世回勅）という教えを公務に優先したのだった。

憲法上，法は国王が公布する定めになっており，国王の署名がないと発効できない。マルテンス首相は苦肉の策として，政府は国王を２日間だけ「統治不能状態」として退位させ，その間に政府が法案を発効させる，という異例の措置をとった。憲法には「国王が統治不能になった場合，内閣は国会を召集する」という定めがあり，これを適用したのだ。内閣は国王に代わって４月３日に法案を公布し，国王は４月５日に復位した。国王が２日間だけ不在になるという，欧州史上の珍事だった（ベルギー王室ホームページから　https://www.monarchie.be/fr/famille-royale/histoire-de-la-monarchie/le-roi-baudouin）。

ボードゥアン国王の死後に即位したアルベール２世も敬虔なカトリック教徒

だったが，安楽死について個人的心情を表明することはなかった。国会で法案が成立すると，その決定を重んじて署名を行った。政府や国民の不安は杞憂に終わった。

3　法が変える社会

欧州に波紋

ベルギーの安楽死法は施行早々，論議を巻き起こした。

2002年9月30日，北部ヘントに住む39歳のマリオ・フェルストラーテ（Mario Verstraete）という男性が安楽死し，「法適用第1号」患者となった。フェルストラーテは多発性硬化症で筋肉が徐々に動かなくなる難病の患者で，かねてから死の希望を表明していた。安楽死法の実現を主張してきた人物でもあった。彼は生前に撮影されたインタビューで，「私は人生を愛している。人生が終わったら，『もう終わったから逝くよ』と自分で言いたい。生命は神の贈り物だ。だけど，それが使えなくなったら，送り返してもよいではないか」と語っていた。

彼の死は，大きな共感を呼ぶ一方，「安楽死法が厳格に適用されていない」という批判を招いた。法は患者の安楽死要請から「1カ月の熟慮期間」を設けるよう定めたにもかかわらず，フェルストラーテの安楽死は法施行からわずか1週間後に行われたからだ。法が義務付ける「ほかの医師による患者の診断」についてもあいまいだった。フェルストラーテの病状は末期に至っておらず，自分で歩ける状態だったこともあり，「安楽死の決定は拙速だったのでは」という声があがった（英紙ガーディアン "Belgian outcry over first mercy killing under new law" http://www.theguardian.com/world/2002/oct/09/andrewosborn）。

だが，届け出を受理した連邦管理評価委員会は，法違反があったとは認定せず，医師は起訴されなかった。

2006年2月には，痴ほう症患者の安楽死が注目を浴びた。マルク・コーシンス（Marc Cosyns）という医師が87歳の女性患者を安楽死させた経緯を医学雑誌に公表した（"Doctor Reignites euthanasia row in Belgium after mercy killing: British Medical Journal 2006 Feb 18; 332）。法は安楽死実施にあたって，「患者が要請時，

意識があり判断力があること」を前提としている。痴ほう患者は判断力を欠いているため，コーシンス医師の行為は要件にあてはまらず，違法だという指摘が出た。これに対し，コーシンス医師は「患者は意識が明瞭な時，安楽死を要請した」と主張した。痴ほう症初期の患者は，症状が出たり消えたりし，まったくの痴ほう状態から抜け出して人格を取り戻すことはよくあることだ。

　コーシンス医師が経験を公表したのは，「痴ほう患者の安楽死」の是非論に一石を投じようとしたからだ。高齢者の中には，「完全な痴ほうに陥り，自分が自分でなくなることへの苦痛」を理由として医師に安楽死を求めることがある。コーシンス医師の行為が「自殺ほう助」だったことも論議の対象となった。医師は患者に致死薬を飲ませて死なせたが，「自殺ほう助」はベルギー法では明記されていない。しかし，コーシンス医師は訴追されなかった。

　安楽死の範囲をどこまで認めるべきかという論議は，さらに広がった。世間の注目を集めたのは2008年3月，国民的な劇作家ヒューホ・クラウス（Hugo Claus）がアルツハイマー病を苦に安楽死した「事件」だった。

　クラウスは，少年の目を通じてナチス支配下のベルギーを描いた代表作『ベルギーの悲しみ』として知られ，ノーベル文学賞の候補として何度も名前があがっていた。映画『エマニエル夫人』の主演女優シルビア・クリステル（Sylvia Kristel）のかつての夫としても知られていた。

　クラウスは死の約2年前にアルツハイマー病と診断された。痴ほう症が徐々に進行していく苦痛に耐えられず，判断力があるうちに安楽死の決断をした。

　「痴ほうに陥る恐怖」は，安楽死の要件である「耐え難い苦痛」にあてはまるのか。意見が分かれた。完全な痴ほうに陥れば，症状が自覚できなくなり，「耐え難い苦痛」を感じることもなくなる。患者がその段階を想定して，「死に匹敵するほどの苦痛」だと訴え，それを医師が認めれば，安楽死の地平は著しく広がる。痴ほうに陥るのを恐れる高齢者からの安楽死要請が相次ぐのではないか，という懸念もあった。

　だが，ベルギーを代表する文化人の死の決断は，広い共感を得た。フェルホフスタット首相は「彼はもはや自分の言葉で明確に表現できなくなっていた。暗い闇の中に落ちていく前に，自ら決断をしたことを私は受け入れる」と述べ，安楽死に理解を示した。フェルホフスタット首相は2002年の安楽死法制定を首

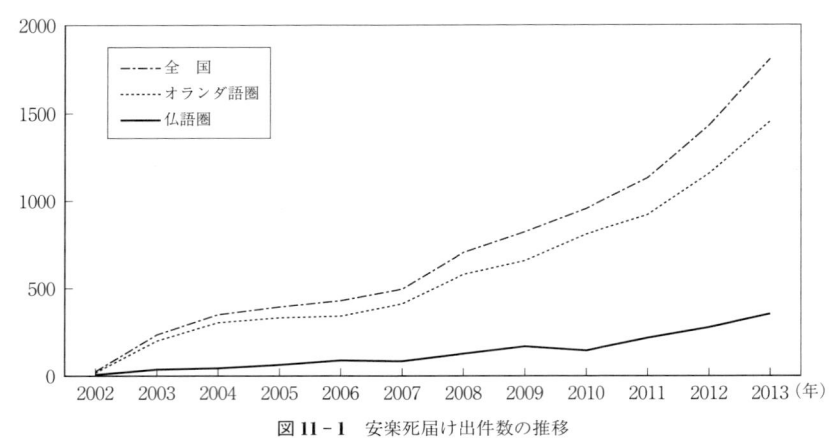

図 11 - 1　安楽死届け出件数の推移

出典：2012-2013 ベルギー連邦管理評価委員会報告書より。

相として主導した人物でもある。クラウスの死にカトリック教会から批判が出
たが，仲間の文学者，知識人らは追悼集会を開き，彼の死の決断に敬意を示し
た（英 BBC 放送 "Author Claus dies by euthanasia", http://news.bbc.co.uk/2/hi/enter
tainment/7308618.stm）。

　2002年の安楽死法の施行後，図11 - 1 が示すように安楽死件数は年々急増し
た。2013年，法律の施行から10年で届け出は年間1,800件を突破した。全国の
死者数の1.7％を占めた。死者100人のうち約 1 〜 2 人が安楽死していることに
なる。

　連邦管理評価委員会の2012〜2013年度報告書によると，安楽死者の73％はが
ん患者だった。パーキンソン病などの神経・筋疾患が，それに続く。安楽死者
の61％が70歳以上の高齢者だ。安楽死の54％は，患者の自宅や入居する高齢者
施設で行われた。「自宅で家族に囲まれ，安らかに最期を迎えたい」という気
持ちの表れだろう。

　国会での法案審議のさなか，反対派が懸念したのは「法制定によって安楽死
への抵抗感がなくなり，なし崩し的に『耐え難い苦痛』の範囲が広がってしま
う」ということだった。フェルストラーテやクラウスらの安楽死は，死の要件
を厳格に定めることの難しさを示した。増え続ける安楽死は，当初の不安が的
中したと言えなくもない。

　安楽死の約８割はオランダ語圏で行われており，フランス語圏の件数とは大きな開きがある。連邦評価委員会の報告書は，この地域格差について「住民や医師の情報量の違い，南北地域圏の社会，文化的な態度の違いや終末医療のあり方の違い」に起因すると分析している。オランダ語圏では安楽死制度のモデルとなったオランダの影響が大きく，フランス語圏より，安楽死への抵抗が薄いことがうかがえる。

子供にも容認

　ベルギーは2014年２月，改正安楽死法を公布した。年齢を問わず，子供でも安楽死できるようになった。

　2002年の法律で，安楽死は原則として18歳以上の成人にのみ認められていた。2014年法はこれを改め，安楽死ができる年齢の制限を撤廃した。

　安楽死の年齢制限を撤廃したのは，世界でベルギーが唯一だ。安楽死制度のモデルとなったオランダでも，安楽死の決断ができるのは原則として「16歳以上」に限られる。12〜15歳については親や後見人の同意があった場合にのみ認めており，12歳未満は対象外だ。「子供に死の判断を迫るのはあまりにも残酷」という感情的な反発もあり，国際的な是非論を巻き起こした。

　2014年の法改正は，政権与党の社会党議員が主導した。2002年法の施行以来，「安楽死が医療行為ならば，なぜ成人に限定されるのか」「生命の重さは大人も子供も同じ」という問題提起は続いていた。「闘病を続ける子供たちは，大人以上に成熟している」という意見もあった。

　安楽死の年齢制限撤廃に対しては，安楽死を批判してきたカトリック教会だけでなく，小児科医160人が「緩和医療が発達したいま，わざわざ法改正する必要はない」と法案への反対を表明した（英 BBC 放送 "Belgium's parliament votes through child euthanasia", http://www.bbc.com/news/world-europe-26181615）。こうした論議を踏まえ，改正法案では未成年者の安楽死要件として，親の同意や精神科医の診断を義務付けた。大人の場合より慎重を期する，という配慮からだ。

　法案は2014年２月，下院で賛成86，反対44，棄権12で可決され，成立した。上院でも圧倒的多数が支持した（英紙ガーディアン "Belgium passes law extending

euthanasia to children of all ages", http://www.theguardian.com/world/2014/feb/13/bel
gium-law-extends-euthanasia-children-all-ages）。

　反響は国外にも広がった。法案成立と並行して，スペインを本拠地とするキ
リスト教系市民団体が「世界で最も恐ろしい安楽死法だ」として発効を阻むた
め，ベルギーのフィリップ（Philippe）1世に法への署名を拒否するようネット
上で20万人の署名を集めて公開書簡を送った（http://www.citizengo.org/en/4158-
not-sign-legalisation-child-euthanasia）。フィリップ1世はアルベール2世の長男だ。
書簡は人工妊娠中絶法に反対した伯父ボードゥアン国王にならうよう訴えたも
のだが，フィリップ1世は父王と同様に国会の意思を尊重して署名に応じた。

　2014年法改正の論議では，ヒューホ・クラウス事件を踏まえて「痴ほう患者
への安楽死法適用」について定めるべき，と言う意見も出たが，結局，見送ら
れた。世論調査では，「アルツハイマー病で痴ほうに陥った患者が，まだ判断
力が残る段階で，精神的苦痛を理由に安楽死を求めることを法で認めるべき
か」という問いに対し，「おおいに支持する」「どちらかと言えば支持する」と
答えた人の割合は79％に達し，「まったく支持しない」「どちらかと言えば支持
しない」の合計10％を大きくしのいだ。「支持する」の割合は，未成年者に安
楽死を認める法改正への支持率を上回っていた。高齢化が進展する中，「痴ほ
うの苦痛から脱却するための安楽死」が身近な問題となっていたためだろう
（ベルギー公共放送 RTBF «Les Belges plutôt favorables à une extension des critères de
l'euthanasie» http://www.rtbf.be/info/belgique/detail_une-majorite-de-belges-favorable
s-a-une-extension-des-criteres-de-l-euthanasie?id=8102684）。

　だが，患者や家族で作る民間団体「アルツハイマー連盟」は痴ほう患者への
安楽死法適用に反対の立場を示した。「アルツハイマー病をめぐる医学が発展
途上にある。現段階で安楽死の痴ほう患者への適用を法制化することは，むし
ろ問題を広げるだけだ」という立場だ（La Ligue Alzheimer "Cercle de reflexion
éthique" version du 25 mars 2014）。死の選択を提示する前に，アルツハイマー病
患者の介護環境の充実こそ優先課題だと訴えた。

　連邦管理評価委員会の報告によると，アルツハイマー病，遺伝性疾患である
ハンチントン病，脳血管性認知症など，神経性疾患を理由とする死者が安楽死
全体の6％前後を占める。委員会は2011〜2012年報告書で「法が順守されてい

るかどうか確かめる必要がある」と注意を促している。病状のどんな段階で安楽死の決断が下されたのか，がはっきりしないからだ。オランダではすでに，痴ほうに陥る精神的苦痛を理由とする安楽死が認められており，安易な追随に警鐘を鳴らしたともいえる。

　オランダ安楽死協会は，「もう十分に生きた」として死を求める高齢者が安楽死を求める権利を主張し，安楽死の枠を広げるよう訴えている。オランダの論議に刺激され，ベルギーでも高齢者の安楽死が今後，安楽死運動の新たな地平になっていくだろう。

4　欧州の模索

「死ぬ権利」と人権

　オランダやベルギーの安楽死合法化は，欧州近隣国にも影響を与えた。

　2009年には，両国と隣接するルクセンブルクが安楽死を合法化した。フランスでは2005年，尊厳死法が成立した。医師が「即死」させる安楽死は違法としたまま，患者が望まない延命を拒み，尊厳を持って死ねる「尊厳死」を可能にしようというのが狙いで，不治の病にある患者が希望すれば医師が延命治療を中止できるとした。人工呼吸器や栄養投与の停止を想定している。患者が元気なうちに，延命治療を拒否する意思を書き残す「リビング・ウィル（生前意思）」の法的効力も認めた。一方，英国では国会で安楽死法案が提出されたものの，否決された。ドイツも安楽死合法化には極めて慎重だ。ドイツでは第2次大戦中，ナチスが「劣等分子を断種する」という名目のもとに障害者を殺害する安楽死政策を行ったことから，国民の間には安楽死合法化への拒否感が強く残る。

　欧州で広がる「死の権利」運動で今後，カギとなるのは欧州人権裁判所の判断かもしれない。

　欧州人権裁判所は，フランスのストラスブールにある国際裁判所だ。1950年に調印された欧州人権条約に照らして，権利や保障されるべき事項が侵害されていないかどうかの判断を示す。最近では，安楽死や尊厳死をめぐる提訴が急増している。

　裁判所は，安楽死法制定の是非について直接判断を示すことはない。一方で，2002年に「死ぬ権利は人権の１つ」だという考え方は退けた。英国人女性が英国政府を相手取り，「死ぬ権利を認めないのは，耐え難い苦痛を強いる行為で人権侵害だ」と訴えた事件に対する判決だ。女性は筋肉が徐々にマヒする難病患者で，夫に自殺ほう助してもらって死ぬことを国が認めるべきだと訴えていた。女性は「すべての者の生命に対する権利」を定めた欧州人権条約第２条を訴えの根拠としたが，欧州人権裁判所は「第２条は死ぬ権利を認めたものとは解釈できない」として要求を退けた（European Court of Human Rights, Case of Pretty v The United Kingdom, Application no. 2346/02）。

　安楽死が認められる境界を問う訴えもある。ベルギーからは2014年９月，安楽死した女性の息子が「ベルギー政府は弱者を守る義務を怠った」として欧州人権裁判所に提訴した。息子の母は，夫と死別してから20年以上うつ状態にあり，安楽死を希望していた。医師は希望を受け入れて致死薬を投与したが，息子は「症状は20年以上続いており，回復不能で耐え難い苦痛とは言えない」として医師の判断に異議を唱えた。その上で，医師を訴追しなかった国についても責任を追及し，欧州人権条約第２条が定める「生命に対する権利」が侵害されたと主張した（Application filed with ECHR: Mortier v. Belgium）。英国人女性のケースとは逆に，安楽死の決定により，人権条約第２条の「生命に対する権利」が侵害されたという主張だ。精神的苦痛に基づく安楽死の境界について，どんな判断が示されるかに注目が集まったが，裁判所はベルギー法廷に判断をゆだね，訴えを差し戻した。

　安楽死をめぐる論議の根底には，「生命は与えられたもの。人は支えられていきる存在だ」という考え方と，「自分の生命は自分のもの。他人に左右する権利はない」という考え方のぶつかり合いがある。そのせめぎあいの中，欧州では「よき死」とは何かをめぐる模索が続くだろう。ベルギーはその舞台として，今後も注目を集めるに違いない。

読書案内

エラスムス，トマス・モア『世界の名著17　ユートピア』中央公論社。
　＊中世に安楽死を可能とする世界を描いた作品。

ジャン゠マリ・ロラン，稲松三千野訳『誰か死ぬのを手伝って——闘う障害者はなぜ安楽死を選んだのか』原書房，2002年。

　＊安楽死を訴えて死亡したベルギー人障害者の著作。

スーネンス，L.J.，渡辺美紀子訳『ボードワン国王——秘められた心の軌跡』ドン・ボスコ社，1999年。

　＊ベルギーの安楽死法への署名を拒否した国王の伝記。キリスト教への国王の信仰
　　が語られる。

『教皇ヨハネ・パウロ二世回勅　いのちの福音』カトリック中央協議会，1996年。

　＊ローマ教皇庁の安楽死をめぐる立場を分かりやすく書いた本。

三井美奈『安楽死のできる国』新潮新書，2003年。

　＊オランダを中心に，欧州の安楽死事情を記した本。

第12章

外交・安全保障政策

小林正英

―― この章で学ぶこと ――

　ベルギーの安全保障政策の概要について理解する。キーワードは「近く深く，広く浅く」のベルギー的国際協調である。特に，ポール＝アンリ・スパーク（Paul-Henri Spaak），ピエール・アルメル（Pierre Harmel），ジャン＝リュック・デハーネ（Jean-Luc Dehaene），ヒー・フェルホフスタット（Guy Verhofstadt）という4人の政治家に焦点を当てる。

　ベルギーは，NATO および EU の本部が立地することに象徴されるように，両機関の中核的加盟国であり，その安全保障政策は，これら両機関と極めて深く関連づけられている。同時に，ニューヨークの国際連合本部の安全保障理事会の会議場の壁面のベルギー製タペストリーが象徴するように，グローバルな普遍的集団安全保障機関である国連にも深くコミットしている。

　中立・平和主義を標榜しながらも戦場にされた第1次・第2次世界大戦の経験から，戦後のベルギーは政策を転換した。アメリカの戦術核配備受け入れにも見られるように，明確に西側陣営にコミットした政策は，あたかも戦前の中立政策を「反転」したようである。しかしながら，西側陣営に明確にコミットしながらも西側陣営一辺倒に陥らず，あえて潜在的・顕在的な脅威にも積極的に関与することで安全保障を確保しようとした政策は，前述の中立政策の「反転」を踏まえた上で，またあらたな次元での中立的な政策の模索であり，「反転」になぞらえるならば「捻転」とも言えるだろう。このように，「反転して捻転した中立・平和主義」が，ベルギーの安全保障政策には見え隠れする。ただ，そのような平和主義も，特に2016年以降の一連のテロにより，大きなゆらぎの中にある。

　本章では，まず，現在のベルギーの軍事能力を含む，同国の安全保障政策の「ファクトシート（現状の概況報告）」を確認した上で，ベルギー安全保障政策の「軸足」の立ち位置を確認する。ベルギー的平和主義とベルギー的国際協調がそれである。次に，冷戦期について，特にシャルル・ド・ゴール（Charles De Gaulle）仏大統領の登場と緊張緩和（デタント）がもたらした欧州国際安全保障の地殻変動に直面したベルギーにフォーカスする。ここでも，ベルギー的平和主義とベルギー的国際協調が，この地殻変動を乗り切る道標として姿を現す。最後に，冷戦後及び冷戦後・後ともいうべき21世紀のベルギー安全保障政策を読み解く。

1　ベルギー安全保障政策の現在

　まず，ベルギー政治における安全保障政策の位置づけについて概観しておく。ベルギー政治において，安全保障政策は基本的に国内政治の文脈から切り離されて存在してきたと言ってよい。「外交・安全保障政策は，ベルギーにおいて深刻な国内政治対立の材料となることは稀である」（Fitzmaurice 1996：244）および「CFSP（EU の外交・安全保障政策：引用者注）は，国内的な政治要因の影響を受けていない」（Coolsaet and Soetendorp 2000：134）などの指摘がそれに当たる。基本的に政治エリート主導で，かつエリート間のコンセンサスにもとづいて展開されてきた政策分野が安全保障政策であり，その意味で本書の他の章が取り扱うような国内政治的な文脈の色彩は薄い。本章でも，専らベルギーの外交エリートと，その政策展開に焦点を当てることになる。

　ベルギーは，独自の防衛能力として，約 3 万の人員と約39億ユーロの防衛予算を擁する。人口あたりの軍の人員の規模としては，日本よりも多い。ただし，冷戦期に地続きの軍事的脅威に対峙していた欧州諸国軍の多くは，比較的大きい人的規模を持つ傾向がある。実際，徴兵制が停止（廃止ではない）されたのも1994年のことである。

　他方で，防衛予算の対 GDP 比は，冷戦が終焉したことと，ユーロ参加基準達成のための財政健全化政策の影響から，年々削減された結果，最近では 1 ％を切る水準となっている。日本の防衛予算の対 GDP 比を念頭に置いてこの数字を見れば，さほど違和感のないところであるが，NATO 加盟国として求められている防衛予算の規模が対 GDP 比 2 ％であることを考え合わせると，要求されている基準を満たしていないことは確かである。ただし，NATO 欧州諸国の多くはこの基準を満たしていない。

　1994年には徴兵制を停止し，2002年には従来の陸海空各軍を統合軍に改組するなど，ベルギー軍は組織のスリム化と機動性向上を図っている。特に近年の改革では，ベルギー軍の活動は，今後とも多国間でのオペレーションの一部として行われることが専らであろうこと，将来的には EU の統合的な防衛能力が構築され，ベルギー軍はその構成要素となるであろうことなどを視野に入れ，

組織のモジュール化（システムを機能的なまとまりごとに分割できるように設計・構築し，システム全体としての柔軟性と効率性を図ろうとすること）が図られている。

　また，オランダおよびルクセンブルクとのベネルクスの枠組みでの防衛協力も進展している。特にオランダとの海軍協力は第2次世界大戦直後に起源を持ち，冷戦終焉後に再活性化が図られて，1996年に"Admiral Benelux"として稼働可能となった。また，空軍分野に関しても協力は進捗しており，同じく1996年に展開可能空軍任務部隊（DATF：Deployable Air Task Force）も3国空軍間で創設されている。既に旧ユーゴ紛争で作戦参加が行われており，2017年からはベネルクス3国の空域警備を共同で実施することとなっている（これはこの種の協力としてはEU諸国の間では初である）。これらの協力進展の背後にある要因も，コスト削減と（少なくともベルギー側からは）EU防衛協力の進展の見通しである。

　こうした中，ベルギーは軍の国外派遣にも積極的である。近年の大規模な派遣（少なくとも50名程度から，多い場合には数百名規模）としては，アフガニスタン，チャド，旧ユーゴ，レバノンなどがあげられる。アフガニスタンはNATOとして，チャドはEUとして，旧ユーゴは当初NATOのちEUとして，レバノンは国連PKOとしての展開である。

　また，こうしたミッションへの参加に際し，近年は戦闘機F-16を中核とするユニットを派遣することが増えており，このことは国際安全保障の舞台でのベルギーの可視性を高めることに貢献している。F-16は，旧ユーゴやアフガニスタンでの任務などに派遣される一方で，バルト3国の空域警戒任務（Baltic Air Policing）などにも参加している。これは，2004年以降NATO諸国がローテーションで航空機を派遣してバルト3国の空域警備にあたるものである。F-16はNATO加盟国間で最もポピュラーな機体のひとつであり，このような多国間のローテーション任務の際にはその継続性・一体性の確保に貢献する。前述のベネルクス空軍協力の観点においても，F-16という機種を共通に持つことが重要な役割を果たした。同じ機種を，同じ時期に導入したため，2016年時点で同じように退役間近となっており，任務を確実に遂行するための協力の必要性が増大しているためである。

2　平和主義とその捻転としての国際協調

ベルギー的平和主義

　ベルギーの安全保障政策を特色づける要素の1つとして，平和主義ないし反戦主義があげられることが多い（例えば，Biscop 2011）。NATO 本部があり，アメリカの戦術核兵器の配備も受け入れていると考えられているにもかかわらず，それでも平和主義が強いといえるのか，という疑問ももたれるところであろう。もちろん，シンプルな反戦・平和主義ではありえないが，伝統はかたちを変えて，あるいは反転して捻転しながら現代まで続いている。まずは伝統的な部分について概観してみよう。ベルギーの反戦・平和主義の背景にあるのは，欧州的な文脈における歴史的経験と国内的な文脈における地域的特性である。

　歴史的背景として指摘されるのは，20世紀前半の2回の大戦の経験である。すなわち，1914年と1939年の2回，中立政策を採用していたにもかかわらず，ドイツの軍事侵攻を受け，抵抗むなしく制圧された経験である。特に，この中立政策が，1831年の独立以来の政策で，英仏独という周囲の大国によって保証された，安定性の高いものと考えられていただけに，ベルギーに与えた衝撃は大きかった。結果として，ベルギーの平和主義は，2回の大戦の経験を大きな契機としたものであるが，形式としての中立政策には期待をかけられない，という宿命も背負うこととなったのである。

　ベルギーの平和主義は，その地域的特性として，北部オランダ語地域で強いことがあげられる。これは，ベルギー政治がフランス語を話すエリートによってほぼ独占されていた時代に，オランダ語しか解さないオランダ語地域住民が軍隊内で十分に意思の疎通ができず，悲惨な処遇を受けた経験からきているとされる。特に，第2次世界大戦前の時期には，ベルギーの安全保障政策としてフランスとの接近の傾向が見られたことへの反発もあり，オランダ語地域では非武装中立論への接近も見られていた（Reychler 1985：28-30）。

　こうして，ベルギー的平和主義は，第2次世界大戦後，地域的特性もはらみながら，中立政策を脱した積極的な国際協調主義へとつながっていくのである。ただし，伝統的な反戦・平和主義も，ベルギー政治には深く根ざしており，国

際情勢の変化の中で時折，鎌首をもたげることも忘れてはならない。

ベルギー的国際協調

　安全保障に限らないベルギーの対外関係を特徴づける，もうひとつの，より現代的な要素は，国際協調である。特に，近隣諸国との深い関係と，より周辺的な地域との広く浅い関係の両立である。

　この「近く深く，広く浅く」のベルギー的国際協調の第2次世界大戦直後における原風景として，ベネルクス経済同盟と国際連合をあげることができるだろう。ベネルクス経済同盟とは，ベルギー，オランダとルクセンブルク3国の間で為替相場の固定化と関税同盟を構築したもので，3国の関係の緊密化を図ったものである。ベネルクス経済同盟の基本合意が戦時中のロンドン亡命政権の間でなされたのはよく知られている（小久保 1990：26-27）。また，安全保障枠組みとしては，当初，国際連合に期待がかけられていた。まさに，近隣諸国との深い関係と，普遍的な幅広い関係の両立という構図が描かれていたのである。しかしながら，冷戦の勃発により国際環境は変化し，それにつれてベルギー的国際協調の姿も変容を遂げていく。

　この過程で重要な役割をはたすことになるのが，スパークである。スパークは，ブリュッセル市内スカーベーク地区出身で，ベルギーの首相や外相を歴任しただけでなく，1946年から1947年まで初代国連総会議長，1957年から1961年まで2代目の NATO 事務総長をそれぞれ務めるなど，国際政治の世界でも活躍した仏語圏社会党の政治家である。

　スパークは，国際社会，特に欧州におけるベルギーの位置づけについて，最終的に西側同盟にしっかりと組み込まれることを志向することとなったが，常に普遍主義との整合性に留意していた。スパークも，当初は第2次世界大戦中のいわゆる（米ソを含む戦時の）「大同盟」の枠組みが，戦後も継続して国際秩序を維持することに期待していた。しかしながら，冷戦後に東西対立が顕在化するに従って，国連を中心とする普遍的枠組みへの期待は低下し，西欧諸国間の緊密な協力関係と，アメリカとの同盟構築という「西側」路線を志向することとなった。特に，初代国連総会議長として，東西対立と国連の機能不全化を目の当たりにしたことは，スパークに大きな影響を与えた。

　しかしながら，この戦後の方針転換に際しても，「近く深く，広く浅く」というベルギー的国際協調の基軸的特性を見ることができる。スパークは，戦後の「西側」路線採択に際し，まず核心となる欧州諸国，すなわち英仏との関係を緊密なものとして構築する方針を取った。その際に取られた手法が，共同体的方向性を持った多国間条約であった。同じように複数国による協力枠組みを構築するにしても，複数の2国間条約を張り巡らせるという方法が採用される可能性もあった中での選択であった。1946年のブリュッセル条約による西欧同盟の構築である。「彼ら（ベネルクス諸国：引用者注）は，2国間条約に基づいた伝統的な同盟の創設よりも安全保障共同体の構築を志向した。スパークは熱烈にこのアイディアを推進し」，そして「最終的にベネルクス諸国のビジョンが勝った」（Reychler 1985：5）のである。このようにして構築された西欧同盟を中核としつつ，アメリカを呼び込んで，やはり多国間条約としての北大西洋条約を成立させ，北大西洋条約機構（NATO）を構築したのである。手法としては，1948年に発効した南北アメリカ大陸諸国間の集団防衛条約で，アメリカも参加していた米州相互援助条約（いわゆるリオ条約）の方法を踏襲することで，最終的なアメリカの参加確保につなげたとされている。これは同時に，（リオ条約同様に）国連憲章第51条の集団的自衛権に言及する方式の主張でもあった。普遍的国際安全保障枠組みである国連を尊重し，それとの整合性を確保したのである（Govaerts 1974：314-318）。

　こうして，ベネルクス（更にその中核にはベルギー・ルクセンブルク経済同盟），欧州，米欧関係，国際連合という同心円状の広がりを持った「近く深く，広く浅く」のベルギー的国際協調構造が姿をあらわすこととなったのである。

3　冷戦期のベルギー

フーシェ・プラン

　冷戦期のベルギー外交は，大きく2回にわたってフランスの挑戦を受けることとなった。ともにド・ゴール仏大統領による，1961年の欧州政治連合構想（いわゆるフーシェ・プラン）と，1965年のEEC空席危機および1966年のNATO統合軍事機構からの脱退という挑戦である。以下，フーシェ・プラン交渉と

NATO 統合軍事機構脱退問題に焦点を当てる。

　最初の挑戦は，欧州政治連合交渉，いわゆるフーシェ・プラン交渉であった。フーシェ・プランは，ド・ゴールの側近であったクリスティアン・フーシェ（Christian Fouchet）を通じて1961年に EEC（当時）加盟各国に提案されたもので，共同体的ではない，政府間的な外交協力枠組みを構築しようとするものであった。国際機関でのポスト歴任を終え，ベルギー政界に外相として復帰していたスパークは，この挑戦に欧州統合における共同体的性格が失われて大国主導へと変質するとともに，NATO とは別の政治構造が出現することにより米欧関係が損なわれる危険性を見出して，これに立ち向かうこととなった。

　スパークは，アメリカのジョン・F・ケネディ（John F. Kennedy）政権の後押しも受けたイギリスの EEC 加盟申請とこの問題をリンクさせるという交渉態度で臨んだ。すなわち，フーシェ・プラン実現の条件としてイギリスの EEC 加盟を設定することで，実現される欧州政治連合が反米的にならず，米欧関係が維持されるであろう見通しと，EEC 内に英独仏という3大国の均衡が出現することでベネルクスがキャスティング・ボートを握ることができる可能性の確保を目指したのである。この交渉過程でベネルクス協調は最大限活用され，ベネルクス，欧州，そして米欧関係という同心円構造を守り抜く戦略が試みられた。最終的に，1963年1月，ド・ゴールは一方的にイギリスの EEC 加盟を拒否し，フーシェ・プラン交渉は頓挫した。しかしながら，ド・ゴールの挑戦はこれで終わりではなかった。

アルメル報告とその後

　1960年代なかば，NATO は存続の危機にあった。NATO を設立した北大西洋条約第13条の規定により，同条約の効力発生から20年を経過した1969年8月24日以降，加盟国は通告を行えば1年後に条約から脱退できることになっていた。これは，加盟各国に NATO 加盟継続の可否を問い直す政治的機会を提供することになった。これに冷戦の緊張緩和（デタント）が拍車をかけたのである。

　ここにもたらされたのがド・ゴールの次なる挑戦であった。ド・ゴールは，1966年3月，近い将来の NATO の解体的改革を求めつつ，当座の NATO 統

合軍事機構からの脱退を通告したのである。NATO は，条約上に明文の規定はないものの，軍事的な必要から，平時より加盟各国の軍を一体的に運用できる体制を整えていた。これが統合軍事機構である。NATO 加盟各国の軍は，各国個別の軍事組織であり，各国が固有の指揮権を有していることは間違いないのだが，有事の際に迅速かつ有効に統合的軍事行動を実施できるようにするため，平時から仮想的に単一的な軍事組織としての側面も有していたのである。

　ド・ゴールが求めたのは，NATO に共同体的性格をもたらしている多国間条約を廃止し，2国間条約のネットワークへと作り変えることであった。同盟各国の自律性の回復と，対米関係の再構築を目指したのである。これはまさにスパークが戦後直後に築き上げた成果の否定であった。逆に言えば，ド・ゴールにとって，スパークのかけたカンヌキが，どれだけ窮屈なものであったかの証でもあると言えるだろう。

　ド・ゴールはまた，外国軍のフランス国内からの撤去も求めた。結果として当時フランスに置かれていた NATO 中枢機関（本部事務局と最高司令部）は，フランス国外への移転を迫られることとなった。本来，ド・ゴールの要求内容からすれば，NATO の軍事部門中枢である NATO 欧州連合軍最高司令部（SHAPE）のフランス国外への移転こそ避けられないものであったが，文民の本部事務局の移転は必ずしも必要とされていなかった。しかしながら，フランスへの政治的圧力の意味を込めてアメリカ主導でフランス国外への移転が決まったとされている（Kaplan 2006：241）。結果的に，ベルギーは両中枢機関の移転先となり，既に1958年に EEC 本部を迎え入れていたことと合わせ，「欧州の首都」への道が開かれたのである。奇しくも，ともにド・ゴールの挑戦を受けて（あるいは控えて）嵐を避けるかのようにブリュッセルに迎え入れられたものであり，ともにスパークの尽力によってもたらされたものでもあった（NATO 本部移転については Le Blévennec 2007，EEC 本部設置については Van Parijs 2014）。

　しかしながら，ベルギー国内世論は NATO 本部受け入れに必ずしも好意的ではなかった。ここで登場したのが「アルメル報告」である。正式には「同盟の将来課題に関する研究」と題されたこの NATO の文書に名を冠することとなったのが，当時のベルギー外相で，この文書の作成を提起したピエール・ア

ルメルである。アルメルは，ブリュッセル市内ユックル地区出身で，首相や外相を歴任したキリスト教民主党の政治家である。

　「アルメル報告」は，1966年12月に検討が開始され，翌1967年12月のNATO閣僚会合（北大西洋理事会）で採択されたもので，当時，もっぱら東側諸国の脅威に備える軍事同盟と性格づけられていたNATOが，デタントに直面してその存在意義を問われる中，デタントの推進という政策目標をその任務に取り込むことで，空中分解の危機を乗り越えたものである。付言すれば，「同盟の将来についての研究」ではなく，「同盟の将来課題についての研究」（傍点筆者）とする題目の設定自体にも，同盟の存続を所与のものと設定する政治的意図が込められているという，非常に手の込んだ政治的細工物でもある。そして，のち冷戦終焉に直面して東側の脅威が解消してからも，NATOが旧東欧諸国を包摂して欧州安全保障の礎として存続することになる，その基盤となった文書でもある。アルメル自身，「アルメル報告」をNATOの新たな聖書（new bible）と呼んだ（Coolsaet 2009：24）。「アルメル報告」検討開始前には，「新しい同盟のゴスペルの新しいエディション」という表現でその必要性を説いていたので，（Dujardin 2006：194），表現の変化から見て，その成果は期待以上だったのだろう。

　「アルメル報告」のような構想をベルギーが提起することとなった背景には，ベルギー独自の東西緊張緩和政策があった。ベルギーは東独を承認した最初のNATO加盟国であり，1966年9月のポーランド訪問を皮切りに欧州としての緊張緩和を模索した。NATO存続を確かなものとしつつ，ド・ゴールの対東欧接近ならびに西独ブラント外交（いわゆる東方政策）をNATOのミッションの中に取り込んだとともに，アルメルが冷戦の核心的問題と認識していたドイツ問題について，冷戦全体の文脈とは切り離した「欧州的解決」の提起を行うと同時に，米欧離間をもたらすと懸念された柔軟反応戦略を同盟として取り込んだ。いずれも当時の最重要課題であり，「全部のせ」的政治解決は名人芸であったといえるだろう。そして「アルメル報告」採択の後，ヨーロッパ・デタントの真骨頂とも言える全欧安保協力会議（CSCE）の実現に力を尽くしていくのだが，これもまた東西双方の要求をともに取り込む手法を取ることとなる（Coolsaet 2009：26-28）。また，高まっていた国内の平和主義的世論を説得する

ためにも，軍事にとどまらない NATO の意義を提示することが試みられたのである（Bozo 1998：349）。

　「アルメル報告」の露払いも受けながら，NATO の最高司令部はブリュッセル近郊モンスへ1967年4月1日に移転した。本部事務局のブリュッセル市内への移転は，1966年10月26日に決定され，翌1967年10月16日に完了した。両機関がパリ市内に所在していたときと比較して距離をおいた配置となったのは，都市部に軍事施設を配置することが危惧されたためとされているが，経済的に停滞しつつあったワロンの地域振興策であったとの指摘もある。また，最高司令部と本部事務局に物理的距離が生じたことにより，軍事部門の NATO 政策立案への影響力が減じたともされている。これは，結果的にデタント以降の NATO の政治機関化と軌を一にするものとなったとも言える。このように，ベルギー的平和主義は NATO の政治的役割の拡大に貢献した。その影で，野党としてあくまで NATO 本部受入反対を主張した社会党内にあって，同賛成を主張し続けて孤立を深めたスパークは，この問題を契機にベルギー政界から引退することとなった。

　その後の冷戦期において，安全保障政策の文脈で特筆すべきなのは INF 危機であろう。1976年のソ連による SS20 中距離弾道ミサイル配備開始により，欧州限定核戦争の懸念が生じ，西ドイツを中心とする欧州各国で反核運動が盛り上がりを見せた。ベルギー国内では，もっぱらフラマン地域を中心に活発な反核運動が展開されることによって，思わぬかたちで言語紛争とのリンケージを見せることとなり，1960年代までのようなエリート主導の外交展開の手足を縛ることとなった。そもそもフラマン地域に平和主義の伝統が強かったのは本章冒頭で見たとおりであるが，それに加え，フラマン系の政党が北欧やオランダ，ドイツなどの反核・平和運動が強かった国々の影響を強く受けたのに対し，ワロン系の政党はフランスとの関係が深かったことで反核運動への傾倒が限定的であったことから，地域間の温度差が顕著となったのであった。

4　冷戦後

E U

冷戦終焉と時を同じくして，欧州統合は欧州連合条約（通称マーストリヒト条約）による欧州連合創設という新たな局面に入った。経済主体の超国家的統合を主眼としてきた欧州共同体（EC）と，EC 加盟国による協力関係でありながら，政治・外交面での政府間協力であるがゆえに EC とは別の枠組みとして扱われてきた欧州政治協力（EPC）や欧州理事会などをひとつのパッケージに収めることによって，より一体的な欧州への階段を登ったものであった。この EU 創設過程でも，ベルギーをはじめとするベネルクス諸国は重要な役割を果たした。

デハーネ

ジャン＝リュック・デハーネは，1992年から1999年まで首相を務めたフランデレン系のキリスト教人民党（CVP）の政治家である。言語紛争に揺れたベルギー政界をまとめ上げた調整能力の高さゆえ，1994年にはドロール委員長の後任の欧州委員長候補として名前があがった。しかしながら，デハーネを「危険な連邦主義者」とするメージャー英首相の，ほぼ孤立的な拒否権行使によって，欧州委員長になりそこねた人物となった。首相退任後はまた，EU の基本条約を抜本的に改定する交渉で中心的役割を担った（欧州憲法条約制定のためのコンベンション副議長。ただし，同条約は最終的に発効しなかった）。

デハーネは，基本的に実務的な政治家であり，あまりビジョンを声高に語るタイプとは認識されていない。実際，ベルギーとしての欧州政策に関しては，各党間の調整を図って，ユーロ導入のための財政改革を成し遂げたことが最大の功績のひとつとしてあげられることが多い。しかしながら，なにしろ「危険な連邦主義者」である。デハーネのベルギーは欧州政策，特に安全保障関連の欧州政策では実際に強い立場を取っていた。

ただし，デハーネが採用したアプローチは，声高に欧州統合の推進を主張するというよりも，EU 拡大への対応としての EU 機構改革であった。同機構改

革では，もちろん統合の深化に寄与する方向性が打ち出されている。例えば，プロディ欧州委員長の着任直前に，ワイツゼッカー元ドイツ大統領らとともにEU拡大が機構改革に対して持つ意味合いについて報告書をまとめるよう依頼され，中心的な役割を果たして約1カ月後に着任直後の同委員長に対して提出した報告書の中で，検討依頼には直接含まれていなかった安全保障問題についても，あえて論述を行っている。その中で，特にEUに外交政策協調の枠を超えた軍事的・文民的な安全保障政策実施体制が整備されつつあったこの時期に，同安全保障政策をきちんと単一的なEUの一体性の中に位置づけるべきであり，同政策のための特別なガバナンスの仕組みを別立てで構築すべきでないことを述べているのである。デハーネは，同時進行していたNATOの東方拡大問題において，より多くの国を対象とした拡大を求めたことにも見られるように，基本的には冷戦終焉の機会を捉えたNATOやEUの拡大に積極的な姿勢を取っていたが，同時に欧州統合の深化も求めたのであった。

フェルホフスタット

ヒー・フェルホフスタットは，デハーネ政権のあとを受けて1999年から2008年まで首相を務めたフランデレン系の自由民主党の政治家である。2009年以降は欧州議会に活動の場を移し，同年以降，欧州議会での主要会派のひとつである欧州自由民主連盟（ALDE）の代表の任にある。筆頭候補制が採用された2015年の欧州議会選挙では，会派代表としてALDEの欧州委員長候補となったので，ベルギーの首相経験者は2代続けて欧州委員長候補になったということになる（更に言えばフェルホフスタットの2代あとの首相を務めたのが，のちに欧州理事会常任議長になるヘルマン・ファン・ロンパイ〔Herman Van Rompuy〕である）。また，2016年には英国国民投票でのEU離脱派の勝利を受け，欧州議会としての英国EU離脱交渉担当者に選出されている（欧州委員会の離脱交渉担当者とともに交渉に当たる）。

フェルホフスタット首相在任時に，欧州安全保障政策の面で大きな問題となったのが，9.11テロ以降の対テロ戦争とそれに伴う「チョコレート・サミット」問題であった。

2001年にアメリカで同時多発テロが生じると，ベルギーをはじめとする欧州

各国もアメリカを支持する立場に立ち，NATO としても史上初めて集団防衛（集団的自衛権）を定めた北大西洋条約第 5 条を発動した。実際の支援内容はアメリカ上空への早期警戒機の展開などにとどまったが，米欧の連帯は強固なものに思われた。しかしながら，アメリカのブッシュ政権が対テロ戦争としてアフガニスタンへの武力行使や，さらにはイラクへの軍事行動に踏み切る姿勢を見せると，特にイラクへの軍事行動に慎重な仏独両国とアメリカの間の政治的緊張が高まった。最終的に仏独との同調を堅持した EU 加盟国はわずか 2 カ国にとどまったが，そのなかにはベルギーも含まれていた（もう 1 カ国はギリシャ）。

　2003 年 4 月には仏独両国にベルギーとルクセンブルクを加えた 4 カ国がブリュッセルで首脳会合を開催し，NATO に依存しない欧州独自の軍事行動実施能力の構築を目指すことについて合意した（ギリシャは関心を示したものの EU 議長国としての立場から不参加で，他方でルクセンブルクがベルギーとの密接な軍事協力の存在の関係から参加した）(Biscop 2009)。これには，ブリュッセル郊外のテルヴューレンに独自の参謀本部を設立することが含まれていた。のち，米国務省報道官に「チョコレート・サミット」と揶揄されることとなったこの構想は，結局のところ尻すぼみに終わったわけだが，フェルホフスタットの安全保障政策に関する基本的な考え方が如実に示されている。

　フェルホフスタットの安全保障政策に関する基本的な考え方は，EU としての安全保障統合の強化によって米欧間の均衡を再調整し，欧州の安全保障上の自律性と米欧関係の強化を図るとするものであった。中核的な部分では統合の強化を図りつつ，全体的には広がりのある協力枠組みを維持するという，まさに「近く深く，広く浅く」のベルギー的国際協調の特性が明確に見られる(Biscop 2003；小林 2009)。このような基本的な考え方は，フェルホフスタットの欧州統合についての考え方の中にも示されている (Verhofstadt 2005)。また，これは，ドイツ問題の「欧州的解決」と柔軟反応戦略への対応をカップリングして米欧関係の再調整を図ろうとした，アルメル外交の航跡の中にあるものでもある。

5　ベルギー的平和主義とベルギー的国際協調のゆくえ

　2016年3月22日，NATO 本部にも近いザーヴェンテム市にあるブリュッセル国際空港と，EU 本部至近の地下鉄マールベーク駅をテロが襲った。前年末にパリを襲ったテロ事件の捜査の網がブリュッセルにかかってきたタイミングであった。報道によって知られることとなったことの中に，深夜早朝の家宅捜査禁止の例外にテロ事件を対象とする捜査が含まれていなかったことがあった。ただ，その背景にベルギーの伝統的な平和主義がある可能性にまで思いを巡らせた報道は皆無であった。

　金融危機，難民危機，英国 EU 離脱危機という三重苦に襲われる EU と，中東の不安定化，ロシアの強硬姿勢，アメリカの関心低下という，これも三重苦に襲われる NATO にあって，最新のベルギー・イニシアチブは，それでもフェルホフスタットによる中核欧州の連帯の維持と，それを梃子にした米欧均衡の再調整であるように見える。特に，フェルホフスタットが英国 EU 離脱問題についての欧州議会を代表する交渉担当者となったことは興味深い。かつて，スパークとアルメルは英国の2度に渡る EEC 加盟問題に取り組み，英国を欧州統合過程に引き入れようとして叶わなかった過去があるからである。フェルホフスタットが，どのような英国と欧州統合の関係を描き出してゆくのか，大いに注目されることになるだろう。

読書案内

小久保康之（1990）「ベネルックス3国　欧州統合と小国外交」百瀬宏編著『ヨーロッパ小国の国際政治』東京大学出版会，19～57頁。
　＊ベルギーを含むベネルックス3国の欧州統合政策について，小国外交の観点から詳述した古典的著作。
小久保康之（2001）「ベネルックス3国と欧州統合の50年」『日本 EU 学会年報』第21号，87～106頁。
　＊上記著作の続編とも言うべき論文。国内政治が注目されることが多いベルギー外交について，日本語では類書不在。
佐瀬昌盛（1999）『NATO 21世紀からの世界戦略』文春新書。

＊NATO 50周年を機に，NATO の歴史について，簡潔ながら長年の研究成果が注
ぎ込まれた労作にして定番。

小林正英（2009）「EU 共通安全保障・防衛政策（CSDP）の現状と課題 二馬力の
EU へ」田中俊郎・庄司克宏・浅見政江編『EU のガヴァナンスと政策形成』慶応義
塾大学出版会，165〜186頁。

＊「チョコレート・サミット」から欧州憲法条約草案を経てリスボン条約に盛り込
まれた EU 安全保障政策の構造について経緯を含めて詳述。

参考文献

小久保康之（1990）「ベネルックス 3 国 欧州統合と小国外交」百瀬宏編著『ヨーロッ
パ小国の国際政治』東京大学出版会，19〜57頁。

小久保康之（2001）「ベネルックス 3 国と欧州統合の50年」『日本 EU 学会年報』第21
号，87〜106頁。

Biscop, Sven (2011) "Belgian Defence Policy: The Fight Goes On", *Security Policy
Brief*, no. 32.

Biscop, Sven (2003) "Staying on Course - the Quadrilateral Defence Summit and the
European Security and Defence Policy in the wake of '9/11' and Iraq", The Royal
Institute for International Relations, Belgium.

Bozo, Frederic (1998) "Détente versus Alliance: France, the United States and the
Politics of the Harmel Report (1964-1968)", *Contemporary European History*, Vol.
7, no. 3, pp. 343-360.

Coolsaet, Rik (2009) "Atlantic loyalty, European autonomy: Belgium and the Atlantic
Alliance, 1949-2009", *Egmont papers* vol. 28.

Coolsaet, Rik & Sotendorp, Ben (2000) 'Belgium and Netherlands', Manners and
Whitman (eds) *The Foreign Policies of European Union Member States*,
Manchester: Manchester University Press.

Dujardin, Vincen (2004) *Pierre Harmel*, Bruxelles: Parole Silence.

Spaak, Paul-Henri (1969), *Combats Inachevés (vol. I-II)*, Paris: Fayard.

Dumoulin, André and Resteigne, Delphine (2007) 'Le militaire belge en opérations:
aspects politiques et sociologiques', *Courrier hebdomadaire du CRISP*, no. 1960,
pp. 5-48.

Dumoulin, Michel (1999) *Spaak*, Bruxelles: Edition Racine.

Fitzmaurice, John (1996) *The Politics of Belgium: A Unique Federalism*, London:
Hurst and Company.

Flahaut André (2000), *Le plan stratégique pour la modernisation de l'Armée belge 2000-2015, Propositions concrètes pour entrer dans le XXIe siècle*, Ministère de la Défense, Bruxelles.

Govaerts, Frans (1974) "Belgium, Holland and Luxembourg", O. de Raeymaeker et al., *Small powers in alignment*, Leuven: Leuven University Press, pp. 291-389.

Kaplan, Lawrence S. (2006) "Reflections on the US and NATO in the 1960s", Christian Nuenlist and Anna Locher (eds.), *Transatlantic relations at stake - aspects of NATO, 1956-1972*, Zürcher beiträge zur sicherheitspolitik nr. 78, pp. 237-249.

Le Blévennec, Franįois (2007) "The big move", *NATO Review*. (http://www.nato.int/docu/review/2007/issue2/english/history.html)（アクセス日　2016年12月31日）.

Military Balance 各年版。

Reychler, Luc (1985) "The passive constrained: Belgian security policy in the 1980s", Gregory Flynn (ed.), *NATO's Northern Allies*, London: Rowman & Allenheld.

Sauer, Tom (2014) "Ceci n'est pas une…American nuclear weapon in Belgium", *European Security*, Vol. 23, No. 1, pp. 58-72.

Van Parijs, Philippe (2014) "Why did brussels become the capital of europe ? Because belgium starts with letter B !", *BxlConnect*, (https://www.uclouvain.be/cps/ucl/doc/etes/documents/PVP_June_2014.pdf)（アクセス日　2016年12月31日）.

Verhofstadt, Guy (2006) *The United States of Europe - Manifesto for a New Europe*, London: Federal Trust.

現代ベルギー政治関係資料

ベルギー全図

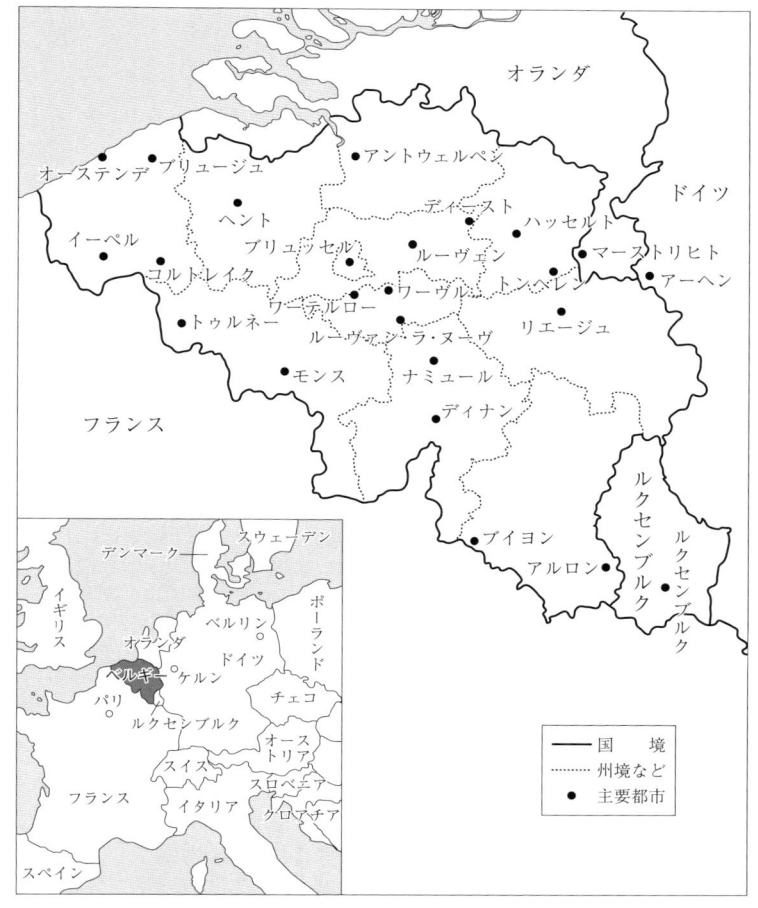

出典：小川秀樹編著（2009）『ベルギーを知るための52章』明石書店をもとに作成。

第 2 次大戦後における政権一覧

開始時期	首　　相	政党 1	政党 2	政党 3	政党 4	政党 5	政党 6
1945年 2 月11日	ファン・アッケル	CVP 73	BSP 64	PL 33	KPB 9		
1945年 8 月 1 日	ファン・アッケル	BSP 64	PL 33	KPB 10	DU 13	ICAT 6	
1946年 3 月11日	スパーク	BSP 69	PL 17				
1946年 4 月 1 日	ファン・アッケル	BSP 69	PL 17	KPB 23			
1946年 8 月 2 日	ヒュイスマンス	BSP 69	PL 17	KPB 23			
1947年 3 月27日	スパーク	BSP 69	CVP 92				
1948年11月26日	スパーク	BSP 69	CVP 92				
1949年 8 月17日	エイスケンス（G）	CVP 105	PLP 29				
1950年 6 月30日	デュヴザール	CVP 108					
1950年 8 月18日	フォリアン	CVP 108					
1952年 1 月15日	ファン・フット	CVP 108					
1954年 4 月22日	ファン・アッケル	BSP 86	PL 25				
1958年 6 月26日	エイスケンス（G）	CVP 104					
1958年11月 7 日	エイスケンス（G）	CVP 104	PL 21				
1960年 9 月 2 日	エイスケンス（G）	CVP 104	PL 21				
1961年 4 月25日	ルフェーヴル	CVP 96	BSP 84				
1965年 7 月28日	アルメル	CVP 77	BSP 64				
1966年 3 月20日	ファンデン・ブイナンツ	CVP 77	PLP 48				
1968年 6 月18日	エイスケンス（G）	CVP 69	BSP 59				
1972年 1 月21日	エイスケンス（G）	CVP 47	PSC 20	BSP 61			
1973年 1 月26日	ルビュルトン	BSP 61	CVP 47	PSC 20	PVV 20	PLP 11	
1973年10月23日	ルビュルトン	BSP 61	CVP 47	PSC 20	PVV 20	PLP 11	
1974年 4 月25日	ティンデマンス	CVP 50	PSC 22	PVV 21	PLP 22		
1974年 6 月12日	ティンデマンス	CVP 50	PSC 22	PVV 21	PLP 12	RW 13	
1976年12月 9 日	ティンデマンス	CVP 50	PSC 22	PVV 21	PRLW 12	RW 13	
1977年 6 月 3 日	ティンデマンス	CVP 56	PSC 24	BSP 62	FDF 10	VU 20	
1978年10月20日	ファンデン・ブイナンツ	CVP 56	PSC 24	BSP 62	FDF 10	VU 20	
1979年 4 月 3 日	マルテンス	CVP 57	PSC 25	SP 26	PS 32	FDF 11	
1980年 1 月23日	マルテンス	CVP 57	PSC 25	SP 26	PS 32		
1980年 5 月18日	マルテンス	CVP 57	PSC 25	SP 26	PS 32	PVV 22	PRL 14
1980年10月22日	マルテンス	CVP 57	PSC 25	SP 26	PS 32		
1981年 4 月 6 日	エイスケンス（M）	CVP 57	PSC 25	SP 26	PS 32		
1981年12月17日	マルテンス	CVP 43	PSC 18	PVV 21	PRL 22		
1985年11月28日	マルテンス	CVP 49	PSC 20	PVV 22	PRL 22		
1987年10月20日	マルテンス	CVP 49	PSC 20	PVV 22	PRL 22		
1988年 6 月 9 日	マルテンス	CVP 43	PSC 19	PS 40	SP 32	VU 16	

開始時期	首　相	政党1	政党2	政党3	政党4	政党5	政党6
1992年3月13日	デハーネ	CVP 39	PSC 18	PS 35	SP 27		
1995年6月23日	デハーネ	CVP 29	PSC 12	PS 21	SP 20		
1999年7月12日	フェルホフスタット	VLD 23	PRL 18	PS 19	SP 14	Ecolo 10	Agalev 7
2003年7月12日	フェルホフスタット	VLD 25	MR 24	PS 25	SP.a 17	SPIRIT 6	
2007年12月21日	フェルホフスタット	CD&V 25	Cdh 10	Open VLD 18	MR 23	PS 20	
2008年3月20日	ルテルム	CD&V 25	Cdh 10	Open VLD 18	MR 23	PS 20	
2008年12月30日	ファン・ロンパイ	CD&V 25	Cdh 10	Open VLD 18	MR 23	PS 20	
2009年11月25日	ルテルム	CD&V 25	Cdh 10	Open VLD 18	MR 23	PS 20	
2011年12月6日	ディルポ	PS 26	SP.a 13	MR 18	Open VLD 13	CD&V 17	Cdh 9
2014年10月11日	ミシェル	MR 20	Open VLD 14	N-VA 33	CD&V 18		

注1：下院の議席数は1949年に202から212に，1995年に212から150に変更。

　2：下線は，首相の出身政党を示す。

　3：CVPは，1968年以前はオランダ語表記であるが，フランス語圏との統一政党である。

　4：PLとPLPは，1973年以前はフランス語表記だが，オランダ語圏との統一政党である。

　5：BSPは，オランダ語表記だが，フランス語圏との統一政党である。

出典：Woldendorp *et al.* (2000: 130-131), *European Journal of Political Research*, Political Data Yearbook (1999-2015), De Winter (1991). 2011年ディルポ政権までは以下の文献に掲載されている表に基づいている：日野愛郎「オランダ・ベルギー」網谷龍介・伊藤武・成廣孝編『ヨーロッパのデモクラシー（第2版）』ナカニシヤ出版，2014年。

欧州議会選挙における獲得議席数

選挙年	総議席数	オランダ 語 圏								
		議席数	キリスト教民主	自由	社会	フランデレン民族同盟	アガレフ	フラームス・ブロックフラームス・ベラング	新フランデレン同盟	デデッケル・リスト
1979	24	13	7	2	3	1				
1984	24	13	4	2	4	2	1			
1989	24	13	5	2	3	1	1	1		
1994	25	14	4	3	3	1	1	2		
1999	25	14	3	3	2	2	2	2		
2004	24	14	3	3	3		1	3	1	
2009	22	13	3	3	2		1	2	1	1
2014	21	12	2	3	1		1	1	4	

選挙年	総議席数	フ ラ ン ス 語 圏									ドイツ語圏	
		議席数	キリスト教民主	自由	社会	フランス語民主戦線	ワロン連合	エコロ	国民戦線	変革のための市民運動	議席数	キリスト教民主
1979	24	11	3	2	4	1	1					
1984	24	11	2	3	5			1				
1989	24	11	2	2	5			2				
1994	25	10	2	2	3	1		1	1		1	1
1999	25	10	1	2	3			3		1	1	1
2004	24	9	1	2	4			1		1	1	1
2009	22	8	1	2	3			2			1	1
2014	21	8	1	2	3			1		1	1	1

出典：http://www.europe-politique.eu/elections-europeennes-belgique.htm を参照して作成。

下院（代議院）における獲得議席数

選挙年	改選議席数	カトリック（キリスト教民主）	オランダ語系キリスト教民主	フランス語系キリスト教民主	自由	蘭語系自由	仏語系自由	社会
1847	108	53			55			
1848	108	25			83			
1850	54	22			32			
1852	54	23			31			
1854	54	26			28			
1856	54	33			21			
1857	108	38			70			
1859	58	27			31			
1861	58	22			36			
1863	58	34			24			
1864	116	52			64			
1866	61	18			43			
1868	61	32			29			
1870.6	61	30			31			
1870.8	124	72			52			
1872	63	43			20			
1874	61	26			35			
1876	63	42			21			
1878	66	18			48			
1880	66	40			26			
1882	69	20			49			
1884	69	67			2			
1886	69	32			37			
1888	69	66			3			
1890	69	29			40			
1892	152	92			60			
1894	152	103			12			21
1896	77	72			1			
1898	73	37			3			20
1900	152	86			33			32
1902	85	54			20			10
1904	81	38			22			19
1906	85	50			15			6
1908	81	37			16			19
1910	85	49			15			6
1912	186	101			22			18
1914	88	41			20			26
1919	186	73			34			70
1921	186	80			33			68
1925	187	78			23			78
1929	187	76			28			70
1932	187	79			24			73
1936	202	63			23			70
1939	202	73			33			64
1946	202	92			16			68
1949	212	105			29			66
1950	212	108			20			73
1954	212	95			24			82
1958	212	104			20			80
1961	212	96			20			84
1965	212	77			48			64
1968	212		50	19	47			59
1971	212		47	20		20	14	61
1974	212		50	22		21	12	59
1977	212		56	24		17	16	62
1978	212		57	25		22	15	
1981	212		43	18		28	24	
1985	212		49	20		22	24	
1987	212		43	19		25	23	
1991	212		39	18		26	20	
1995	150		29	12		21	18	
1999	150		22	10		23	18	
2003	150		21	8		25	24	
2007	150		30	10		18	23	
2010	150		17	9		13	18	
2014	150		18	9		14	20	

出典：De Winter, Noël (1991) *Elections et Gouvernements: Eléments de l'histoire politique de la Belgique,*

選挙年	蘭語系社会	仏語系社会	自由・社会連合	共産	レキシスト	フロント党フランデレン民族連盟	フランデレン民族同盟	新フランデレン同　盟
1847								
1848								
1850								
1852								
1854								
1856								
1857								
1859								
1861								
1863								
1864								
1866								
1868								
1870.6								
1870.8								
1872								
1874								
1876								
1878								
1880								
1882								
1884								
1886								
1888								
1890								
1892								
1894			15					
1896			4					
1898			13					
1900								
1902								
1904								
1906			14					
1908			8					
1910			15					
1912			43					
1914								
1919						5		
1921						4		
1925				1		6		
1929				1		11		
1932				3		8		
1936				9	21	16		
1939				9	4	17		
1946			2	23				
1949				12				
1950			4	7				
1954			5	4			1	
1958			5	2			1	
1961				5			5	
1965				6			12	
1968				5			20	
1971				5			21	
1974				4			22	
1977				2			20	
1978	26	32		4			14	
1981	26	35		2			20	
1985	32	35					16	
1987	32	40					16	
1991	28	35					10	
1995	20	21					5	
1999	14	19					8	
2003	23	25					1	
2007	14	20						(+CD&V)
2010	13	26						27
2014	13	23		2				33

Deuxième Edition, Bruxelles: CREADIF; European Journal of Political Research, *Political Data Yearbook*

スピリット	ワロン連合	フランス語民主戦線 フランス語民主連邦主義者	フラームス・ブロック フラームス・ベラング	エコロ	アガレフ 緑！緑	国民戦線	デデッケル・リスト	その他
								1
								1
								1
								2
								1
								2
								1
								8
								1
								1
								2
								1
								2
	2	3						
	5	7						
	14	10						
	13	9						
	5	10						
	4	11						1
	2	6	1	2	2			3
		3	1	5	4			1
		3	2	3	6			
		3	12	9	8			4
		(+PRL)	11	6	5	2		
		(+PRL)	15	11	9	1		
		(+MR)	18	4	0	1		
(+SP.a)		(+MR)	17	8	4	1	5	
		(+MR)	12	8	5		1	1
		2	3	6	6			1

(1999–2015) を参照して作成。

現代ベルギー政治関連年表

年		主な出来事
1944	11月	3日　占領下のドイツからベルギー解放.
1945		社会党，レオポルド3世の復位に反対を表明.
		カトリック政党，キリスト教人民党（CVP）・キリスト教社会党（PSC）となるベルギー社会党の成立.
		対独協力者の裁判等始まる.
1946		総選挙を行うが，いずれも短命政権が続く.
		国際連合条約に調印.
1947		ベネルクス関税同盟調印（48年発効）.
1949		エイスケンス（ガストン）政権成立.
1950		国王復位を問う国民投票.
		総選挙で社会党大勝，エイスケンス内閣総辞職.
		復位反対運動激化.
1951	7月	レオポルド3世退位，ボードゥアン1世即位.
1952		アルメル文部大臣，カトリック系私立学校への補助増額.
1954		総選挙でCVP・PSC敗北.
		ファン・アケル社会党・自由党連立政権成立.
1955		私立学校の補助金を削減するコリャール法成立，カトリックの反対運動.
1957		ベルギー領コンゴに地方議員選出権が与えられる.
		アバコ党進出.
		ローマ条約調印，EEC，EURATOM成立.
1958		ブリュッセルで世界博覧会.
	6月	総選挙でCVP・PSC勝利，第2次エイスケンス単独政権成立.
		学校協定.
1959		政府，コンゴ独立の方針を発表（時期は明示せず）.
		閉鎖予定の炭坑でストライキ.
1960		コンゴ政情不安定化. ベルギー人引き揚げ開始，コンゴ共和国独立.
		国勢調査，フランデレンのボイコットで延期.
	11月	一括法案，議会提出. 年末から翌年にかけて一括法反対ストライキ.
	12月	ボードゥアン1世，ファビオラ妃と結婚.
1961	1月	一括法成立.
		ワロニー地方の炭坑労働者の運動継続.
	2月	コンゴのルムンバ首相暗殺.

	3月	総選挙後，エイスケンス内閣総辞職．
	4月	ルフェーブル内閣成立．
		言語境界確定（第1ジルソン法制定），言語紛争激化．
1963		地域言語の確定（第2ジルソン法制定），言語紛争さらに激しくなる．
1965		総選挙で言語政党進出，アルメル内閣へ．
1966		炭坑閉鎖反対運動．
		ファンデン・ブイナンツ政権成立．
		NATO本部，ベルギー移転決定．
		言語，労働運動等で騒然となる．
1967		ルーヴェン大学紛争勃発．
		EC成立．
1968		ファンデン・ブイナンツ内閣崩壊．
		ブリュッセル自由大学で大学紛争．
		総選挙後，128日でエイスケンス第3次内閣成立．
1970		憲法改正（地域・共同体を認める）．
1971	11月	総選挙で地域主義政党の進出が顕著．
1973		イギリス，アイルランド，デンマークがEC加入．
1974	3月	総選挙後，ティンデマンス内閣成立．
1975		経済不況の対応で物価凍結．
1977	3月	ティンデマンス内閣解散，総選挙．
	5月	エフモント協定成立．
	6月	第2次ティンデマンス内閣成立．
	10月	憲法改正できずティンデマンス内閣総辞職．
		副首相のファンデン・ブイナンツが暫定内閣形成後，議会解散．
	12月	総選挙．
1979	4月	約半年の空白の後，マルテンス内閣成立．
		ランベール社が所有する鉄鋼業企業の多くを国有化する．
1980	1月	第2次マルテンス内閣成立するも4月に総辞職．
	5月	第3次マルテンス内閣．
	10月	第4次マルテンス内閣．
		憲法改正（共同体の権限拡大）．
1981	4月	エイスケンス（マーク）内閣成立．9月総辞職．
	11月	総選挙後，第5次マルテンス内閣成立．不況による失業者のデモ．
1985	5月	サッカー・ヨーロッパカップのイタリア・イギリス戦の会場（ブリュッセル）でフーリガンの暴動発生，死者39人．
	10月	総選挙．第6次マルテンス内閣成立．
1987	10月	マルテンス内閣，フーロン問題で辞職．

1988		憲法改正.
1989		ブリュッセル首都圏特別法成立.
		デュトルー，13年の懲役刑（3年で釈放）.
1990	4月	国王，人工妊娠中絶法に署名せず．一時，国王が「機能せず」とする.
1991	6月	移民第3世代の18歳以下の子供に市民権の付与を認める．女子の王位継承を認める.
	11月	総選挙でフラームス・ブロックが躍進（黒い日曜日）.
1992		デハーネ内閣成立.
	9月	聖ミシェル協定にて連邦制導入に各党合意（ブリュッセルを含むブラバン州の分割合意）.
	11月	欧州連合条約を批准.
1993	3月	デハーネ，辞任を申し出るも国王拒否.
	7月	憲法改正（連邦制導入）.
		ボードゥアン1世死去．アルベール2世即位へ.
1994	1月	平和のためのパートナーシップ協定に調印.
		ルワンダの平和維持軍ベルギー部隊が撤退.
1995	1月	ブラバン州をフランデレン・ブラバン州とワロニー・ブラバン州に分割.
		BHV問題が政治化.
		デハーネ内閣，辞職.
	5月	総選挙．第2次デハーネ内閣成立.
	10月	イタリア・アウグスタ社からの贈収賄発覚で社会党混乱.
1996	8月	デュトルー，再逮捕．司法，警察への不満高まる.
	10月	白の行進.
	12月	司法改革プラン（聖ニコラ・プラン）の検討.
1997	2月	フォルジュ・ドュ・クラベク社倒産で，政府介入を求め，35,000人規模のデモ.
		ルノー社，ヴィルヴォルデ工場閉鎖を発表，ストライキ発生.
	10月	フランデレン政府首相ペーテルス，便宜措置の厳密な適応を要求（BHV選挙区の存在に対する批判）.
1998	4月	デュトルー，釈放後すぐに再逮捕．法相等辞任.
		デハーネ，司法改革を最優先課題とすることを議会で宣言.
	5月	経済通貨統合（EMU）に加入.
	9月	史上最悪と言われる台風による被災.
1999	1月	マーストリヒト条約発効.
	4月	飼料からダイオキシンが検出される.
	6月	ヨーロッパからベルギー産鶏肉，豚肉が廃棄される．ダイオキシン疑惑により厚相，農相の辞任.

	7月	約10日後の選挙でCVP惨敗．翌日デハーネ辞任．
		フェルホフスタットによる自由党連立政権（キリスト教政党含まない）が成立．
	10月	ワロニー社会党党首にエリオ・ディ・ルポ，CVPはステファン・デ・クレルク，PSCはジョエル・ミルケなど党改革進む．
	12月	フィリップ王子，マチルドと結婚．
2000	5月	議会でルムンバ暗殺時のエイスケンス政府の動向についての調査スタート．
	9月	主要6政党党首，フラームス・ブロックと連携しないとする「防疫線協定」を締結．直後の地方統一選挙でフラームス・ブロック躍進．
2001	1月	地方分権化された新警察組織がスタート．
		大麻合法化．
		この年，教員や看護師の待遇改善を求める抗議活動が頻発．
	7月	国際オリンピック委員会，ジャック・ロゲを委員長に．
		ベルギー，欧州理事会議長（輪番制．半年後の12月ラーケン会議で終了）．
	9月	人民同盟，解党を宣言．
2002		ユーロ導入．
	5月	安楽死法成立．
	6月	リリアン死去．ナチス占領下のユダヤ人に対する賠償支払いに合意．
2003	1月	同性愛者の結婚を認める．
	2月	イラク戦争に対する抗議デモ（50,000人規模）．
	4月	仏独，ルクセンブルクのリーダーと共同でアメリカのイラク攻撃を非難．
	5月	DHL騒音問題で連邦政府閣僚辞任．
		連邦議会選挙．フェルホフスタット率いる自由党，社会党が躍進．
		与党だった環境政党が低迷し第2次フェルホフスタット政権成立へ．
2004	6月	フランデレン地域議会選挙で，野党だったキリスト教民主フランデレン党が，新フランデレン同盟と連携して勝利．イヴ・ルテルムが地域政府首相になる．
2005	2月	NATO首脳会談がブリュッセルで開催．ソビエト時代のウクライナにおける兵器を廃棄する12年計画を発表．
	5月	フェルホフスタット連邦内閣がBHV問題の処理に失敗したことを受け，ルテルム・フランデレン政府首相がBHV分割を宣言．
	6月	ワロニー社会党がワロニー経済救済計画（マーシャルプラン）を発表．
	9月	セニウス神父が1994年のルワンダ大虐殺にかかわっていた疑惑で逮捕される．
	10月	年金額の変更を含む「世代協定」に反対するデモが頻発する．
	11月	ヒューゴ・コヴェリエが新党結成と，極右政党フラームス・ベラングと

2006	1月	の連携を宣言. フェルホフスタット首相, 訪米. 国王アルベール2世, 新年のスピーチで分離主義を批判. この後, 国王の政治における役割や共和政導入論議が起きるようになる.
	2月	連邦議会が欧州憲法条約を認める.
	5月	アントウェルペンでベルギー人がトルコ系移民を殺害する. 翌年犯人は死刑を宣告される.
	10月	世論調査でフェルホフスタット内閣, 人気低迷. 反移民政党が支持される.
	12月	ドイツの自動車メーカー, フォルクスワーゲン社ベルギー工場のリストラに反対する15,000人規模のデモ. フランス語国営放送RTBFが「フランデレンが独立した」との架空の臨時ニュースを放映し, 一時騒然となる.
2007	2月	第2次世界大戦中のホロコーストに協力した当時のエリートを批判する報告書が提出される.
	6月	連邦選挙でカルテルを組んだキリスト教民主フランデレン党と新フランデレン同盟が勝利. この後, 約半年政権が組めず.
	7月	ルテルム, 組閣担当者に指名されるが, 財源の分割で合意できず, 8月に辞任. その後ヘルマン・ファン・ロンパイが調停者に指名される.
	8月	TVアンケートでフランデレンの人々のうち40%が「フランデレン独立」を支持と発表される.
	9月	再びルテルムが組閣担当者に.
	11月	フランデレンの議員からBHV分割の要求が高まる.
	12月	政府の行動に対するデモなど生じ, ルテルム辞任. 国王はフェルホフスタットを組閣担当者に指名し, 彼を首相, ルテルムを副首相とする暫定内閣が成立.
2008	3月	ホロコーストの犠牲者に対する補償を発表. ルテルムによる5党連立内閣成立（9カ月で辞任）.
	6月	燃料高騰に反対する漁師のデモ. その後タクシー運転手, トラック運転手, 農家に拡大.
	7月	ルテルム, 国家改革を進められず辞任を申し出るも, 国王慰留.
	9月	ベルギー, オランダ, ルクセンブルク政府, フォルティス銀行の買収を検討.
	11月	ビール会社, インベヴ社がアンハイザー社を買収. 世界最大規模のビール会社となる.
	12月	フォルティス社問題でルテルム辞任し, 後任にファン・ロンパイが指名される. 大晦日イベントがテロ防止のため中止.

2009	6月	タンタン記念館開設.
	9月	フランデレンの公立学校で宗教的シンボルの使用禁止.
	11月	ファン・ロンパイ, 初代欧州理事会常任議長に就任することが決まる.
2010	1月	アンハウザー, ベルギー工場閉鎖. 自動車メーカー GM, ヨーロッパ工場を縮小（ベルギーでは, アントウェルペン工場で2,300人が解雇）.
	3月	テロ対策のため, 公の場でのムスリム系女性がスカーフを着用することを禁じる.
	4月	BHV 問題で政府内に亀裂. 自由党が連立離脱を表明し, ルテルム内閣辞職.
		司祭等の幼児性愛が発覚し, 司教が辞任表明.
	6月	連邦選挙で, フランデレン分離・独立を主張する新フランデレン同盟が第1党となる.
	7月	ベネディクト教皇の声明が発表され, 9月にカトリック教会に対する調査が実施され, 過去の事件隠蔽が発覚し, ベルギー全土が騒然となる.
	11月	ベルギー, ドイツ, オランダのテロ計画者が十数名逮捕される.
	12月	政権が決まらないことに対する抗議デモが発生する.
		記録的な大雪.
2011	1月	ベルギー統一を求めるデモ.
	2月	従来の政治空白の長期記録を更新.「フリッツ・デモ」が生じる.
	4月	「無政府1周年」を批判するデモ.
	7月	独立記念日にアルベール2世が無政府状態をテレビで一喝.
	8月	台風被災.
		ベルギー, フランス, イタリア, スペインの中央銀行が銀行再建策. 金融緩和策へ舵を切る.
	12月	ディ・ルポ首相による社会党ほか6党連立内閣の成立.
2012	1月	性愛事件を起こした司祭らに賠償命令.
		フィッチ・レーティング社, ベルギー国債の格下げを発表.
	7月	BHV 選挙区の一部分割法成立.
	8月	デュトルーの前妻が釈放となる.
	10月	鉄道が社会保障切り下げに対する24時間ストライキ（翌月にはヨーロッパ労連の主導で再びストライキ）.
	11月	地方統一選. 緑の党や新フランデレン同盟が躍進し, 党首バルト・デ・ウェーヴェルがアントウェルペン市長になる.
2013	1月	ディ・ルポ首相, ファビオラ前妃の脱税を叱責.
	4月	最後の男子ベギン会修道士死亡.
	5月	ノーベル化学賞受賞者クリスチャン・ド・デューブが安楽死.
	7月	3日　アルベール2世が, 21日（独立記念日）をもって退位することを発表.

		21日 フィリップ1世が即位.
	10月	フランソワ・アングレールがノーベル物理学賞を受賞.
	12月	欧州理事会, 破綻処理メカニズムの大枠で合意.
		BHV選挙区分割, 共同体・地域への財政の権限移譲進む.
2014	2月	安楽死対象年齢の拡張の是非に対する議論が開始.
	4月	雇用問題でデモ隊と警察が衝突.
	5月	総選挙で新フランデレン同盟が勝利.
	10月	フランス語自由党（MR）のシャルル・ミシェルを首班とする4党連立政権が発足.
	12月	ミシェル政権の緊縮財政政策に対して女性権利団体FEMENが抗議しマヨネーズをかける.
2015		難民問題.
	7月	ギリシア救済で合意.
	8月	東京オリンピックのエンブレムがリエージュ劇場のマークの盗作とされる.
	11月	パリ同時多発テロ.
		ブリュッセルのモレンベーク地区が「テロの温床」とされる.
		原発火災.
2016		環境税, 所得税増税, シリアへの渡航制限など始まる.
		日白修好150周年記念.
	3月	ブリュッセル連続テロ.
2017	3月	アントウェルペンでテロ未遂事件.
	6月	ブリュッセルでテロ未遂事件.

索　引
(＊は人名)

執筆者紹介 （所属，執筆分担，＊印は編著者）

＊津田由美子（関西大学法学部教授，はしがき・序章・第1章）

＊松尾秀哉（龍谷大学法学部教授，はしがき・序章・第2章）

＊日野愛郎（早稲田大学政治経済学術院教授，はしがき・序章・第3章）

＊正躰朝香（京都産業大学外国語学部教授，はしがき・序章・第5章）

作内由子（獨協大学法学部専任講師，第4章）

石部尚登（日本大学理工学部助教，第6章）

井内千紗（国際短期大学専任講師，第7章）

千田航（釧路公立大学経済学部講師，第8章）

中條健志（東海大学国際教育センター特任講師，第9章）

本田宏（北海学園大学法学部教授，第10章）

三井美奈（産経新聞パリ支局長，第11章）

小林正英（尚美学園大学准教授，第12章）

《編著者紹介》

津田由美子（つだ・ゆみこ）

　　1959年　生まれ。
　　1994年　東京大学大学院法学研究科博士課程修了。
　　現　在　関西大学法学部教授。
　　主　著　「ベルギーの柱状化に関する一考察——第1次大戦前の組織化過程を中心に」『姫路法
　　　　　　学』第31・32号（姫路獨協大学），2001年。
　　　　　　『北欧・南欧・ベネルクス』（共編著）ミネルヴァ書房，2011年。
　　　　　　「ベルギーにおけるポピュリズムと地域主義政党——フラームス・ブロック（フラーム
　　　　　　ス・ベラング）を中心に」『法学論集』第66巻第5・6号（関西大学法学部紀要），2017年。

松尾秀哉（まつお・ひでや）

　　1965年　生まれ。
　　2007年　東京大学大学院総合文化研究科博士課程修了。博士（学術）。
　　　　　　聖学院大学政治経済学部准教授，北海学園大学法学部教授を経て，
　　現　在　龍谷大学法学部教授。
　　主　著　『ベルギー分裂危機——その政治的起源』明石書店，2010年。
　　　　　　『模索する政治——代表制民主主義と福祉国家のゆくえ』（共著）ナカニシヤ出版，2011年。
　　　　　　『紛争と和解の政治学』（共編）ナカニシヤ出版，2013年。
　　　　　　『物語　ベルギーの歴史』中公新書，2014年，など。

正躰朝香（しょうたい・あさか）

　　1969年　生まれ。
　　1999年　東京大学大学院総合文化研究科国際社会科学専攻博士課程単位取得満期退学。
　　現　在　京都産業大学外国語学部国際関係学科教授。
　　主　著　『「ベルギー」とは何か——アイデンティティの多層性』（共著）松籟社，2013年。
　　　　　　『国際文化関係史研究』（共著）東京大学出版会，2013年。
　　　　　　『新版　グローバリゼーション国際関係論』（共著）芦書房，2014年。

日野愛郎（ひの・あいろう）

　　1974年　生まれ。
　　2006年　英国エセックス大学大学院博士課程修了，Ph.D.（Government）。
　　現　在　早稲田大学政治経済学術院教授。
　　主　著　*New Challenger Parties in Western Europe: A Comparative Analysis*, London/New York:
　　　　　　Routledge, 2012.

現代ベルギー政治
——連邦化後の20年——

2018年５月25日　初版第１刷発行　〈検印省略〉

定価はカバーに
表示しています

編著者　津田由美子
　　　　松尾秀哉
　　　　正躰朝香
　　　　日野愛郎
発行者　杉田啓三
印刷者　坂本喜杏

発行所　株式会社　ミネルヴァ書房
607-8494　京都市山科区日ノ岡堤谷町1
電話代表　(075)581-5191
振替口座　01020-0-8076

冨山房インターナショナル・藤沢製本

ISBN 978-4-623-08121-9
Printed in Japan

近藤正基 著
ドイツ・キリスト教民主同盟の軌跡
●国民政党と戦後政治 1945〜2009

A 5 判／304頁／本体5000円

近藤正基 著
現代ドイツ福祉国家の政治経済学

A 5 判／320頁／本体6500円

鎮目真人・近藤正基 編著
比較福祉国家
●理論・計量・各国事例

A 5 判／386頁／本体3500円

新川敏光 著
日本型福祉レジームの発展と変容

A 5 判／450頁／本体4000円

新川敏光 編著
福祉レジームの収斂と分岐
●脱商品化と脱家族化の多様性

A 5 判／338頁／本体5000円

宮本太郎 著
社会的包摂の政治学
●自立と承認をめぐる政治対抗

A 5 判／296頁／本体3800円

西田　慎・近藤正基 編著
現代ドイツ政治
●統一後の20年

A 5 判／352頁／本体3000円

──── ミネルヴァ書房 ────
http://www.minervashobo.co.jp/